飞机租赁实务

实务

谭向东 著

第三版

中信出版集团 | 北京

图书在版编目（CIP）数据

飞机租赁实务 / 谭向东著 . -- 3 版 . -- 北京：中
信出版社，2019.12
　ISBN 978-7-5217-1158-5

　I. ①飞… 　II. ①谭… 　III. ①民用飞机—租赁 　IV.
① F560.6

中国版本图书馆 CIP 数据核字（2019）第 245207 号

飞机租赁实务（第三版）

著　　者：谭向东
出版发行：中信出版集团股份有限公司
　　　　　（北京市朝阳区惠新东街甲 4 号富盛大厦 2 座　邮编　100029）
承 印 者：北京诚信伟业印刷有限公司

开　本：880mm×1230mm　1/32　印　张：12.5　字　数：320 千字
版　次：2019 年 12 月第 3 版　印　次：2019 年 12 月第 1 次印刷
广告经营许可证：京朝工商广字第 8087 号
书　　号：ISBN 978–7–5217–1158–5
定　　价：58.00 元

目　录

序

我怀着几种心情向中国读者推荐这本《飞机租赁实务》。

为什么说"几种心情"呢？

首先，这本书出版的时机很重要。目前，在全世界，还没有几个国家能够生产大飞机，那么，在全世界共享的天空上频繁飞行的各国的大飞机是从哪里来的呢？当然，向制造商购买或者租赁是目前通行的方法，其中租赁又是更为通行的、更受需求方欢迎的方法，因为，这样，购买方可以减轻巨额资金负担。加大租赁飞机的数量，投入运行将对本国的经济发展增添巨大的推动力。对中国来说也是如此，特别是对中国加速推进经济现代化建设的现在来说更是如此。因此我说，《飞机租赁实务》这本书出版的时机很重要。

其次，这本书叫作"实务"，形式很恰当。如前所说，租赁只是获得飞机的一种方式，因此，尽管有许多事可以进行学术性的探讨，可以做不少学术性的研究文章，但更为急迫的是操作实务的传授，是关于知识、要领、经验、实例的汇总和传播。因此我说，"实务"的形式很恰当。

最后，如果仅仅是传播以上那些知识、要领、经验和实例，又显得非常不够。复杂的问题必须有理论上的研究做支撑，才能够做得深、做得大、做得远、做得精彩、做得漂亮。

这本书给了读者很精彩的实例，但是在理论上的探究还不能说很深。因此，加强理论上的探讨是我对本书作者一份热烈的期望。

作者经验丰富，重要的是，在近十五六年中，他一直在从事飞机租赁方面的工作，有着许多实际的工作案例。他曾与国际上许多重要的投资家、飞机制造商有过频繁的接触和谈判，也就是说，作者在飞机租赁领域是非常有实践经验的，是有充分发言权的，因此，这本书中的内容是十分负责任的。

我希望在中国能有更多这样的著作问世，为那些有志为加快中国经济腾飞做出贡献的年轻人助一臂之力。

国家开发银行前行长　陈元

再版前言

　　飞机租赁的专业性很强，若一家租赁公司既有飞机租赁，又有船舶和其他租赁，则是不利于进行业务专业化发展和界定清晰的投资结构的。混杂的投资方向，同样不利于未来投资人，尤其是专业投资人对公司价值的估算，它会使很多投资人望而却步。不同的租赁公司，对不同类型的租赁产业进行分类投资和管理，有利于公司业务的清晰化发展。

　　在航空产业链中，飞机租赁产业兼具带动经济发展、增强创税能力、提升产业结构、拉动关联产业等优势，是沟通产业链上下游、连接实体经济与金融资本的平台，是航空经济生态系统的枢纽。

　　改革开放以后，中国民航业获得快速发展。中国航空运输总周转量在国际民航组织缔约国中的排列位次由1978年的第37位，上升至目前的第2位，已经跻身于世界民航大国行列。中国民航业的高速发展，造就了飞机和飞机发动机等设备租赁的广阔市场需求空间。从1980年首次采用外国投资减税杠杆，以租赁的方式引进两架波音747SP飞机至今，我国已积累了30余年的飞机租赁融资经验。近年来，航油价格上涨、航空业竞争加剧使得航空公司积极致力于节约成本、改善资产负债结构、锁定所有权风险，这一系列举措进一步促进了飞机租赁业务的发展，我国民族租赁业则快速复苏，国内飞机制造商、跨国银行和内资银行纷纷抓住发展机遇，并购、独资或合资了多家专业或涉及航空租赁的大中型租赁公司，民族航空租赁产业群的雏形已基本形成。截至2011年8月，在民航局登记在册的民用客机数量为1 257架，其中721架是通过租赁而来的，占我国民用客机总量的57%。目前，中国已成为公认的世界上最具有潜力的飞机租赁市场。

面对中国巨大的飞机租赁市场，我们有必要将租赁作为一种重要的战略投资手段，从支持产业发展的高度理解租赁业。同时，中国的民族飞机租赁业要实现跨越式的发展，也要增强中国租赁公司的自身实力，包括资金、人才、知识和经验等方面，以增强与外资公司的市场竞争力，通过自身的快速发展探索一条适合自身发展的道路。

作为一名多年来在航空公司从事与航空器引进工作相关的工作者，我深刻地认识到：中国飞机租赁业务的发展不仅需要相关人员积累丰富的实践经验，更需要他们具备有关飞机租赁业务的系统化的知识。正是基于这一想法，我在2008年着手撰写了《飞机租赁实务》一书。但随着时间的推移和租赁业的迅速发展，我国的租赁市场和国际环境已经发生了巨大的变化，美国次贷危机带给世界的影响仍在，欧债危机又席卷全球，受到外部经济环境恶化的巨大冲击，2008年上半年以来，全球航空需求增长一度明显放缓，但从长期的发展趋势来看，考虑到居民消费升级、航空自由化的趋势并未改变，民航业快速增长的态势不会改变，飞机租赁业的发展仍属朝阳行业，前景仍然十分广阔，航空租赁业将会迎来新一轮的行业整合，将诞生一批机队规模庞大、资金实力雄厚的大型航空租赁公司，也必然会需要更多的专业人才，租赁公司和航空公司都要在复杂的经济形势下严控风险。正是在这一背景下，我对《飞机租赁实务》进行了再版修订，更新了有关数据，补充了有关飞机租赁风险控制的内容，其目的是使书中的内容更具实效性，更符合当前租赁业发展的形势。

本书是为那些从事飞机租赁业务的实际工作者而写的，也是为那些试图更好地了解飞机租赁实务的学者而写的，本书也同样适用于那些想全面了解飞机租赁知识的人。飞机租赁业务是一项典型的集金融、贸易、技术、服务、风险控制为一体的知识和资金密集型业务，又是一个很专业的领域，不仅表现为租赁流程复杂，而且涉及金额巨大，时间很长。为了使读者全面系统地了解飞机租赁的业务知识，在借鉴国外飞机租赁的经验和做法的基础上，本书着重分析了现阶段在中国开展飞机租赁的难点问题，并辅以大量的案例，以便读者能更深入地了解飞机租赁业务。

由于飞机租赁业务在我国刚刚起步，与国外的发展仍存在很大差距，因此，现有的一些理论和方法仍处于借鉴和完善阶段，许多理论和实践还有待进一步探索和总结。衷心希望本书能为不同层面的理论及实践工作者提供有益的见解。限于水平和学识，书中不足之处敬请读者批评指正。

谭向东

2012 年 4 月

第三版前言

《飞机租赁实务》从2008年出版，到2012年修订，再到本次再版修订，已经有11年的时间了。11年前，中国飞机租赁业务刚刚起步，国际飞机租赁市场上鲜有中国公司的身影，所占的市场份额几乎为零，专业人才更是极度匮乏。11年后，我们欣喜地看到，中国的飞机租赁公司已经在世界上崭露头角，市场份额逐步扩大，一大批高素质、专业化的飞机租赁从业人员已经成长起来并活跃在全球飞机租赁市场。

在现代综合交通运输体系中，航空运输以安全、快捷、通达、舒适的独特优势，成为国家战略性新兴产业。2008年，在全国民航工作会议上，中国民航局提出全面推进建设民航强国的战略构想。2018年，中国民航局出台《新时代民航强国建设行动纲要》，对实现民航强国的奋斗目标进行了战略部署，为未来的民航发展指明了方向。在此背景下，民航业实现了持续、稳定、健康的成长，成绩斐然。国际航空运输协会数据显示，我国航空运输总周转量已经连续十年位居全球第二，或在2022年左右超过美国成为世界第一，这意味着中国民航业蕴含巨大的发展潜力，也为飞机租赁的发展奠定了基础。

从本书面世至今的 11 年里，国内飞机租赁配套政策日臻完善，飞机租赁产业规模及专业化人才队伍发展迅猛，国内的飞机租赁市场呈现出蓬勃发展的态势。截至 2018 年底，天津东疆已完成 1 414 架飞机租赁业务，其中民航运输飞机数量突破千架大关，达到 1 144 架，占我国民航运输飞机总量的 1/3，国内各类租赁公司纷纷利用下设的东疆项目公司开展飞机租赁业务。同时，广州南沙、海南海口等地也在积极支持飞机租赁业务的落地；国家各类支持政策、创新政策不断涌现，为国内飞机租赁行业的发展进一步注入动力：海关监管方面，海关总署积极推动全国海关实行租赁飞机跨关区联动监管，大幅提升通关效率；外汇管理方面，外汇管理局以实际业务需要为前提，支持飞机租赁公司收取外币租金并推动租赁公司外债便利化试点，进一步丰富飞机租赁的融资渠道。

飞机具有资产规模大、运营收益稳定、资产安全边际高等优势，飞机租赁已成为境内租赁公司竞相追逐的产品线，同时也是国内外保险公司资金的重要投向之一。因此，在开展国内飞机租赁业务中，相关操作的专业性愈加重要。《飞机租赁实务》的本次再版修订，结合了国内飞机租赁业务发展及相关金融市场日益开放的现实情况，以及会计准则中有关租赁内容的最新修订，对 2012 年的版本内容进行了优化和更新，以保证本书的时效性和相关内容的可操作性。

作为航空集团管理者、全球第三大飞机租赁公司 Avolon 的董事长和飞机租赁业务的实践者，我有幸亲历中国航空产业、中国飞机租赁产业的发展，并在多年的工作中积累了理论和实践经验。2008 年我从梳理飞机租赁业务系统化知识、分享飞机租赁实务经验的角度出发撰写本书，至今初心不改，衷心希望本书能够为飞机租赁领域不同层面的理论及实践工作者提供有益的帮助和借鉴，衷心希望中国飞机租赁产业进一步缩小与国外的差距，愿中国飞机租赁事业越来越好！在此，也向在撰写本书过程中参考、借鉴、吸收的相关内容的作者表示感谢！

限于水平和学识，书中不足之处敬请读者批评指正。

谭向东

2019 年 6 月

第一章

飞机租赁概况

飞机租赁是专业性很强的领域，它已经形成了独特的发展形式，且发展速度很快。本章在对飞机租赁的相关基本概念、形式及产生背景进行系统介绍的基础上，对国际、国内飞机租赁市场的发展概况进行了深入的剖析，对市场的发展特点、趋势进行总结，并介绍了市场上主要的飞机租赁公司。

第一节　飞机租赁概述

一、飞机租赁的概念

"租赁"一词，可以分别从出租人和承租人两个角度进行定义：从出租人角度来看，租赁是出租人在一定时期内通过转移一项财产或物的使用和收益的权利，来获得相应的租金收入的经济行为；从承租人角度来看，租赁是承租人以支付租金为代价，来获得在一定时期内对一项财产或物的使用和收益的权利的经济行为。[①] 因此，飞机租赁

---

① 史燕平：《融资租赁及其宏观经济效应》，对外经济贸易大学出版社，2004 年版，第 14 页。

（国际上也称作航空器租赁）是指出租人在一定时期内把飞机提供给承租人使用，承租人则按租赁合同向出租人定期支付租金的一种经济行为。飞机的所有权属于出租人，承租人取得的是使用权。飞机租赁期一般较长，是一种以融物的形式实现中长期资金融通的贸易方式。[①]

二、飞机租赁的形式

飞机租赁的形式多种多样，从性质上划分，主要有融资租赁和经营租赁；从经营租赁的业务范围划分，可分为湿租和干租；从飞机的来源划分，又可分为直接租赁、转租赁和售后回租等。飞机租赁还有很多衍生类型，但基本上都来源于上述类型。

三、飞机租赁产生的背景

在世界飞机租赁业务产生之前，各国航空公司获得飞机的方式比较传统。从 20 世纪 50 年代开始，世界航空运输业蓬勃发展，不断增长的客货运输量加大了对航空公司运力的需求。飞机制造商为了适应市场需求，不断开发出技术更加先进、性能更加优越的新型飞机。与此同时，各航空公司购买飞机的资金几乎全部是自有资金、政府投资或银行贷款。各航空公司在市场竞争面前，面临着购买飞机满足市场需求和资金短缺的矛盾，因此飞机租赁应运而生，它为航空公司带来了新的飞机引进方式及融资渠道，也为航空公司适应运输需求的增长、提高生产效率及优化机队结构，创造了外部条件。1960 年，美国联合航空公司以杠杆租赁的形式获得了一架喷气式客机，揭开了飞机租赁的序幕。此后飞机租赁市场迅速扩展，从美国

---

① 姜仲勤：《融资租赁在中国：问题与解答》，机械工业出版社，2003 年版，第 28 页。

发展到欧洲、日本及第三世界国家和地区，由区域市场发展成为国际性市场。飞机租赁已成为航空公司引进飞机的重要方式。

四、飞机租赁的特征

飞机租赁是一项复杂的系统工程：一方面，飞机租赁的专业性强，业务涉及面广，涵盖金融、会计、税务、保险、担保、法律、航空运输及飞机制造等诸多领域；另一方面，飞机租赁交易的投资金额大（动辄数千万甚至上亿美元）、交易时间长（一般 10~15 年）、风险因素复杂多变。

五、飞机租赁的功能

（一）飞机租赁的宏观经济功能

飞机租赁是一种较为稳定的投资方式，且通过租赁公司这个载体，飞机租赁业务可吸收股东的投资，或在货币市场、资本市场采取银行借贷、信托借款、发行债券、股权融资、资产证券化等融资方式拉动金融机构资金，吸收社会资金，从而促进整个社会投资。同时，飞机租赁业的发展也有助于本国飞机制造能力的提升，在为飞机制造商提供资金来源的同时，也势必激励各飞机制造商研制出性能更为优良、更能满足市场需求的飞机，以期能在航空运输市场中获取收益。

（二）飞机租赁的微观经济功能

对于航空公司而言，飞机租赁为其增加了一条新的融资渠道，利用飞机租赁，航空公司不需要一次支付巨额购机资金，只需按期支付租金就可以使用飞机，从而较大程度地缓解了航空公司的资金需求。

对于租赁公司和银行等投资者而言，飞机租赁为其提供了一个新的投资品种和投资领域。在飞机租赁业务中，投资企业可获得因折旧带来的延迟纳税或是投资抵税等税收优惠；飞机的使用寿命大约为 25~30 年，租赁期结束后飞机一般还具有一定的市场价值，且航空公司有足够的营运能力用于创利偿还租金；同时飞机是通用的交通工具，变现能力强，即便出现拖欠租金等支付问题，也可以立即收回飞机进行转租或再销售。以上因素都使得飞机租赁业务已成为较好的投资载体，为各投资方带来较为稳定的长期投资回报。

对于飞机制造商而言，飞机租赁也促进了飞机销售。航空公司购置飞机需要支付巨额资金，尤其是大批量的购买飞机会增加财务负担，而飞机租赁通过其融资作用为航空公司大批订购飞机提供了可能性，从而促进了飞机销售。事实上，促销已成为现代租赁最具特色的功能，世界上主要的工业生产厂家都建立了自己的现代租赁公司，并通过租赁的方式推销自己的产品。特别地，广大发展中国家在引进大型设备时常常面临资金不足的问题，而现代租赁便成为发达国家生产商向发展中国家销售设备的重要手段。

第二节　国际飞机租赁市场概况

租赁作为一种经济活动，早已存在于经营活动中。而现代租赁业务则起源于第二次世界大战以后，最早产生于美国。1952 年美国成立第一家融资租赁公司。随后，西欧、日本、加拿大、韩国等一些国家和地区也逐步开展租赁业务，陆续成立了租赁公司。现代租赁以其独有的融资与融物、金融与贸易相结合的功能，成为许多设备制造商扩大产品销售的一种有效手段和资源配置的重要方式[1]。美

---

[1]　李鲁阳，张雪松：《融资租赁的监管》，当代中国出版社，2007 年版，第 2 页。

国、中国、英国、德国和日本是国际租赁业的五大强国,其中美国金融租赁市场规模巨大,占全球租赁业交易额的35%。

一、国际租赁业发展概况

租赁在发达国家中占有重要地位。2015年部分国家和地区租赁业发展概况如表1-1所示,2015年部分地区租赁渗透率如图1-1所示。

表1-1 2015年部分国家和地区的租赁业发展概况

排名	国家和地区	年交易额(10亿美元)	同比增长率(%)	市场渗透率(%)
1	美国	374.35	11.10	22.0
2	中国	136.45	25.55	4.0
3	英国	87.13	14.01	31.1
4	德国	63.82	8.42	16.7
5	日本	60.84	8.94	9.6
6	法国	30.92	9.93	14.2
7	澳大利亚	30.85	0.01	40.0
8	加拿大	26.21	3.40	32.0
9	瑞典	18.22	12.05	22.9
10	意大利	17.67	12.52	13.0
11	瑞士	13.79	5.25	11.5
12	波兰	12.56	16.37	17.1
13	韩国	11.39	8.10	9.4
14	中国台湾	10.62	9.80	9.3
15	丹麦	9.04	24.06	28.5
16	俄罗斯	8.69	-19.85	—

（续表）

排名	国家和地区	年交易额（10亿美元）	同比增长率（%）	市场渗透率（%）
17	土耳其	7.69	−9.85	10.0
18	西班牙	7.64	19.93	5.6
19	墨西哥	7.19	32.00	—
20	哥伦比亚	6.14	21.00	—
21	挪威	6.12	−2.39	9.8
22	奥地利	6.09	5.90	13.3
23	荷兰	5.95	21.27	6.8
24	芬兰	5.06	3.74	17.2
25	比利时	5.05	11.14	8.9
26	捷克	4.11	20.34	12.0
27	南非	3.10	−1.16	—
28	秘鲁	2.70	4.00	—
29	斯洛伐克	2.46	17.60	15.6
30	巴西	2.43	−38.57	—
31	葡萄牙	2.36	20.85	15.7
32	伊朗	2.14	17.00	7.3
33	智利	1.81	−20.95	—
34	罗马尼亚	1.68	18.47	4.5
35	埃及	1.37	159.00	—
36	匈牙利	1.30	13.50	—
37	尼日利亚	1.20	27.39	—
38	立陶宛	1.17	51.42	18.2
39	马来西亚	1.15	−15.61	—

（续表）

排名	国家和地区	年交易额 （10亿美元）	同比增长率 （%）	市场渗透率 （%）
40	斯洛文尼亚	1.12	44.61	19.6
41	摩洛哥	1.04	5.80	—
42	爱沙尼亚	1.02	7.61	24.7
43	保加利亚	0.87	20.41	9.3
44	拉脱维亚	0.76	28.78	14.8
45	阿根廷	0.73	27.00	—
46	新西兰	0.37	0.01	—
47	塞尔维亚和黑山	0.34	7.86	—
48	乌兹别克斯坦	0.23	3.00	2.3
49	印度	0.19	2.65	—
50	希腊	0.17	−2.80	1.1
	总计	1 005.30		

资料来源：怀特克拉克集团《2017年全球租赁业发展报告》，按照世界租赁年报的编制惯例，2017年的报告披露的是截至2015年底的数据。

　　飞机租赁迅速发展的原因在于：第一，迅速发展的航空运输业推动了航空公司的发展；第二，飞机租赁资产更有利于出租人对租赁资产的风险控制；第三，专业飞机租赁公司和其他参与飞机租赁的金融机构的投资趋于理性，租赁业务逐渐娴熟；第四，飞机租赁成为包括出租人在内的投资人获得投资税收效益最大化的最有效途径①。在这方面，日本的飞机租赁公司成就较为突出，涉及大量的投资税务筹划，其市场也在逐步扩大。

————————

① 史燕平：《融资租赁原理与实务》，对外经济贸易大学出版社，2005年版，第112~113页。

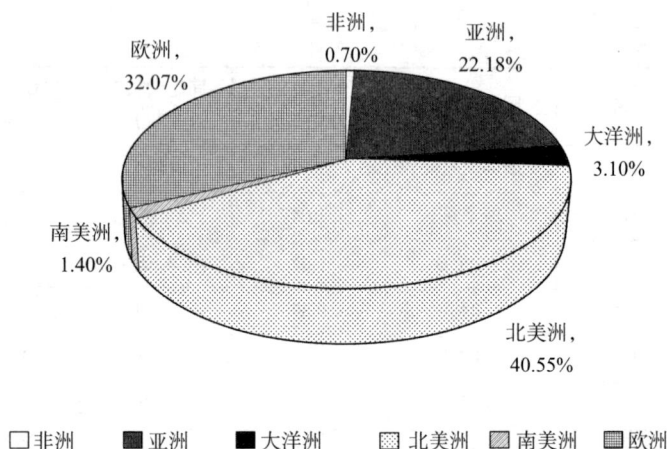

图 1-1　2015 年部分地区租赁渗透率

资料来源：怀特克拉克集团《2017 年全球租赁业发展报告》。

二、国际飞机租赁市场发展趋势

（一）全球市场：发展前景乐观

2008 年全球金融危机后，量化宽松政策为各国经济注入大量的流动性，全球经济逐步复苏企稳。世界上主要的飞机租赁公司在市场企稳、流动性充足的情况下，渐渐转向适当扩大运力、增加飞机数量的经营策略。截至 2017 年底，全球商用租赁飞机达 11 517 架，较 2008 年的约 6 580 架提高 75%，十年复合增长率为 5.7%。航空公司通过租赁引进飞机的意愿进一步提升，租赁飞机渗透率已由 2000 年的 25% 上升至 2017 年的 47.2%。

波音公司发布的《全球商业市场展望（2018—2037）》显示，未来 20 年全球共需要 42 730 架全新客机和货机，价值约 6.35 万亿美元，才能满足市场需求。其中单通道市场将迎来最显著的增长，总需求量为 31 360 架新飞机，价值高达 3.5 万亿美元。宽体机市场则需要 8 070 架新飞机，总价值约 2.5 万亿美元。届时，全球客机总数将达到 4.85 万架，数量约是目前 2.44 万架客机的 2 倍。且中国、俄罗斯、巴西和印度等金砖国家的飞机租赁业正处于高速增长的上升周期，保守预测航空运输业未来 20 年年平均增长率将维持在 6.1%（中国）、5.5%（俄罗斯）、5.8%（巴西）和 5.5%（印度）。从历史来看，航空业的成长期约为 40 年，新兴市场国家航空业正处于黄金时期，可以带动全球飞机租赁市场的发展。

（二）重点区域：亚太地区增长强劲

根据波音公司发布的《飞机融资市场展望（2018—2037）》，2018—2037 年亚太地区新交付飞机的需求为 16 930 架，是北美 8 800 架的 1.9 倍，约是欧洲 8 490 架的 2 倍。亚太地区强劲的飞机需求也将带动全球飞机租赁市场重心东移。数据分析公司 Flight Fleets Analzyer 的数据显示，亚太地区飞机租赁公司拥有的飞机机队规模从 2007 年占全球租赁机队的 5%，增长至 2017 年的 19%；飞机订单则从 9% 增长至 22%。而北美地区飞机租赁公司拥有的飞机机队规模从 2007 年占全球租赁机队的 69%，下降至 2017 年的 37%；飞机订单则从 65% 下降至 35%。

根据空中客车公司的预测，未来 20 年，全球将新交付 37 400 架飞机，新兴经济体特别是亚洲地区的城市化发展及财富增长是驱动航空业增长的主要动力来源。涵盖超过 60 亿人口的新兴经济体的航空客运量年均增长率预计为 5.5%，倾向搭乘飞机出行的人口比例将是目前的 3 倍，达到 75%。中国国内市场将在未来 10 年内成为世界最大的航空运输市场。亚太地区至 2037 年将占据全球航空市场的 40%，新增民用飞机（包括客机和货机）需求量达到 15 643 架，价值 2.3 万亿美元，占未来 20 年全球预计总需求量的 42%。届时，亚太地区将超过北美和欧洲，成为全球最大的航空市场。就市场增长情况而言，空中客车公司认为：

（1）亚太地区的全球航空业收入客公里（RPK）将以年均 5.5% 的速度增长，高于全球 4.4% 的平均增速。

（2）亚太地区各个航空公司目前运营的 6 594 架飞机中将有 44% 需要更新，以确保该地区各航空公司继续运营最新、最高效、最环保的飞机。

（3）亚太地区人口围绕主要中心城市高度集中，在快速增长的超大型城市之间需要座位数更多的飞机，因此，亚太地区在今后 20 年内需要新增 3 149 架宽体飞机，相当于全球新增宽体飞机总量的 36%。其中包括 380 架像空客 A380 这样的超大型飞机，以及 2 769 架像空客 A330 和 A350XWB 这样的双通道宽体飞机。与此同时，亚太地区对于单通道飞机的需求也会继续增加。今后 20 年，亚太地区需要新增 12 494 架 100 座到 210 座的单通道飞机，如最畅销的空客 A320 系列飞机。

（三）市场结构：大型公司强者恒强

数据分析集团 Flight Global 发布的《航空融资与租赁报告 2019》数据显示，2018 年全球前 5 大飞机租赁商拥有的租赁飞机资产价值占全球的 33.94%，前 20 大飞机租赁商拥有的租赁飞机资产价值占全球的 71.23%。其中，按数量排名前十的航空租赁商如表 1–2 所示。

飞机租赁为资本密集型行业，大租赁公司容易实现规模效应，在提高信用评级，以低成本获取融资资金，以优惠价格大批量订购飞机等方面具有较大优势。因此，全球飞机租赁公司通过并购等方式不断扩大自身规模,2018年进入全球机队规模50强的门槛为50架,较2014年的37架提高了35.1%;2018年进入资产价值50强的门槛为11.8亿美元,较2014年的6.1亿美元几乎提高了一倍,门槛大幅上升,具体如表1-3所示。

表1-2　2018年按机队数量排名前十的航空租赁商

排名	租赁商	机队数量（架）	机队资产价值（亿美元）	同比增减	国际评级		
					标普	惠誉	穆迪
1	GECAS	1 232	247	-4%	AA+	—	—
2	AerCap	1 059	347	10%	BBB–	BBB–	Baa3
3	Avolon	569	194	3%	BB+	BB+	Ba1
4	BBAM LLC	498	209	14%	—	—	—
5	Nordic Aviation Capital	474	64.7	8%	—	—	—
6	SMBC Aviation Capital	421	162	3%	—	A–	—
7	ICBC Leasing	385	161	13%	A	A	A1
8	Dae Capital	352	106	0%	—	—	—
9	Air Lease Corporation	335	148	15%	—	BBB	—
10	BOC Aviation	335	146	5%	A–	A–	—

资料来源:《航空融资与租赁报告2019》,评级数据为作者根据网络查询数据整理所得。

表1-3 2014—2018年全球前50大航空租赁公司进入门槛

年份	机队规模门槛（架）	同比增长率（%）	资产价值门槛（亿美元）	同比增长率
2014	37	—	6.1	—
2015	39	5.4%	8.1	32.8%
2016	41	5.1%	8.6	6.2%
2017	52	26.8%	11.4	32.6%
2018	50	–3.8%	11.8	3.5%

资料来源：Flight Global。

三、国外融资租赁业的监管模式

20世纪60年代，融资租赁进入西方发达国家，70年代中期开始在发展中国家发展。目前，全球开展融资租赁业务的国家很多，根据《世界租赁年报》的统计数字，全球租赁业务量从1993年的3 096亿美元，增长至2015年的10 053亿美元，年均复合增长率为5.5%。

在监管方面，各国依据本国国情对融资租赁业实施监督管理。各国的具体做法不同，同一个国家在不同的发展阶段也有不同的做法。就监管程度而言，大致可以划分成市场调控、适度监管和严格监管三种类型[1]，如表1-4所示，部分国家监管情况如表1-5所示。

表1-4 各国融资租赁监管模式

监管模式	操作方法	代表国家
市场调控	主要是通过发挥市场机制的作用，规范融资租赁企业依法经营和运作，监管当局对融资租赁企业基本不实施任何监管	英国、美国

---

[1] 李鲁阳，张雪松：《融资租赁的监管》，当代中国出版社，2007年版，第27～54页。

（续表）

监管模式	操作方法	代表国家
适度监管	实际上是一种间接监管，即通过监管投资于融资租赁公司的母公司，从而实现间接监管融资租赁企业的目的	德国、日本
严格监管	实际上是一种直接监管模式，一般将融资租赁视为一种金融衍生品，对融资租赁企业本身实施同银行一样的严格监管	法国、意大利、巴西及韩国（1998 年之前）

表 1-5　部分国家监管情况

国家	特殊许可证	监管
美国	不需要	不需要
日本	不需要	不需要
德国	不需要	不需要
英国	不需要	不需要
澳大利亚	不需要	不需要
以色列	不需要	不需要
捷克	不需要	不需要
新加坡	不需要	不需要
爱尔兰	不需要	不需要
泰国	不需要	不需要
巴西	需要	需要
孟加拉国	需要	需要
印度	需要	需要
印度尼西亚	需要	需要
土耳其	需要	需要
意大利	需要	需要

资料来源：李鲁阳，张雪松：《融资租赁的监管》，当代中国出版社，2007 年版，第 102~103 页。

四、国际飞机租赁产业政策比较

目前全球飞机租赁产业主要聚集地为爱尔兰、中国香港和中国天津东疆保税区。从以上地区航空租赁产业的发展可以看出，政府的政策支持至关重要。

（一）爱尔兰：经营环境宽松便利，12.5% 的优惠税率

爱尔兰为全球最大的飞机租赁聚集地，建立了完整的航空业产业链。全球机队规模最大的前 15 家租赁公司中有 14 家在爱尔兰开展业务，全球 40% 以上的租赁机队在爱尔兰注册，爱尔兰飞机租赁公司管理的资产规模超过 1 000 亿欧元。爱尔兰发展飞机租赁的优势主要有以下几点。

1. 税收优惠

（1）飞机租赁企业适用于爱尔兰 12.5% 的公司税率，低于欧洲 23.2% 的平均水平，也低于中国 25% 的所得税率。

（2）对飞机租赁企业的增值税和印花税方面予以豁免。

（3）遵循欧盟海关法律，飞机进入欧盟的关税在飞机用于商业目的的情况下予以免除。

（4）在税务申报时，飞机资产可采取 8 年加速折旧，即每年折旧率最高可设定为 12.5%，大大降低了应税利润总额。

（5）爱尔兰与 74 个国家和地区签署了全面的避免双重课税协定，缔约国政府向对方企业在本国缴纳预提所得税实施减免政策，这些协议可以消除或减轻双重征税。

2. 营商便利

爱尔兰开放的资本环境、营商环境，吸引着全球低成本的资金集聚，是理想、便捷的交易市场，促进了当地飞机租赁行业的发展。

（1）对飞机租赁业务没有特别的监管要求。

（2）注册公司流程简单而高效。

（3）对资金跨国流动没有外汇管制或类似限制。

（4）关于资产取回、设立分支机构等，爱尔兰均没有专门限制。

（5）爱尔兰的会计准则还允许飞机租赁业使用美元进行交易、制作财务报表和计算应缴税，这有利于航空公司和飞机租赁公司开展国际业务。

3. 产业配套

爱尔兰政府还积极培育专业化的公司，以专业服务保障租赁业的发展，这些公司在航空租赁方面拥有专业的咨询能力，能提供税收、法律、飞机等各项专业服务[①]。爱尔兰还形成了成熟的飞机租赁关联支持产业，拥有完善的教育体系和高素质专业人才队伍。以会计记账服务为例，当地服务公司可以为飞机租赁公司完成从项目公司设立，到派遣董事、申报税务、编制月度报表、配合审计、档案管理等全过程工作，协助处于发展初期的飞机租赁公司在爱尔兰迅速开展业务，也使成熟的飞机租赁公司更专注于核心业务的发展。爱尔兰在飞机租赁服务软环境方面处于全球领先地位，英国脱欧可能给爱尔兰的金融服务业带来更多的发展机遇，飞机租赁业的金融配套环境也将得到更多的改善。

（二）中国香港：新税制极具吸引力，实际税率最低至 1.65%

1. 税收优惠

中国香港为建立全球化的飞机租赁中心，于 2017 年 7 月通过关于飞机租赁的税务条例。对"合格飞机出租人"，以应税利润的

[①] 《长江证券》，全球租赁业发展历程比较研究，2011 年 7 月。

20%，按照正常企业利得税（16.5%）的50%来缴纳利得税，有效净税率最低可降至1.65%，为全球最优惠的税率。

2. 产业配套

中国香港既是国际金融中心，又是国际和区域航空枢纽，拥有非常理想的金融环境和区位优势，同时也汇聚了各类优秀的专业人才，能够满足飞机租赁对资金、人才的强大需求。

（三）中国天津东疆保税区：飞机租赁创新试点区，地方税收按比例返还

2011年5月，国务院批准东疆为我国唯一飞机租赁创新试点区，批复天津东疆港区多项先行先试措施。截至2018年底，东疆累计完成1 414架飞机租赁业务，其中民航运输飞机数量历史性突破千架大关，达到1 144架。东疆完成的民航运输飞机租赁的数量已约占我国民航运输飞机总量的1/3。天津东疆对于飞机租赁有许多独有的政策便利，包括行政审批便利、地方税收全留存的财税支持、简化对外汇的管理等。

1. 税收优惠

（1）实行"不予不取"政策，即东疆产生的地方税收全部留存东疆。

（2）将企业所得税/预提所得税地方留成部分，增值税/代扣代缴增值税地方留成部分，印花税/地方附加地方留成部分等税收按一定比例予以返还。

2. 金融监管

2011年国务院批准《天津北方国际航运中心核心功能区建设方案》，赋予天津东疆保税港区航运金融试点及租赁业务创新试点。

（1）允许在东疆保税港区注册、有离岸业务需求的企业开设离

岸账户。

（2）支持商业银行对具有真实贸易背景的融资筹资需求，在商业原则基础上提供人民币融资便利。

（3）2012 年，国家外汇管理局综合司发布《关于将天津东疆保税港区纳入外商投资企业外汇资本金结汇改革试点范围》的批复，在东疆注册的外商投资租赁公司的外汇资本金实行意愿结汇。

3. 营商便利

天津东疆保税区在行政审批方面为企业提供便利，海关、外汇管理局、工商、税务等部门形成联合团队，提供一站式、高效的企业登记注册服务，支持资信良好和业务成熟的融资租赁企业在东疆保税港区设立项目子公司，不设最低注册资本金限制。

（四）各地产业政策比较

从以上爱尔兰、中国香港、中国天津东疆保税区的税收政策和营商环境来看，各有优势，具体的政策比较如表 1-6 所示。

表 1-6　全球主要飞机租赁聚集地政策比较

	爱尔兰	中国香港	天津东疆
流转税率	—	—	13%
所得税率	12.50%	16.50%	25%
处置飞机利得	通常贸易所得按 12.5% 征税	如被视为资本利得，则不征	25%
税收优惠政策	没有特殊政策	80% 的扣除；8.25% 的优惠税率	增值税及所得税地方留成部分按一定比例返还
税务折旧政策	税务折旧年限最少 8 年，即每年折旧率最高可设定为 12.5%（销售时冲回折旧）	对飞机资产不可以计提折旧	每年 3.6%~4.75%（折旧期限一般为 15~25 年）

（续表）

	爱尔兰	中国香港	天津东疆
税收协定	74个地区（包含中国香港），在中国预提所得税优惠6%（一般通过合同约定由承租人承担）	40个地区，与中国大陆预提所得税优惠5%	107个地区（包含中国香港），预提所得税5%~10%
所得税税收计算	（销售收入 – 固定资产折旧 – 其他成本）×12.5%	（销售收入 ×20%– 其他成本）×8.25%	（销售收入 – 固定资产折旧 – 其他成本）×25%×60%

从比较情况来看，在税率方面，中国香港具有全球最优惠的税率。中国香港新税制对中国内地的飞机租赁企业具有极大的吸引力，新税制出台后，必将吸引国内和国际租赁公司在中国香港搭建平台，充分开展飞机租赁的国际运营与合作，不过，中国香港对"合格飞机出租人"进行了限定，且相比于国内租赁公司，对于从中国境外引进的飞机租赁，根据中国内地和中国香港的课税协定，飞机租金需缴纳5%的预提所得税。对于境内业务，天津东疆仍具有一定优势。在营商便利方面，爱尔兰、中国香港政策环境宽松。天津东疆利用先行先试的政策优势，通过制定和争取更加宽松的融资政策以营造更为灵活便利的融资环境，吸引境内外各类资本支持飞机租赁业的发展。但是，在专业人员、租赁法律法规、财务会计、财税规定、相关金融配套等领域，天津东疆与中国香港和爱尔兰等地还存在差距，有待进一步提升。

五、国外主要飞机租赁公司简介

（一）通用电气金融航空服务公司

通用电气金融航空服务公司（General Electric Capital Aviation

Services，以下简称 GECAS）是一家领先的商用飞机租赁和融资的全球参与者，其前身是世界著名的两家飞机租赁公司 GPA 集团和北极星飞机租赁公司。2018 年，GECAS 总资产为 417 亿美元，营业收入为 49 亿美元，净利润为 12 亿美元。

GECAS 机队规模为 1 232 架，拥有 26 个办事处和超过 79 个国家的 250 家客户，提供干线飞机、支线飞机、航空发动机和全套金融航空服务等。GECAS 提供的航空金融服务项目有：经营租赁、售后回租、杠杆租赁、单一投资租赁、债券化、银团贷款等。

（二）荷兰爱尔开普飞机租赁公司

荷兰爱尔开普飞机租赁公司（AerCap Holdings N.V.，以下简称 AerCap）成立于 1995 年，是一家综合的全球性航空公司，在飞机和发动机租赁、贸易及零件销售市场上处于领先地位。2006 年 10 月在纽约证券交易所上市。2013 年 12 月，AerCap 以 54 亿美元收购国际租赁金融公司（ILFC），成为全球最大的飞机租赁公司（以机队资产价值排名）。截至 2018 年底，AerCap 总资产为 432.09 亿美元，总负债为 343.28 亿美元，资产负债率为 79.45%。2018 年，营业收入为 48 亿美元，净利润为 10.17 亿美元，净利润率为 21.19%，净资产收益率 11.45%。截至 2018 年底，其机队规模为 1 059 架。

2016 年 2 月，AerCap 总部从阿姆斯特丹迁至爱尔兰的都柏林，目前其在阿姆斯特丹、洛杉矶、香农、劳德代尔堡、迈阿密、新加坡、上海、阿布扎比、西雅图和图卢兹等地均设有办事处。该公司在 80 个国家和地区有超过 200 家客户，主要开展飞机租赁与资产管理业务，还通过经认证的维修站提供飞机管理服务，飞机和发动机维护、修理和大修服务及飞机拆卸服务。

（三）Avolon

Avolon 是一家全球领先的飞机租赁公司，2014 年末在纽交所上市。2015 年 9 月，海航集团旗下渤海租赁以 25.55 亿美元并购 Avolon Holdings Ltd.100% 股权，成为仅次于 AerCap、GECAS 的全球第三大飞机租赁公司。Avolon 作为渤海租赁飞机租赁业务的主要运营平台，先后整合 HKAC（HKAC 前身是澳大利亚 Allco 金融集团旗下的飞机租赁业务）和 CIT 集团（美国一家银行控股公司）下属的飞机租赁业务。截至 2018 年底，Avolon 总资产约 272 亿美元，总负债 196 亿美元，资产负债率 70.6%。2018 年，营业收入为 47.6 亿美元，净利润为 6.6 亿美元，净利润率为 13.87%，净资产收益率为 8.79%。其机队规模为 569 架。

Avolon 总部设在爱尔兰，在中国、迪拜、新加坡、美国设有地区办事处。目前，它服务于全球 64 个国家的 153 家客户，涵盖全球主要航空公司，公司单一客户集中度低，能有效分散经营风险。其主要从事飞机租赁业务，为客户提供飞机租赁和租赁资产管理服务。

（四）BBAM

1991 年，巴布科克和布朗航空 Babcock & Brown 将其飞机管理部门独立出来成立了全资子公司 BBAM，2010 年 4 月，BBAM 的高级管理人员从 Babcock & Brown 公司收购飞机租赁业务。截至 2018 年 12 月 31 日，BBAM 机队规模为 498 架，资产规模超过 263 亿美元。

BBAM 总部设在旧金山，目前已分别在纽约、伦敦、东京、新加坡、苏黎世、都柏林和圣迭戈等地设立办事处。BBAM 是一个提供全方位服务的出租人，并保持其自身的内部能力，包括飞机处置、租赁营销、技术维护、合规、资本市场活动、税务结构、法律、合同和财务、所有资产类型和战略。成立 20 多年以来，BBAM 已发展成为世界最大的经营性飞机租赁公司之一。

（五）北欧航空资本

1990 年，北欧航空资本（Nordic Aviation Capital，以下简称 NAC）由航空企业家 Martin Møller 在丹麦斯基沃创立。2004 年，NAC 的总部搬到了比朗德，在过去的 29 年里，NAC 从一架飞机发展到现在拥有价值超过 60 亿美元的近 500 架飞机，它是一家市场领先的企业，在全球 5 个地区拥有 200 多名员工，现在是全球最大的支线飞机租赁公司。2018 年，NAC 总资产 82.43 亿美元，营业收入 8.9 亿美元，净利润 1.62 亿美元。

NAC 为全球的航空公司和飞机投资者提供租赁和租赁管理服务。29 年来，NAC 的行业专家团队一直为全球航空公司提供灵活、个性化和有竞争力的航空解决方案。NAC 对支线航空很有热情，致力于为客户提供合适的飞机以满足其需求，其灵活性和专业知识使 NAC 得以发展并保持在支线航空中心的地位。

（六）三井住友银行航空资本

三井住友银行航空资本（Sumitomo Mitsui Banking Corporation Aviation Capital，以下简称 SMBC）属于日本综合商业集团住友商事旗下分公司三井住友金融集团，起源于苏格兰皇家银行（RBS）的飞机租赁业务。2001 年，苏格兰皇家银行收购国际航空管理集团，子公司 Lombard Aviation Capital 负责管理苏格兰皇家银行 50 亿美元的飞机相关债务。2012 年，日本三井住友金融集团以 73 亿美元的价格从苏格兰皇家银行集团收购该公司，并将其重新命名为 SMBC Aviation Capital。截至 2018 年 3 月 31 日，SMBC 总资产为 107 亿美元，总负债为 86 亿美元，营业收入为 10.32 亿美元，净利润为 2.88

亿美元，净利润率为 27.9%，净资产收益率为 13.71%。其机队规模为 421 架。机队加权平均机龄为 4.5 年，是飞机租赁行业中最年轻的机队之一。

SMBC 总部位于爱尔兰都柏林，在阿姆斯特丹、北京、上海、香港、迈阿密、纽约、西雅图、新加坡、东京和图卢兹设有办事处，在全球 50 个国家和地区有超过 175 家客户，业务专注于收购、租赁、管理和销售商用飞机。同时，在充分发挥股东的财务能力、技能和产品优势下，三井住友银行及其子公司可以与三井住友金融租赁公司一起提供担保飞机融资、出口信贷融资、交付前付款融资及安排日本经营租赁等。

（七）美国航空租赁公司

美国航空租赁公司（Air Lease Corporation，以下简称 ALC）成立于 2010 年，由曾任 ILFC 公司 CEO（首席执行官）的史蒂芬·乌德沃尔-哈齐（Steven Udvar-Hazy）创办。ALC 于 2011 年 4 月在纽约证券交易所上市，成为美国上市租赁公司之一，2018 年，ALC 总资产为 184.82 亿美元，营业收入达 16.8 亿美元，净利润为 5.11 亿美元。截至 2018 年底，其机队规模为 335 架。机队加权平均机龄为 3.8 年，加权平均租期为 6.8 年。

ALC 总部位于洛杉矶，客户群遍布全球 55 个国家的 91 家航空公司。它主要从事民航飞机的采购，然后通过定制的飞机租赁和金融解决方案将飞机租赁给该公司位于全球各地的航空公司合作伙伴。

（八）阿联酋迪拜资本

阿联酋迪拜资本（以下称为 Dae Capital）是一家提供全方位服务的出租公司，截至 2018 年，Dae Capital 总资产为 147 亿美元，营业收入为 7.8 亿美元，净利润为 3.73 亿美元，其机队规模为 352 架，租赁给 57 个国家的 109 家航空公司。其拥有的机队平均寿命约为 6 年，将继续投资新的按需飞机类型，如空客 A320、波音 B787 梦幻客机和 B737 Max。

Dae Capital 通过收购各种飞机，充分利用其交易发起、租赁安置、资产管理和交易能力，重点关注新资产或其首次租赁内的资产。凭借在飞机租赁领域 30 多年的经验，其致力于利用规模创造价值，并为客户提供解决方案。

（九）航空资本集团

航空资本集团（Aviation Capital Group，以下简称 ACG）前身为波良航空服务公司。1986 年创建初期，波良公司主要从事飞机融资与租赁交易；1988 年后，开始专门从事飞机经营租赁业务；1994 年 7 月被日本第二大信托银行住友信托（The Sumitomo Trust & Banking Co., Ltd.）收购；1998 年底被德意志银行（Deutsche Bank AG）从住友信托手中收购；2000 年 12 月被德意志银行出售给德国的另一家银行 WestLB AG Group；2005 年 6 月，被美国飞机租赁公司 ACG 收购。2018 年，ACG 总资产为 108.8 亿美元，营业收入为 10.48 亿美元，净利润为 2.66 亿美元。

ACG 总部设在加利福尼亚，自 1989 年以来开始服务于全球的航空公司，从事飞机租赁业务，目前 ACG 机队规模为 312 架，客户遍布 45 个国家的约 95 家航空公司。

（十）波音资本公司

波音资本公司（Boeing Capital Corporation，以下简称 BCC）是波音公司的全资子公司。其前身是 1968 年成立的麦克唐纳－道格拉斯金融公司，当时设立的目的是为新旧飞机的销售提供金融资助。5 年后，BCC 又增加了商用设备和公务飞机的金融服务。1997 年 8

月，随着波音公司与麦克唐纳－道格拉斯公司的合并，公司名称改为现在的BCC。1999年10月，BCC与波音客户金融集团（Boeing Customer Finance Group）合并后，成为一个独立的经营单位。

BCC现在是一家提供全球金融服务的专业性机构，公司总部分别设在美国华盛顿的雷顿和加州的长滩。BCC的经营单位包括三个集团：飞机融资服务、商业融资服务及空间和防务融资服务，前两项服务为其最主要的业务单元。BCC拥有约210架飞机，机队构成既有新飞机，也有旧飞机，既有波音飞机，也包括空中客车在内的多种机型飞机。BCC提供多种飞机融资服务，主要有融资租赁（含杠杆租赁）、经营租赁和售后回租、出口信贷等，其中融资租赁业务占主要地位。

第三节　中国飞机租赁市场概况

一、中国租赁业发展概况

（一）中国租赁业发展历程回顾

从国内来看，第一家租赁公司于1981年成立，拉开了中国租赁业发展的序幕。当时处于改革开放初期，国家为了解决国内资金紧缺以及从国外引进先进技术、设备和管理的需求，由此引入了融资租赁业务。此后近40年的时间里，国内租赁行业经历了起源、发展、整顿、复苏和繁荣5个阶段。其中，在复苏阶段，国内完成法律、监管、会计、税收的租赁行业四大支柱建设，至此，国内租赁行业才算真正迈入规范化发展的道路上来。

整体而言，中国租赁业发展可分成如下几个阶段，如表1-7所示。

表1-7 中国租赁业发展阶段划分

阶段划分	阶段描述
起源阶段 （1981—1988年）	该阶段先后成立了7家公司，经营者大多数为国有企业，引进了一些先进设备。当时的法律环境还很不健全，国家还处于严格的计划经济时期，欠缺公司市场化经营的会计制度
发展阶段 （1989—1995年）	该阶段可以说是混乱发展的阶段，风险大量积聚。各公司业务总量增长很快，但是违法经营普遍，经营管理混乱。当时的经济环境逐步从计划经济转向商品经济和市场经济，经济发展速度较快，但是法制建设滞后
整顿阶段 （1996—1999年）	不规范运作的风险集中爆发，全行业进行清理整顿。广东国际租赁有限公司、海南国际租赁有限公司、武汉国际租赁有限公司和中国华阳金融租赁有限公司，由于严重资不抵债而相继被撤销，其余的公司基本上惨淡经营
复苏阶段 （2000—2007年）	随着社会主义市场经济体制的逐渐完善，租赁行业发展所需要的四大支柱：法律制度、会计制度、监管体系和税收制度，逐步建立并完善，租赁业的理论研究也在逐渐深入，通过借鉴国际上的先进发展经验，租赁业逐步进入规范健康的发展时期
繁荣阶段 （2008至今）	随着行业监管政策的变化及政策支持力度的加大，融资租赁行业的公司数量大幅增加，市场规模持续扩大，服务领域更加广泛，市场活跃度明显提升

而在2006—2017年，国内租赁余额增长了759倍，复合增速83%，这主要源于固定资产投资高增长和租赁渗透率提升的双轮驱动（租赁交易额＝固定资产投资额 × 租赁渗透率）。

（二）中国租赁业发展现状

根据不同的市场准入规定，我国融资租赁公司分为金融租赁公司、内资试点融资租赁公司以及外商投资融资租赁公司三类。在2006—2010年的"十一五"期间，中国融资租赁业增长迅猛，业务总量由2006年的约80亿元增至2010年的约7 000亿元，增长了86倍，截至2018年底业务总量已达66 500亿元。具体数据如表1-8所示，走势如图1-2所示。

表1-8　2006—2018年中国融资租赁业务总量　　单位：亿元

年份	全国业务总量	金融租赁	内资租赁	外资租赁
2006	80	10	60	10
2007	240	90	100	50
2008	1 550	420	630	500
2009	3 700	1 700	1 300	700
2010	7 000	3 500	2 200	1 300
2011	9 300	3 900	3 200	2 200
2012	15 500	6 600	5 400	3 500
2013	21 000	8 600	6 900	5 500
2014	32 000	13 000	10 000	9 000
2015	44 400	17 300	13 000	14 100
2016	53 300	20 400	16 200	16 700
2017	60 800	22 800	18 800	19 200
2018	66 500	25 000	20 800	20 700

资料来源：中国租赁联盟、联合租赁研发中心、天津滨海融资租赁研究院。

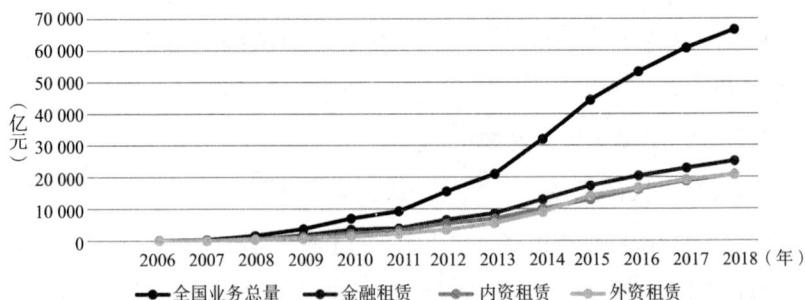

图1-2　2006—2018年中国融资租赁业务总量走势

截至 2018 年底，全国注册运营的融资租赁公司（不含单一项目公司、分公司、SPV 公司①和收购海外的公司）总数约为 11 777 家，较 2017 年的 9 676 家增加了 2 101 家，其中，金融租赁 69 家、内资租赁 397 家、外资租赁 11 311 家；注册资金约合 32 763 亿元；业务总量达 66 500 亿元，各类型融资租赁公司数量及业务总量情况如表 1–9 所示。

表 1–9 2018 年三种类型的融资租赁公司对比

类型	企业数（家）	业务总量（亿元）	比上年增长（%）	业务总量占全国比重（%）
金融租赁	69	25 000	9.65	38
内资租赁	397	20 800	10.64	31
外资租赁	11 311	20 700	7.81	31
总计	11 777	66 500	9.38	100

资料来源：中国租赁联盟、联合租赁研发中心、天津滨海融资租赁研究院。

二、中国飞机租赁市场的特点

（一）中国民航市场增长强劲

改革开放以来，中国民航业飞速发展。40 年间，中国民航运输总周转量排名从世界第 37 位跃居世界第 2 位，年均增长 16.3%，自 2005 年起，连续 13 年稳居世界第二，仅次于美国，成为毫无争议的民航大国。②2017 年，全行业完成运输总周转量 1 083 亿吨公里，历

---

① SPV 即 Special Purpose Vehicle 的简称，在证券行业，SPV 指特殊目的的机构或公司，其职能是在离岸资产证券化过程中，购买、包装证券化资产和以此为基础发行资产化证券，向国外投资者融资。

② 张晋.改革开放与中国航空业·民航改革篇：从第37位到第2位的飞越［J］.上海：大飞机，2018（10）：27–32.

史性地突破 1 000 亿吨公里大关。2018 年全行业完成运输总周转量 1 206.4 亿吨公里、旅客运输量 6.1 亿人次、货邮运输量 738.5 万吨，同比分别增长 11.4%、10.9%、4.6%。民航是战略性产业，进入新时代，我国经济发展由高速增长阶段向高质量发展阶段转换，我国已具备从民航大国向民航强国跨越发展的基础。[①]"十三五"期间，中国民航业务规模规划主要指标如表 1–10 所示。

表 1–10 "十三五"期间中国民航业务规模规划主要指标

指标	2015 年	2020 年（预计）	年均增长
航空运输总周转量（亿吨公里）	852	1 420	10.8%
旅客运输量（亿人次）	4.4	7.2	10.4%
货邮运输量（万吨）	629	850	6.2%
通用航空飞行量（万小时）	77.8	200	20.8%
旅客周转量在综合交通中的比重（%）	24.2	28	—
保障起降架次（万）	857	1 300	8.7%
民用运输机场（个）	207	≥260	—

预计到 2020 年，我国航空运输总周转量达到 1 420 亿吨公里，旅客运输量为 7.2 亿人次，货邮运输量为 850 万吨，年均分别增长 10.8%、10.4% 和 6.2%。

波音发布的《2018—2037 中国民用航空市场展望》预测，中国未来 20 年将需要 7 690 架新飞机，总价值达 1.2 万亿美元，并需要超过 1.5 万亿美元的航空服务以支持机队的发展，成为全球最大的航空服务市场之一。根据波音公司的预测，中国对飞机的需求以单通

---

① 《新时代民航强国建设行动纲要》。

道飞机的需求为主，为新飞机总需求量的 75%，宽体机的需求则增速更快，预计将增至现有宽体机规模的 3 倍。此外，由于拥有全球发展最为快速的电子商务，中国对货机的需求也将呈指数级增长。

（二）飞机租赁市场潜力巨大

20 世纪 80 年代，为满足航空运输的加速发展对运力的需求，我国民航飞机引进和更新换代步伐加快，开始利用从国外融资租赁和国内贷款购买等方式，大量添置国外大中型干线飞机和国产支线飞机，使机队规模不断扩大，也使得中国的飞机租赁业务自起步以来发展迅猛。截至 2017 年底，在民航局登记在册的民用客机数量为 3 296 架，租赁占比达到 43%。

从目前的统计数据看，全球航空运输业所使用的飞机 2/3 以上是通过租赁方式获得的。由于购买飞机及相关航材所需费用巨大，飞机租赁和飞机发动机等设备租赁市场在中国也有着巨大的发展潜力和空间。未来 20 年，飞机租赁作为我国航空公司重要的飞机引进方式，将迎来黄金发展时期，飞机租赁所涉及的资金至少达到 2 700 亿美元，成为航空业投资的重要渠道，为此我国也被视为世界上最具有潜力的飞机租赁市场。

除了民航的发展，中国通航的发展潜力巨大，并已经开始展现出爆发力。所谓通航，即通用航空，指使用民用航空器从事公共航空运输以外的民用航空活动，通用航空飞机则是指除了公用与军用之外的其他用途的小型飞机，包括直升机、公务机等。通用航空机型小，对起降条件要求不高，因此在抢险救灾、应急救援、环境保护、人工降水、农林业航空服务等社会公共服务领域都能发挥其他生产工具无法替代的作用。

随着国民经济的快速发展和社会的不断进步，人们的生活水平不断提高，使用小型飞机、直升机进行航空观光旅游、个人娱乐、培训飞行的航空消费需求日益增长，这迫切需要通用航空提供更广泛的服务。通用航空的发展可刺激整个航空产业链条的发展，直接为国民经济做出巨大贡献。2016年国务院办公厅出台《关于促进通用航空业发展的指导意见》，将通用航空产业定位为国家战略性新兴产业。目前，通用航空已成为服务经济、服务社会、服务国防的重要力量。

除新飞机租赁外，旧飞机（二手飞机）的租赁市场也相当可观。我国以租赁方式引进的大型民用飞机，其租期基本上为12年，租期期满时，留有大约成本价30%的残值，可以续租、留购或退租。这些租期即将结束的飞机，其实质价值远比一般租赁公司计算的所谓残值大得多，一架飞机的正常使用年限通常为20~30年，而租赁公司往往10年左右就把它淘汰出局，这里面存在巨大的利润空间和市场空间。

（三）本土飞机租赁业异军突起

长期以来，飞机租赁市场一直被国外租赁公司占据和主导。国际上成熟的租赁公司比国内公司有更多的优势，例如在价格方面，国外租赁公司可以拿到较低的购机成本。但近年国际顶尖的飞机租赁公司机队数量有所下降，而国内租赁公司的发展势头迅猛，正在改变国外租赁公司独占市场的格局。近年来，国内的租赁公司通过股权重组或收购等方式快速成长起来，并迈出国门，开始收购国外优质租赁公司。例如，2006年，中国银行通过一家全资附属子公司，以9.65亿美元收购亚洲最大的飞机租赁有限公司——新加坡飞机租赁有限公司100%的股份，并更名为中银航空租赁公司（BOCA）。2016年，海航集团旗下渤海租赁收购全球第11大飞机租赁公司Avolon，

2017 年其又收购 CIT 集团的飞机租赁业务，并与 Avolon 整合，进而使 Avolon 成为全球第三大飞机租赁公司。随着各种利好政策的出台以及自身实力的壮大，国内飞机租赁公司已在国际市场上占有一席之地，发展潜力不可小觑。

（四）租赁方式逐步转为以经营租赁为主

我国民航的飞机租赁是以融资租赁交易开始的，在近 40 年的租赁历史中，融资租赁交易曾占据飞机租赁交易的大部分份额，而随着时间的推移，经营租赁优势在我国航空领域中逐渐显现，经营租赁逐渐成为飞机租赁中最常用的租赁模式。例如，从 1980—2000 年，我国民航通过融资租赁方式引进了波音的 B747–400、B777、B767、B757、B737，空中客车的 A300、A320、A321、A340 等喷气客机 365 架，而同期采用经营租赁方式引进飞机 117 架，融资租赁方式占租赁飞机总数的 75.7%，经营租赁占 24.3%。然而近几年来，经营租赁受到国内航空公司的欢迎，截至 2017 年，国内四大航空公司（国航、南航、东航、海航）共计融资租赁 674 架飞机，经营租赁 825 架飞机，经营租赁机队规模已超过融资租赁的机队规模。

三、国内主要的飞机租赁公司概况

我国本土飞机租赁公司经过 10 多年的快速发展，已经初具规模，一些发展较快的飞机租赁公司已跻身世界领先地位。

（一）渤海租赁股份有限公司

渤海租赁股份有限公司是在中国 A 股上市的国际化租赁产业集团（证券代码：000415.SZ），其全资子公司天津渤海租赁有限公司，注册资本为 221 亿元，是目前国内注册资本最大的融资租赁公司。渤海租赁 2012 年收购香港航空租赁有限公司（HKAC），正式进军全球飞机租赁市场。2016 年，渤海租赁收购具有丰富飞机租赁业务经验的全球领先的飞机租赁公司 Avolon。2017 年收购美国纽交所上市公司 CIT Group Inc. 下属的飞机租赁业务整合平台 C2 Aviation Capital Inc.。截至 2018 年底，渤海租赁总资产 2 858.19 亿元，资产负债率 80.72%。2018 年度营业收入 412.91 亿元，净利润 22.79 亿元。

渤海租赁通过业务模式创新、租赁资产交易、海外并购收购，实现了融资租赁业务与经营性租赁业务、国内业务与海外业务的全面发展。截至 2018 年底，渤海租赁自有飞机、管理飞机及订单飞机合计达到 1 005 架，主要为空客 A320 系列及波音 B737 系列等主流单通道窄体机型，平均机龄约 5.3 年，服务于全球 153 家客户，成为仅次于 AerCap、GECAS 的全球第三大飞机租赁公司。

（二）工银金融租赁有限公司

工银金融租赁有限公司是国务院确定试点并首家获中国银监会批准开业的由商业银行设立的金融租赁公司，也是国家确定滨海新区发展战略后落户新区的最大法人金融机构之一。截至 2018 年底，工银租赁总资产 2 715.04 亿元，总负债 2 389.32 亿元，资产负债率 88.00%。2018 年度，净利润 32.15 亿元，净资产收益率 9.87%。工银租赁定位为大型、专业化的飞机、船舶和设备租赁公司，截至 2018 年末，拥有和管理飞机 670 架，为全球 33 个国家和地区的 70 家客户提供飞机租赁及融资服务。

（三）中银航空租赁有限公司

新加坡飞机租赁企业 SALE 是中银航空租赁有限公司（BOCA）的前身。SALE 英文全称为 Singapore Aircraft Leasing Enterprise，创建于 1993 年，公司总部设于新加坡。2006 年 12 月 15 日，中国银行股份有限公司通过其全资子公司中银集团投资有限公司以 9.65 亿美元收购了 SALE 100% 的普通股，将这家拥有 74 架飞机、总值 31 亿美元资产、订单飞机 60 架、59 名分布在 5 个国家的专业人员和一套完整飞机租赁业务路线图的飞机租赁公司纳入旗下，SALE 遂更名为 BOCA（BOC Aviation）。截至 2018 年底，BOCA 总资产 182.56 亿美元，总负债 140.57 亿美元，资产负债率 77.00%。2018 年度，营业收入 17.26 亿美元，净利润 6.20 亿美元，净利润率 35.92%，净资产收益率 14.77%。

目前，BOCA 拥有由新型飞机组成的机队，自有飞机平均机龄只有 3 年，机队的主流机型为空客 A320CEO 系列和波音 737NG 系列飞机，客户遍及全球 80 多家航空公司。中银航空租赁从飞机制造商处直接订购飞机，也通过与航空公司进行购机回租的方式购买飞机，截至 2018 年底与空客公司和波音公司等飞机制造商的飞机订单约 183 架，拥有及管理飞机 328 架。BOCA 既可以为客户单独提供飞机融资安排服务，也可以将其作为一揽子服务方案，与飞机租赁业务一并提供。

（四）国银金融租赁股份有限公司

国银金融租赁股份有限公司（以下简称国银租赁）是经中国银行业监督管理委员会批准，由国家开发银行对原深圳金融租赁有限公司进行股权重组并增资后变更设立的非银行金融机构，注册资本为 126.42 亿元。国银租赁于 2000 年开始涉足飞机租赁业务，成为第一家开展飞机租赁的本土租赁公司。截至 2018 年底，国银租赁总资产 2 380.67 亿元，总负债 2 138.64 亿元，资产负债率 89.83%。2018 年度，营业收入 136.21 亿元，净利润 25.07 亿元，净利润率 18.41%，净资产收益率 10.36%。2009 年、2011 年国银租赁两度被全球行业权威杂志《Airfinance》评为当年度的全球最佳交易奖。2010 年 11 月，国银租赁与中国商用飞机有限责任公司签订《C919 客机启动用户协议》，确认订购 15 架 C919 飞机，成为国内首家订购的金融租赁公司。截至 2018 年底，国银租赁自有和托管 231 架覆盖各主流机型的飞机，拥有 29 个国家及地区的 56 家航空公司客户，在飞机融资租赁、经营租赁、收购带租约的飞机资产、航材及机场设备租赁等航空租赁业务方面积累了丰富的经验，打破了外国租赁公司长期以来对中国航空租赁市场的垄断，树立了自己的航空租赁品牌。

第二章

飞机租赁的主要方式

根据租赁的业务性质，租赁方式一般分为经营租赁和融资租赁。同样，就飞机租赁而言，其租赁方式也主要包括经营租赁和融资租赁两种。但是飞机租赁又有自己的特殊性，比如资金量大、流程复杂、利益相关者较多以及租期长等，因此飞机租赁还包括其他的方式。

第一节　经营租赁

一、经营租赁的概念

经营租赁是一种以提供飞机短期使用权为特征的租赁形式。出租人（租赁公司）根据市场需要，选择通用性较强的飞机，在一定的期限内供承租人（航空公司）选择租用，以回收投资成本和风险报酬。在飞机经营租赁期满后，按租赁合同的约定，飞机的所有权不会转移给承租人，原因主要是承租人为满足经营上的需要，从租赁公司短期租用飞机以满足营运需求，而无意拥有该飞机的所有权。

二、经营租赁的特征

经营租赁租期相对较短，一般为5~7年，短的仅一年半载。承租人在租期内按期支付租金，租期结束时，承租人可以选择续租、退租或购买飞机。经营租赁有较大灵活性，是一种可撤销的、不完全支付的短期的飞机租赁方式。具体特征如下：

（1）不完全支付。由于经营租赁租期一般较短，大大低于飞机的经济寿命，所以出租人在一次租期内所得到的租金的总和要大大低于购买飞机时的支出，要通过多次出租才能收回其购机时的投入。

（2）租期较短。经营租赁的租期少到几个月，多到几年不等，但是其租期远远小于飞机的使用寿命。

（3）租金一般按月或按季支付，而且绝大多数为先付，在飞机交付前承租人要缴纳保证金。

（4）承租人不承担所有权上的一切风险。承租人在固定的租期内负有支付租金、维修保养飞机使之达到适航性、投保一切责任险、向出租人补偿税费以及在租赁期末按照约定的维修状况标准向出租人返还该飞机的责任。

（5）结构简单的双边交易。经营租赁飞机的结构比较简单，大多数是一种双边交易，且交易灵活。

（6）租赁期满，飞机退还给出租人。租赁结束时，承租人可以选择续租、退租或者购买飞机，租赁经营的飞机绝大多数具有通用性，在市场上较抢手，并且具有很好的二手市场。

从上述经营租赁的特点可以看出，经营租赁的实质在于取得对飞机的短期使用权，在扩充机队、增加运力等经营策略上体现了高度灵活性，航空公司可在需要时引入飞机以补充运力。

三、经营租赁的基本流程

飞机经营租赁的基本流程如图 2-1 所示。

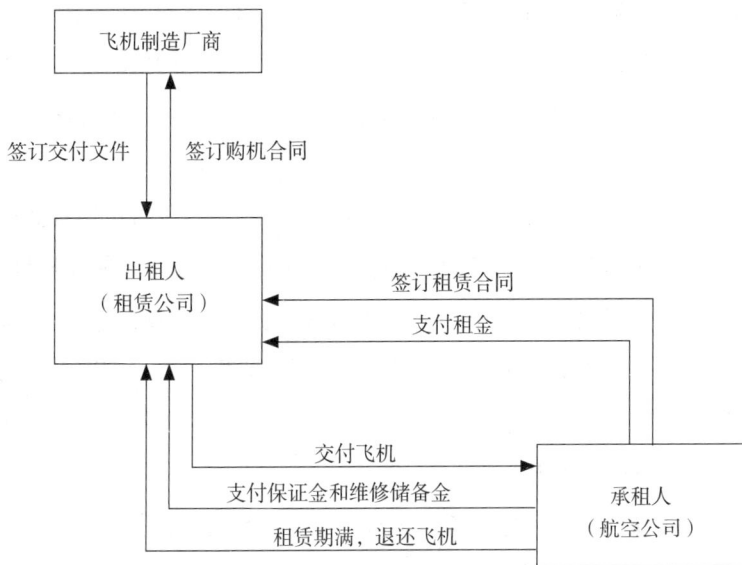

图 2-1 飞机经营租赁的基本流程

四、经营租赁对承租人的意义

对承租人（航空公司）而言，经营租赁飞机的意义重大，主要表现在以下几个方面：

（1）有利于航空企业快速取得飞机使用权。市场的变化会使航空公司产生临时性需要，比如旧飞机需要临时更换、新飞机尚未交付的过渡期、市场的需求剧烈变化而很难采用其他方式引进飞机的时期、航空技术更新迅速的时期等等。由于通过经营租赁取得飞机所花费的时间较之自行购买要短得多，因此，航空公司可以根据市场供求的变化，通过经营租赁较快地租入所需飞机，以满足不断变化的市场需求。而且，当某些航空公司的信用等级较低时，经营租赁是它们取得较新型飞机的唯一途径。经营租赁的出租人在做出决策时，会更多考虑设备的价值而不是特定承租人的信用，这就使得凭自身信用难以筹集到购置飞机所需资金的航空公司也能够用上飞机。

（2）有利于改善航空企业的经营状况。由于与飞机可用寿命相比，经营租赁的租期通常要短得多，这使得航空公司在航线规划、机型选用、架数配备上，具有较大的灵活性，便于随市场变动而调整，从而可以避免承担特定机型的残值风险。即使一些信用等级高的航空公司，为了集中精力开发业务，免于资产的购置和处置等琐事，有时也愿意租用飞机。

（3）航空公司可避免承担飞机技术落后和残值的风险。由于当前飞机的相关技术更新很快，航空公司如果采用取得所有权的方式获得飞机，就要承担飞机技术发展给公司带来损失的风险，还要承担残值的风险，如果采用经营租赁方式，这两大风险就可以转嫁给租赁公司。

第二节　融资租赁

一、融资租赁的概念

融资租赁，是指出租人购买承租人（航空公司）选定的飞机，享有飞机所有权，并在一定期限内将飞机出租给承租人有偿使用。这是一种具有融资、融物双重职能的租赁方式。

融资租赁有多种方式，较多采用的是投资减税杠杆租赁，它是指利用英、美出口信贷支持及一般商业贷款开展融资租赁业务。融资租赁以融资为目的，从而最终获得租赁资产（飞机）的所有权。租赁期满，租赁资产的所有权为承租人所有，租赁期限较长，一般是 10~15 年，租金将以出租人出资额为基础计算。对于承租人来说，实际上是以租金的形式采取分期付款的方式购买了飞机。对于典型的飞机融资租赁而言，在租赁期内，有关飞机的保养、维修等费用全由承租人承担，但同时因使用飞机而产生的效益也全由承租人独享。租期结束后，飞机所有权转给承租人。总体而言，这类飞机租赁的本质是：承租人以支付租金的方式，分期付款购买了飞机。

二、融资租赁的特点

飞机融资租赁是较为常见的飞机引进方式，这类租赁方式以物为载体，目的在于融资并完全支付飞机全部价值。其主要特点如下：

（1）飞机的型号、数量由承租人指定。

（2）不可撤销，即租期内，租赁协议不得随意解除。

（3）租金需要按季或按半年完全支付。

（4）租期基本接近飞机的折旧寿命。

（5）承租人负担所租飞机在租期内营运的一切费用。关于飞机的所有收益权及风险均转让给承租人；在租期内，未得到出租人同意，飞机只能由承租人使用。

（6）与交易商构成三边或多边交易，需签多个协议。

（7）飞机的法律所有权属出租人，经济使用权属承租人。

（8）租赁期满，飞机所有权转移给承租人。

融资租赁的实质在于解决购机资金不足问题，同时扩充机队，保证运力需求，核心在于以融物的形式达到融资的需求。其一般用于购买新飞机。

三、飞机融资租赁的基本流程

承租人（航空公司）从租赁公司（或直接从制造厂家）选择指定型号、一定数量的飞机，并与出租人（租赁公司）签订有关租赁飞机的协议，在租期内飞机的法定所有者，即出租人将飞机的占有权、使用权、收益权转让给承租人，承租人按期支付租金，期满后，飞机所有权转移给承租人。在融资租赁中，出租人为了从融资机构得到飞机价格 50%~100% 的贷款，需提供如下保证条件：（1）飞机抵押给该融资机构；（2）转让飞机保险权益；（3）转让出租人因出租飞机而取得的利益；（4）转让银行担保函。而承租人（航空公司）必须对上述出租人的保证条件做出承诺，并提供可靠的保证。所以，承租人（航空公司）一方面要为所租赁的飞机购买必要的保险，另一方面可能还要寻找对该飞机提供担保的担保人。飞机融资租赁的业务流程如图 2-2 所示。

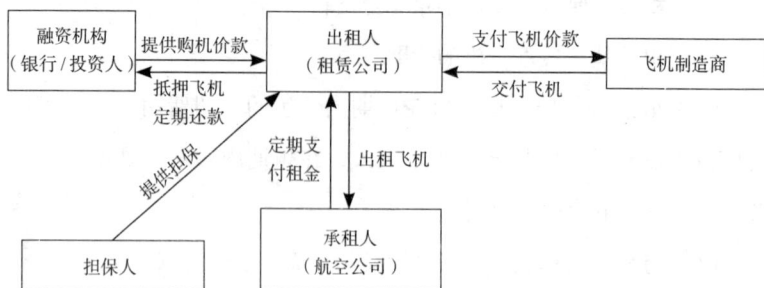

图 2-2　飞机融资租赁的基本流程

四、融资租赁对承租人的意义

融资租赁是航空公司购买和使用飞机并获得飞机产权的一种融资方式和途径，租赁是融资行为的一层"外衣"。航空公司选择融资租赁，主要是为了扩展融资渠道、增加融资金额及获得更低的融资成本。融资租赁对航空公司具有重大意义。

（1）有利于缓解航空公司财务压力和降低飞机购买成本。对航空公司来说，融资租赁的优势在于可以将飞机的购置成本在较长时间内分摊，缓解公司财务压力。同时，由出租人来采购飞机不仅可以因较大的采购规模而享受供应商的价格折扣，而且还往往可间接享受到出租人所在国的税收优惠，所以飞机的总体获得成本可能更低。

（2）有利于降低航空公司运营成本。以融物的方式为承租人提供资金融通是融资租赁交易的基本功能。但融资租赁的优势还不仅如此。对承租人而言的融资功能，尤其是节税型的融资功能，包括我国在内的许多国家都有类似的规定，即当租期短于租赁设备法定耐用年限时，承租人可以按租期作为租入设备的折旧年限。对于营利企业，这种会计处理方式可以使其获得延迟纳税的好处，从而使融资租赁成为一种具有节税功能的融资方式。国内租赁公司比国外租赁公司在税收上可更好地利用政策加速资产的折旧回收，降低公司的税负，即融资租赁可以降低航空公司的运营成本。

（3）实现航空公司间接融资的目的。飞机融资租赁由租赁公司支付该飞机的全部价款，相当于向承租人提供百分之百的长期借贷，即租赁公司承担了100%的长期借贷风险，航空公司通过融资租赁合同仅需支付首期租金和一定的保证金即可获得自己需要的飞机，其主要成本就是利息。通过融资租赁，航空公司可以以有限的资金获得更多飞机，取得经营上的规模优势，实现间接融资的目的。

（4）有利于航空公司规避外汇风险。航空公司在国内寻求租赁公司开展国内飞机融资租赁业务，可以规避外汇风险，原因有两点：若租赁公司贷款币种是人民币，则根本不存在汇率风险；若贷款币种是外币，则可以和金融机构合作利用金融工具（如外汇套期保值）外债转内债，用人民币结算避免汇率风险。

第三节　两种租赁方式的主要区别

一、经营租赁与融资租赁的主要区别

飞机租赁业务的表现形式多种多样，但主要有融资租赁和经营租赁。二者的主要区别归纳如表 2-1 所示。

表 2-1　经营租赁与融资租赁的主要区别

	融资租赁	经营租赁
租金的性质	使用资金的对价	使用物件的对价
决定租金的主要因素	资金利息的高低	设备的使用价值，设备的成本和闲置风险
租金的状态	除非采用固定利率和等额年金法，在租期内，租金浮动或者递变	一般在租期内固定不变，只有另签合同才改变租金
购买主要动机	承租人	出租人
承租人的动机	留购	使用
租赁物件的资本化	承租人	出租人和承租人
租赁物件的维修	承租人	出租人或承租人
租赁物件的残值风险	无	出租人
出租人的增值税	租金的 13% 或利差的 6%	租金的 13%

二、判断融资租赁和经营租赁的标准

如何判断融资租赁和经营租赁？简单来讲，判断融资租赁和经营租赁可以按照以下方法。

按照国内现有的会计制度，符合下列标准一项以上的租赁，应当认定为融资租赁：

（1）在租赁期届满时，租赁资产的所有权转移给承租人。

（2）承租人有购买租赁资产的选择权，所订立的购买价款与预计行使选择权时租赁资产的公允价值相比足够低，因而在租赁开始日就可以合理确定承租人将会行使这种选择权。

（3）资产的所有权虽然不转移，但租赁期占租赁资产使用寿命的大部分。

（4）在租赁开始日，租赁收款额的现值几乎相当于租赁资产的公允价值。

（5）租赁资产性质特殊，如果不做较大改造，只有承租人才能使用。

一项租赁存在下列一项或多项情形的，也可能认为是融资租赁：

一是若承租人撤销租赁，撤销租赁对出租人造成的损失由承租人承担；二是资产余值的公允价值波动所产生的利得或损失归属于承租人；三是承租人有能力以远低于市场水平的租金继续租赁至下一期间。

三、航空公司对飞机融资租赁和经营租赁方式的选择

对航空公司而言，飞机融资租赁和经营租赁有本质的不同，前者偏重于融资，后者偏重于融物。实际上，航空公司扩充和更新机

队的方式有两种：最终获得飞机产权的方式（直接购买和融资租赁）和不获得飞机产权的方式（经营租赁）。航空公司选择何种方式，取决于其自身的市场战略、财务状况、对特定飞机或该机型使用期限的需求，以及对飞机未来市场价值走势（即残值）和飞机取得成本等方面的判断。根据经营租赁和融资租赁的自身特点，航空公司可以根据下列要素，选择合适的租赁方式，以满足航空公司的不同需求。

（一）航空公司计划使用飞机的期限

一般认为，航空公司如果立足于长期投资、融资、扩大企业资产规模，稳定扩充机队等方面的需要，计划长期使用飞机，使用期限基本接近飞机的使用寿命，则应采用融资租赁方式。融资租赁可进一步分为直接租赁、售后回租、杠杆租赁等方式。

航空公司如果具有短期内缓解运力紧张、扩充机队等的需要，计划短期使用飞机，使用期限远小于飞机的使用寿命，则应采用经营租赁的方式。经营租赁可进一步分为湿租、干租、半干租等方式。

（二）航空公司自身财务结构和财务规划

从宏观的方面考虑，在任何时点，航空公司引进飞机最理想的方式应该是让航空公司加权平均资本成本和财务调剂成本最低。比如，在初创期，航空公司一般实施的是扩张型财务战略，此时公司主要以实现企业资产规模的快速扩张为目的，需要进行大规模的外部筹资，以弥补内部积累相对于企业扩张需求的不足，会表现出高负债、高收益、少分配的特征。在稳定期，航空公司一般会实施稳健型财务战略，主要以实现企业财务绩效的稳定增长和资产规模的平稳扩张为目的，首要任务是优化现有资源的配置和提高现有资源的使用效率和效益，此时可采取适度负债、中收益、适度分配的政策。在衰退期，航空公司大多会采取防御性的收缩型财务战略，以预防出现财务危机和求得生存及新的发展为目的，积蓄力量，盘活存量资产，节约成本支出，会呈现低负债、低收益、高分配的特点。

总而言之，航空公司在选择飞机租赁方式时，不但要分析对飞机的具体需求，而且要配合公司的财务结构或财务调整的走向，结合经营租赁和融资租赁的特点和优势，做出决策。但不管航空公司采用何种租赁方式，飞机租赁对航空公司的规模、商业信誉都有较高的要求。

第四节　飞机租赁的其他方式

飞机租赁还可按其他标准进行分类：按飞机来源不同可分为直接租赁、转租赁和售后回租等；按租赁是否享有纳税优惠可分为享有税收优惠的节税租赁和不享有税收优惠的销售式租赁；按出租人对租赁飞机设备的出资比例可分为单一投资租赁和杠杆租赁；按其他标准划分的湿租和干租、尾款租赁；等等。

一、转租赁和售后回租

转租赁，就是由出租人从另一家融资租赁公司或航空公司租进飞机，然后转租给承租人使用。第二出租人可以不动用自己的资金而通过发挥类似融资租赁经纪人的作用而获利，并能分享第一出租人所在国家的税收优惠，降低融资成本。转租赁多发生在跨国飞机租赁业务中，流程示意图如图2-3所示。

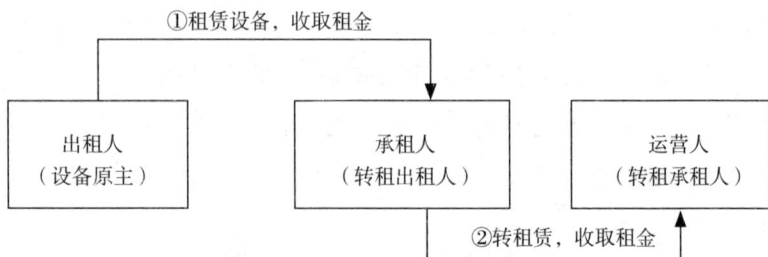

图 2-3　转租赁流程

售后回租，就是由航空公司首先将自己的飞机出售给融资租赁公司（出租人），再由租赁公司将飞机出租给原飞机使用方（承租人）使用。航空公司通过回租可以满足其改善财务状况（资产负债表）、盘活存量资产的需要，并可与融资租赁公司共同分享政府的投资减税优惠政策带来的好处，以较低的租金即可取得继续使用飞机的权利。飞机所有人（航空公司）通过这种方式可以在不影响自己对飞机继续使用的情况下，将物化资本转变为货币资本。售后回租交易流程如图 2-4 所示。

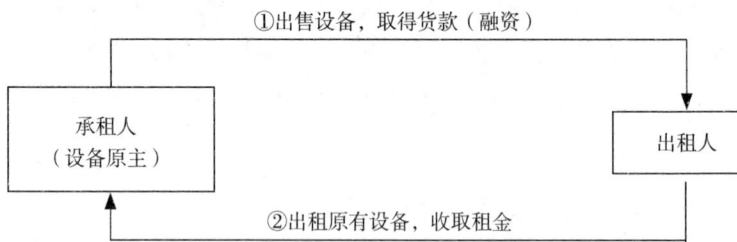

图 2-4　售后回租交易流程

二、干租和湿租

航空公司如果为临时缓解运力紧张，或满足扩充机队等的需要，可采用湿租、干租和半干租（潮租）的形式。从某种角度来说，航空界常见的干租、湿租、半干租等方式也是一种实质意义上的经营租赁。

（一）干租

干租是指航空运输企业将飞机在约定的时间内出租给他人使用，出租人只提供飞机，收取固定租赁费，不承担运输过程中的各种费用，机组人员、维修、保险及备件等均由承租人自己解决。

（二）湿租

湿租是相对于干租而言的，湿租要求航空公司不仅要提供飞机，而且还要提供相应的机组人员、机务维修人员、保险及备件，以提供飞行服务。

（三）半干租

半干租（潮租）是介于湿租和干租之间的租赁方式，出租人提供部分服务，而承租人（航空公司）也需要自己承担一些关于飞机的运营服务，其手续相对简单，经营灵活，风险较小。

三、尾款租赁

尾款租赁又称"残值（余值）租赁"或"二手飞机租赁"。对尾款租赁而言，在租赁的飞机到期时，航空公司不论是采用融资租赁，还是采用中长期经营租赁，按合同规定，除去租期内航空公司已支付的租金后，这些飞机的余值仍占飞机购置成本的30%~40%，金额很大。航空公司若用自有资金或申请贷款购汇"留购"，将会增加公司当年的资金压力；若"退租"，将减少运营飞机的拥有量，失去低成本扩张和进行资产优化配置的机会。比较适当的做法是"续租"，航空公司与国内租赁公司合作，或与国外专业飞机租赁公司合资成立飞机租赁公司，采用国际通行的租赁合同权利转让或售后回租等方式，对租赁到期的引进飞机开展尾款租赁。

最早的尾款租赁是由新世纪金融租赁公司和投资人合作完成的，它成功运作了几架进口飞机的尾款租赁，取得了很好的效果。航空公司与国内租赁公司开展尾款租赁，不仅可以拉动社会投资，促进我国飞机租赁业的发展，扩大国产飞机和闲置机型在国内外飞机租赁市场的份额，而且有利于引导租赁公司开展国产支线飞机的租赁，有利于我国航空公司稳定飞机资源，进行资产优化配置。飞机尾款租赁的交易流程如图 2-5 所示。

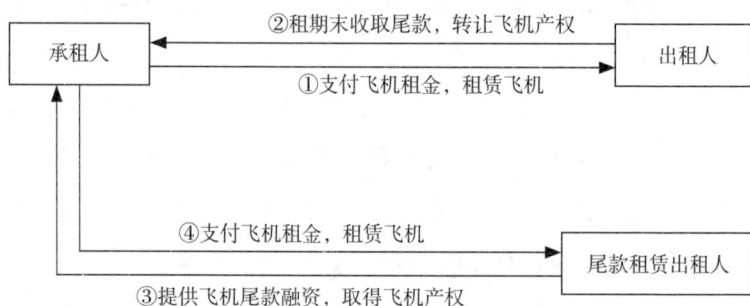

图 2-5　尾款租赁的交易流程

第三章

飞机租赁的工作流程

相比其他设备租赁而言，飞机租赁流程比较复杂，而且和具体的租赁方式有关系。本章将结合具体的租赁方式，从航空公司角度详细介绍飞机租赁的工作流程。

第一节　经营租赁的工作流程

一、飞机经营租赁的工作流程框架

根据经营租赁的实践操作方式，经营租赁的基本工作流程框架如图 3–1 所示。

二、飞机经营租赁的基本工作流程

（一）飞机、发动机选型

1. 飞机选型

航空公司在引进飞机时，首要考虑的是飞机航程、座位数。目前民用航空飞机按载客量大小可分为大型宽体飞机、中型飞机和小型飞机。大型宽体飞机座位数在 200 以上，飞机上有双通道通行，如：波音 B747、B777、B787 和空客 A340、A330、A350、A380 等，满载航程都在 10 000 公里以上。中型飞机载客在 100~200 人，为单通道飞机，典型的有波音 B737 系列飞机、空客 A320 系列飞机和中国商飞 C919 飞机，航程超过 3 000 公里。载客量在 100 人以下的小型民用飞机，称为支线飞机，主要用于短程航线的飞行，主要有巴西的 ERJ 系列飞机和加拿大的 CRJ 系列飞机及中国的 ARJ21 飞机。

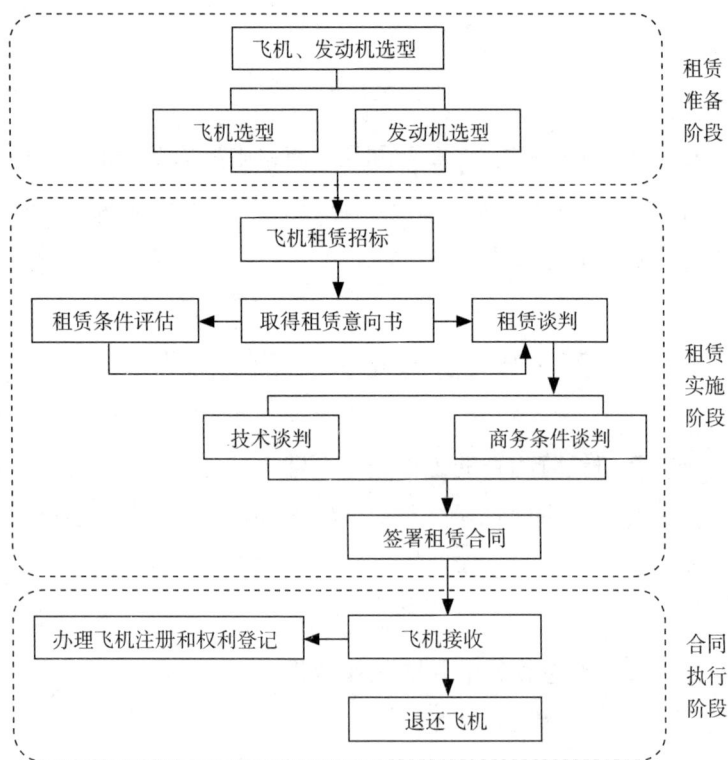

图 3-1　经营租赁流程

　　飞机选型要通过规划分析以确定飞机等级，并根据航线、机场等情况，对预选的若干型号、相同等级飞机进行综合评估，选择出最适合的机型。飞机的选型分析主要研究的因素如表 3-1 所示。

表 3-1 飞机选型考虑的主要因素

因素类型	具体内容
经济因素	是指航空公司根据自身的网络规划、机队构成、航线市场等相关要素的要求，选择合适的机型，在满足市场需求的同时，实现航空公司整体收益的最大化
技术因素	是对各机型的技术分析，包括飞机的安全性分析、先进性分析、可靠性分析和机型生产的背景情况分析，包括生产许可证和型号许可证的取证时间等
成本因素	是对飞机引进的经济分析，如：直接使用成本分析、财务分析，具体包括：引进税率、飞机购置成本和使用成本（单位油耗、航材价格、维护成本等）。最后飞机选型时还应当考虑航空公司自身的机队构成、飞机在全球的服役状况和最新销售订单以及飞机的残值预测等要素
飞机服务因素	是对飞机适用性的分析，包括飞机航程、起飞着陆性能、商载、机场适应性分析和航线分析等。飞机的服务因素还指航线的开辟、高原适用性能、公司服务质量的改进和飞机客舱布局及乘坐舒适性（客舱宽度、座位间距、客舱设计和操纵系统等）
其他因素	经营租赁飞机选型还需充分考虑租赁全新飞机和租赁二手飞机的优缺点。租赁新飞机成本高，但是新飞机有以下优点：燃油经济、维修成本低、可靠性／灵活性好、旅客偏好。二手飞机虽然在燃油、维修成本方面成本稍高，但二手飞机租金／获得成本却低很多

2. 发动机选型

发动机选型是一个航空公司的重大决策之一。在选型中，发动机成本（获得成本和使用成本）和可靠性是首要的问题。在成本和可靠性相当的情况下，影响发动机选型决策的因素还可能是航空公司和生产厂家之间的其他商务合作条件。

发动机选型同时也是一项比较复杂的技术经济工作，包括发动机的技术分析，如发动机的安全性分析、先进性分析、可靠性分析；发动机的经济分析，如购买成本分析和使用成本分析等。

世界著名航空发动机厂家有 GE 公司（美国通用电气公司）、RR 公司（罗尔斯 – 罗伊斯公司）、P&W 公司（普惠公司）、CFM 公司（法国的 CFM 国际发动机公司）、IAE 公司（国际航空发动机公司）。以经营租赁方式引进飞机，航空公司则很难从发动机厂家获得更多的优惠条件。同时，航空公司租赁二手飞机对发动机型号一般没有太大选择空间。因此，航空公司主要根据现有机队中飞机的发动机型号选择即将经营租赁的飞机发动机，以增加机队发动机的通用性，降低运营的成本。

（二）飞机租赁招标

航空公司在进行飞机租赁招标时通常会发出招标通知书，包括飞机引进需求的相关信息，如计划租赁的飞机和发动机型号与架数、交付日期、租赁期限等。此外，航空公司通过广泛接触各个飞机租赁公司或飞机运营人，通常会有意识地搜集到市场上一定时间范围内可供租赁的飞机信息，找出适合航空公司需要的飞机，针对性地索要飞机技术规范和商务条件。在综合飞机技术规范和出租人租赁商务条件的基础上，航空公司对各方提供的飞机进行比较。

（三）租赁条件评估

飞机租赁市场是一个循环周期性市场，一般周期为 10~15 年。周期性对融资有着很大的影响。通常情况下，周期处于顶部时，来自航空公司的运力需求大，飞机供给短缺；周期处于底部时，航空公司的需求最低，但市场上飞机供给充分。另外，世界上大型航空公司出现经营困境、破产倒闭，遭遇疫情（如"非典"）或恐怖袭击（如"9·11"事件）等突发事件时，航空市场将突然出现一定量的剩余运力，飞机租赁市场上往往就能找到条件较好的租赁交易。此外，租赁双方在飞机租赁中的利益是对立的。航空公司评估飞机租赁条件的优劣主要有以下几个方面。

1. 飞机租金

前面已经提到，由于航空市场的周期性，经营租赁飞机的租金水平很大程度上取决于租赁市场飞机的供求状况。此外，影响飞机租金高低的还有资金成本和市场利率水平。经营租赁的飞机租金可以是固定租金或浮动租金，按月支付或按季度支付。固定租金是指在飞机交付时租金数量确定，通常在整个租期保持不变。浮动租金是指飞机实际租金根据利率上下波动。新飞机租金报价通常包括基本租金加租金的调整，调整取决于预设利率和飞机交付时的利率差值与调整系数的乘积。全新飞机每月租金一般相当于其价值的0.75%~1.5%。

2. 飞机保证金数量和其他担保条件

飞机经营租赁合同常常包含飞机租赁保证金的条款。飞机保证金一般相当于2~3个月的飞机租金数量。航空公司如果不想占用太多资金，也可同飞机出租人协商以信用证的担保方式作为飞机保证金的方式。

历史上，在经营性租赁方式下，国外飞机出租人要求国内承租人提供银行担保的情况很常见。但一方面由于担保业务的利润少，银行不太愿意办理担保业务，另一方面由于银行向境外企业提供担保需要到外汇管理局审批，办理的过程烦琐，因此，航空公司一般愿意缴纳一定的租赁保证金，不会使用担保的方式。

3. 维修储备金支付

维修储备金的本质是支付给飞机出租人由出租人保管，在飞机进行大修时出租人提供必要费用的资金储备。其目的是保证飞机在需要进行大修时，承租人有必要的资金储备作为大修的费用。通常出租人针对机身、发动机、发动机 LLP（时寿件）和起落架收取维修储备金。维修储备金是航空公司经营的成本之一。为避免飞机集中在某一时期内大修，对公司现金流产生巨大冲击，航空公司定期预提一定数量的维修基金，这可减少飞机集中大修的高额维修费支出对航空公司财务的影响。

维修储备金一般根据上一个月飞机使用的小时数或循环数总数乘以相应的维修储备金费率来计算。维修储备金的费用需要通过双方谈判商定，主要的依据为飞机机身、发动机和起落架完成一次大修的总费用除以设备维修手册规定的设备从本次大修到下一次大修前可利用的总时间或循环数。比如：B737 飞机完成一次 D 检（一般间隔为 6 年的大修）总费用大约 225 万美元，第一次大修的时间大约为 25 000 小时，则维修储备金的费率为 90 美元 / 飞行小时。值得注意的是，维修储备金费率对应一定的小时循环比，当飞机实际的小时循环比小于或者大于设定的小时循环比时，飞机的大修间隔减小，飞机的维修储备金费率升高。同时，设备的维修活动涉及劳动力和材料价格上涨，设备的大修费用每年有一定涨幅，因此，出租人常常要求承租人缴纳的维修储备金费率每年有一定涨幅，但涨幅一般不超过 3%。支付飞机维修储备金常见条件如表 3-2 所示（数字仅作为举例使用）。

为减少对租赁期间现金流的影响，航空公司通常希望租赁期间尽量减少支付飞机维修储备金。通常，航空公司可以采用维修储备金支付封顶的方式，或航空公司通过与出租人协商，在有条件的情况下提供银行信用证的变通方式，取代现金支付。在飞机机身、起落架或发动机进行维修时，负责飞机大修的维修方可提前或在维修完成后向出租人要求支付相应的大修费用。租期结束后剩余的维修储备金一般归航空公司（具体视谈判情况定）。

表 3-2 支付飞机维修储备金的常见条件

类别	飞机维修储备金条件
机身	75 美元 / 飞行小时
发动机	83 美元 / 台
发动机时寿件	66 美元 / 循环
起落架	15 美元 / 飞行小时
辅助动力装置（APU）	14 美元 / 飞行小时
小时循环比	1.83 小时 / 循环
维修储备金费率	每年上调 3%

4. 航空公司租赁飞机承担的税费

航空公司经营租赁飞机支付税费和金额如表 3-3 所示。

表 3-3 税费金额及法律依据

税种	数额	缴纳时间	法律依据
关税	租金的 1% 或 5%	每次付租时	《海关总署关于对褐煤等商品进口关税税率进行调整的公告》（海关总署公告 2013 年第 49 号）
进口增值税	海关停止代征	支付每笔租金时	《关于进口租赁飞机有关增值税问题的公告》（国家税务总局公告 2018 年第 24 号）
印花税	租金总额 0.1%	合同签署时	《国家税务总局关于飞机租赁合同征收印花税问题的批复》（国税发〔1992〕1145 号）
预提所得税	租金的 5%~10%	每月支付租金时	《国务院关于外国企业来源于我国境内的利息等所得减征所得税问题的通知》（国发〔2000〕37 号）《国家税务总局关于中国银行海外分行取得来源于境内利息收入税务处理问题的函》（国税函〔2001〕189 号）

现行税收政策规定，若国外公司在国内未设立机构，其开展的

飞机租赁业务，从境内企业取得的租金所得应缴纳租金预提所得税，税负为全部租金收入的5%~10%，由承租人代扣代缴（1999年9月1日前签订的租赁合同免征预提所得税）。

由于外国公司对飞机的租赁价格处于垄断地位，以及国外飞机出租人处于有利地位，因此，为保证其利润收益，境外出租人通常会通过将飞机租金定义为净租金的结构，以将税负转嫁给国内航空公司，10%的预提所得税将增加航空公司的负担。由于我国向不同国家或地区的出租人征收的预提所得税不同，因此，飞机出租人在哪个国家或地区就非常重要。现在一种通常的做法是，将飞机的产权注册在爱尔兰（6%）或者其他低税率国家，以此来降低税率，节省航空公司的成本。我国给予较为优惠预提所得税税率的国家（地区）比较如表3-4所示。

表3-4　我国给予较为优惠预提所得税税率的国家（地区）比较

国家（地区）	租赁预提所得税税率
日本	8%
爱尔兰	6%
中国香港	5%

5.飞机的登记、运营和维修要求

经营租赁的飞机的登记方式一般有两种，一种是在航空器所有人（出租人）所在国登记注册，使用出租人所在国的国籍标志和登记标志；一种是在航空器使用人（承租人）所在国登记注册，使用承租人所在国的国籍标志和登记标志。

航空器在出租人所在国登记会有诸多不便。比如，从美国租赁飞机，在美国登记注册，其国籍标志和登记标志是美国的注册号，必须执行 FAA（美国联邦航空管理局）的有关规定，如维修机构必须经 FAA 批准，飞机放行人员须持 FAA 的维修执照等。由于这些规定，航空公司不得不花费大量的资金委托持有 FAA 维修执照的维修厂来维护和放行飞机。此外，在美国注册的飞机还要定期飞到美国接受 FAA 的检查。

我国航空公司经营租赁的飞机一般在承租人所在国（航空器经营国即中国民航 CAAC）登记，受中国民航适航部门管辖，具有中国国籍和登记标志。飞机交付前，航空公司必须持设备进口批文和飞机引进合同到民航局申请航空器注册，在中国民航适航部门进行适航检查，符合新登记国的适航要求后，登记入册。飞机退租时，飞机国籍需要变更，则由中国民航适航当局进行必要的适航检查，合格后颁发出口适航证。

在中国注册的飞机的运营，需要满足中国民航当局相应的适航规章。飞机的维护必须在具有中国民航维修资格的维修厂进行飞机的维护。但由于中国民航和国外民航当局所遵循的规章的差异性，境外出租人往往要求国内承租人在飞机租赁期间，按照 FAA 相应或者相似的要求维护飞机，而且要求将飞机退机前的最后一个大修委托具有 FAA 维修执照的维修厂完成，使飞机满足 FAA 适航状态，便于在国际上出租。对于在飞机退租时发现飞机退租状态不满足相关要求的，航空公司往往需要花费大量的费用去调整，以满足飞机的退租技术要求。

6. 租赁的附加服务和期末选择权

租赁谈判时，承租人应取得出租人转让的所有飞机机身和发动机的保修和索赔权利，最大程度要求出租人提供附加服务，这些服务包括航材、发动机和培训方面的服务。

承租人在租赁期间争取飞机可以被转租，以方便在经营淡季或根据其他需要将飞机转租给其他航空公司或成员公司。承租人还应争取飞机在租赁期末的购买选择权，因为一旦市场价格上扬，承租人就得到了飞机残值升高带来的好处。

7. 飞机保险

此项内容将在第四章进行详述。

（四）商务谈判

经过意向书的谈判，飞机租赁合同主要商务条件已经确定。在提供合同草本后，双方即可开始飞机的合同谈判，谈判人员一般包括法律人员、商务人员及技术和销售人员。

合同谈判中航空公司承租人需要审核和确认的主要合同条款包括付款条件、保险条款、担保和法律意见书的格式和责任保证部分。

（五）签订协议

合同签约时，承租人（航空公司）需要通报航空公司内部做好相应的工作调整，包括市场计划、运营保障和相应的资金准备。合同签署后，航空公司作为承租人还需准备飞机租赁的有关先决文件和办理有关手续，如授权书、飞机国籍登记申请、银行担保函（若有）、保险单、法律意见书等。

（六）履约

经营租赁的飞机在使用过程中，承租人要严格履行飞机的租赁合同，包括：（1）承租人接收飞机后，履行协助办理飞机注册及权利登记的义务；（2）按时支付租金和维修储备金；（3）定期提供飞机的使用报告和航空公司的财务信息；（4）严格按经营租赁合同的条件维护和使用飞机，向出租人通报飞机计划中的大修时间，对飞机的维护做好记录并按要求保存；（5）如飞机出现一定程度损伤或

者毁损，应及时通知出租人并向保险公司索赔；（6）如承租人出现
重大财务重组、公司合并重组等情况，应及时向出租人报告。

（七）返还飞机

返还经营租赁的飞机是一个巨大的工程。上面已经提到，在经
营租赁合同中，飞机所有人（出租人）为保证飞机的残值，常常对
飞机的维护和返还有严格的规定。航空公司退还飞机时，出租人进
行退机检查的重点包括：飞机和飞机技术记录的完整性和连续性，
发动机的技术状态、起落架技术状态、飞机部件的标签完整性等。
对于不符合返还条件的飞机，出租人往往按飞机租赁合同，提出严
格的补救措施。航空公司如果不能按条件返还飞机，将遭受重大的
损失。若飞机不能按时返还出租人，飞机租金将按天计算，最高可能
要求支付正常租金两倍的租金。总之，航空公司要采取各种方法尽量
避免在飞机退租时支出不必要的资金。退机工作单如表3–5所示。

表3–5　经营租赁飞机的退机工作单

序号	项目	责任单位	完成期限
1	通知出租人飞机计划返还时间	工程部门	
2	根据飞机运力的退出计划，调整市场运力	市场部门	
3	进行飞机维修检查，保证飞机良好的适航状态，所有技术资料齐全	工程部门	
4	申请出口适航证，办理国籍证、电台证的注销	工程部门	
5	飞机退租检查，签署飞机交接证明	工程部门	
6	落实飞机调机细节	工程部门	
7	办理飞机出口相关海关、联检手续	财务部门	
8	执行调机	运控部门	
9	准备相关商务文件	财务部门	

第二节　融资租赁的工作流程

一、飞机融资租赁的工作流程框架

根据融资租赁的实践操作方式，飞机融资租赁的工作流程分为三个阶段，即租赁准备阶段、租赁实施阶段以及合同执行阶段，飞机融资租赁的基本工作流程框架如图3–2所示。

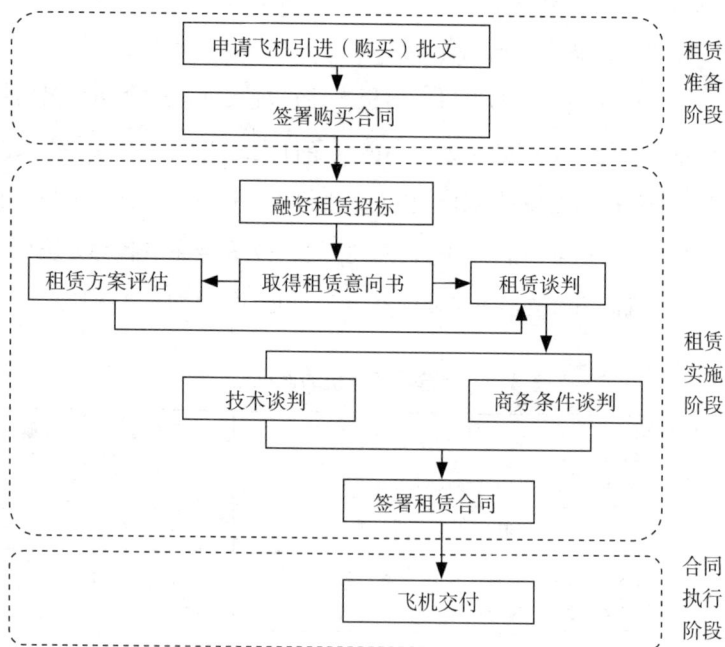

图3-2　飞机融资租赁的工作流程框架

二、飞机融资租赁的工作流程

（一）申请飞机引进（购买）批文

航空公司根据自身战略发展的需要和市场需求，确定飞机的座级后，向中国民航局提出引进飞机的申请，由民航局经过审查、选型和综合平衡，然后上报国家发改委批准。最后，国家发改委将出具同意航空公司引进一定数量飞机的批文。

（二）签署飞机购买合同

在得到国家发改委和民航局关于同意引进飞机的批复后，航空公司可以按与飞机制造商签订的飞机购买合同引进飞机。根据实际操作经验，由于飞机购买合同约定的交付时间经常在签署合同后的3~5年，因此购买合同的签署也可以先于引进飞机的批复，航空公司应根据飞机交付安排按计划在交付时限前向国家发改委和民航局申请并取得批复。合同签署后，航空公司就可以开始融资招标工作。

（三）融资租赁招标

融资租赁是航空公司除贷款以外的一项重要融资手段，融资租赁的种类包括出口信贷融资租赁、税务融资租赁、商业融资租赁等。不管是哪种形式，航空公司都需要准备项目招标书和项目可行性研究报告，论证项目的可行性，并向潜在的融资方提出对于融资的基本要求。

融资租赁招标阶段需要注意的要点如表 3-6 所示。

表 3-6 融资租赁招标阶段需要注意的要素

注意要素	要素详述
租赁期	由于飞机的使用寿命长，通常租赁期在 10~15 年
租赁成本	融资租赁的成本与贷款一样可以直观地反映为年利率。在计算租赁成本时要考虑租金支付方式、相关费用，计算总成本，而不能仅考虑租金部分
付租方式	融资租赁的租金通常包括本金部分和利息部分，三个月或半年后付

（续表）

注意要素	要素详述
租赁尾款	融资租赁可以在期末留一部分尾款（期末一次性支付的本金），也可以不留，根据承租人的现金流承受能力和融资方对承租人的信用评估，由双方协商确定
相关费用	融资租赁的交易费用，包括但不限于法律费用、融资方的手续费、项目公司成立费用等，通常由承租人承担

在选定融资方并就上述要点达成一致后，双方签署融资租赁意向书，约定融资租赁的主要商务条件。承租人需注意约定交易完成时限，对融资方给予一定的约束，避免交易完成时间拖沓，难以控制。

（四）租赁方案评估

航空公司根据各租赁公司提供的融资建议书，将各主要条款列出并一一做比较，对各建议书进行全面评估，评估内容包括融资成本、结构和潜在风险、融资期限、货币和汇率风险及报价方资信等。如果标的物金额较多或飞机架数较多，需要经过2~3轮评估，逐步缩小考虑的范围，并一一与报价方谈判，选出一个经济、安全、可靠的方案，并签订融资意向书。该项工作一般应在飞机交付前半年左右完成。

（五）融资租赁合同谈判

在双方签署融资租赁项目意向书后，即进入合同谈判阶段，约定交易的细节。航空公司一般会聘请在国际上有影响力并具有飞机租赁经验的律师事务所，一起审阅出租人起草的融资租赁文件，并与双方进行谈判。融资租赁文件的审阅应是全面的，避免由于少数条款的疏漏而给航空公司带来不必要或没有预测到的风险和损失。谈判一般要经过多轮，前期可通过电子邮件和电话会议等方式，当各方立场已较接近或时间较紧迫时，各方还需进行面对面的谈判来解决尚存的关键性问题。融资租赁合同谈判中的基本内容主要有：

（1）定义交易各方，通常包括出租人、承租人、贷款人等。

（2）定义租赁物件，即飞机的规格、价格及交付时间等。

（3）约定提款安排。

（4）约定租赁期限。

（5）约定租赁利率。

（6）约定租金支付方式。

（7）约定租赁尾款及租赁方式。

（8）约定租赁担保事项。

（9）约定保险事项。

（10）约定飞机的注册、运营、维修等事项。

（11）约定交易费用的承担。

（12）约定协议终止事件、税务承担、管辖法律及其他事项。

（六）签署融资租赁合同

在解决了所有问题、确定合同文本的结构和内容后，各方正式签订融资租赁有关的合同。飞机融资租赁交易的主要合同如表 3-7 所示。

表 3-7　飞机融资租赁交易的主要合同

文件名称	主要内容
租赁合同	由航空公司与出租人签订，规定租赁的有关条款
贷款合同	由出租人与融资方（银行或其代理行）签订，规定融资方向出租人提供贷款的有关条款
购买转让合同	由航空公司、出租人和飞机制造商签订，规定航空公司将飞机购买权转让给出租人

（续表）

文件名称	主要内容
保险转让合同	由航空公司与出租人签订，规定在航空公司违约等情况下将保险权利和政府征用补偿款等转让给出租人的有关条款
利率选择和互换合同	由航空公司与融资方（银行或其代理行）签订，规定贷款选择固定利率或浮动利率的有关条款
机身/发动机保修转让合同	由航空公司、出租人和飞机/发动机制造厂家签订，规定航空公司将发动机保修的条件转让给出租人
飞机抵押合同	由出租人与融资方（银行或其代理行）签订，规定将飞机抵押给融资方以获得贷款的有关条款
权益转让合同	由出租人与融资方（银行或其代理行）签订，规定出租人将其飞机项下的权益转让给融资方，作为其归还贷款/履行义务的保证
账户质押合同	由出租人与融资方（银行或其代理行）签订，规定出租人将其银行账户等质押给银行/代理行，作为其归还贷款/履行义务的保证
股权质押合同	由出租人的母公司与融资方（银行或其代理行）签订，规定将出租人母公司所拥有的出租人的股权质押给融资方（银行或其代理行），作为其归还贷款/履行义务的保证

此外，根据融资租赁结构的不同，视情况而定可能还会有其他一些法律文件需要签署，在此不再赘述。

（七）飞机交付

在预计交机前数个工作日，航空公司（承租人）需根据合同约定向出租人发出飞机交付日期的通知；出租人随即向融资方和投资人发出《提款通知》，约定提款的金额和时间；融资方和投资人依《提款通知》中的时间和金额，提供资金给出租人。在飞机计划交付日期前一周，承租人派人员到飞机交付地点对飞机进行技术检查，包括文件验收和试飞等，技术验收完成后，承租人通知出租人将飞机款支付给飞机制造商。在飞机交付日，通过融资方、投资人、出租人、承租人、飞机制造商及各方律师都在线的电话会议，承租人确认飞机达到可交付状态，飞机制造商收到全款后将飞机交付给出租人，出租人随即将飞机交付给承租人，由承租人派机组调机回国。由此，租赁正式开始。

第三节　二手飞机租赁的工作流程

一、二手飞机租赁的工作流程框架

二手飞机是指具备以下条件之一或更多条件的飞机：（1）飞机所有权曾经被除制造人或租机公司以外的第三方持有；（2）飞机曾经被私人拥有、出租或使用；（3）曾经专门用作培训驾驶员或参与空中出租业务；（4）飞机所有权虽然一直被制造人或专门的租机公司持有，但未按中国民用航空规章（或中国民航适航部门认可的国外适航规章）进行相应的维护或飞机累计使用超过100飞行小时/自然年（以先到为准）。

二手飞机租赁业务较新飞机的租赁更为复杂，需要关注飞机交付时的状态，更需要出租人与承租人进行良好的配合，各司其职，才能高效地完成二手飞机租赁的相关工作。

二手飞机引进的工作流程框架如图3-3所示。

二、二手飞机租赁的基本工作流程

（一）国内航空公司飞机引进立项

根据飞机引进规划，国内航空公司（承租人）向民航局申请飞机批文，根据飞机批文状况确定飞机引进项目。同时，租赁公司（出租人）与航空公司确定机位。

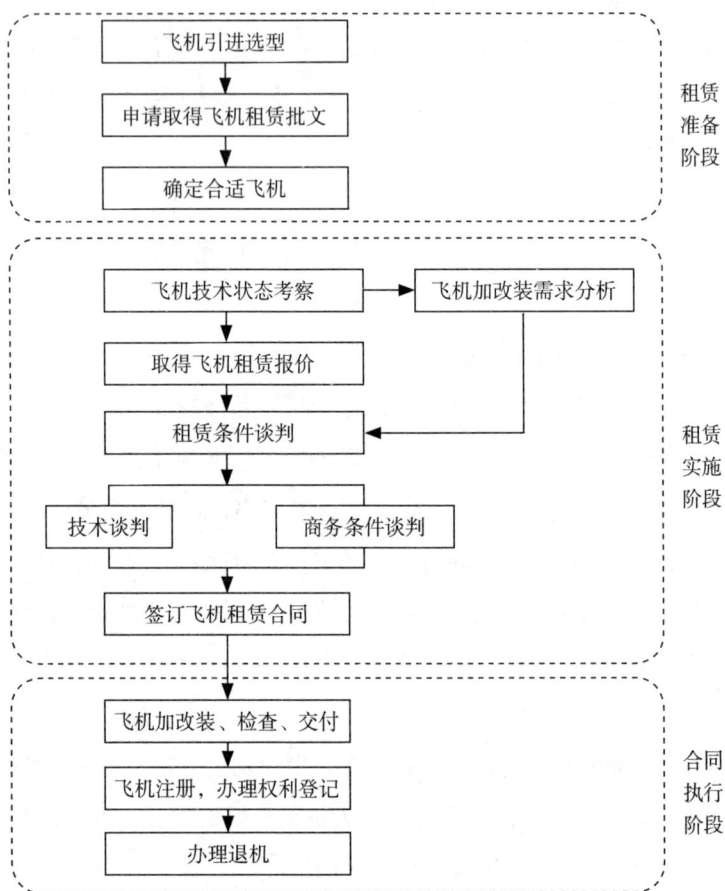

图 3-3　二手飞机租赁的工作流程框架

（二）意向书谈判与签署

1. 飞机状况初始评估

参照飞机状况初始评估检查单，租赁公司向航空公司技术协调人提供飞机技术资料，并明确有关飞机的其他信息。同时，由航空公司技术协调人联系其公司及市场、运控、工程、飞行和航材采购等相关部门，评估飞机的主要性能和构型差异。在此过程中，应特别关注总局适发〔2004〕02号文件第5条第2款中对飞机的基本要求，如对飞机型号、来源、机龄、履历、部件等的要求。评估旧飞机与评估其他设备时需要的一些基础数据相同，但更需要具备航空运输业专用术语知识。在开始评估分析前，需要分析的飞机信息如表3-8所示。

表3-8　飞机评估注意事项

序号	项目	主要关注的内容
1	总说明书	制造商、型号及系列、系列号、航空证书的授予日期，FCC（美国联邦通信委员会）证书、注册证书中确定的所有者、航次数、飞机及引擎的使用小时数、引擎及动力装置的类型、燃油容量、最关键的限载量
2	内部设施	座位的类型和质量、厨房结构、洗手间的结构质量、储藏室及内部的色彩设计
3	内部格局	驾驶员座舱布局及结构，主要舱位布局：公务舱与普通舱的配置、厨房和洗手间的位置
4	机身的检查结果	最近进行的检查、发现的问题、关注的问题、事件的报告、检查程序的类型、离下一次检查所剩的时间
5	检查程序的类型	Block方案还是Progressive方案
6	动力设备的检查	也涉及检查程序的类型
7	航空电子设备的状况	所有电子设备的使用年限和制造厂家
8	有关期限控制的内容	—
9	航空管理及其状况	—

（续表）

序号	项目	主要关注的内容
10	出售时的地点与所属的政府管理部门	—
11	其他	救生筏、飞机的特殊性能，尤其重要的是一份有效的飞行日志与一份根据航空运营规则填写的反映飞机当前状况的表格

2. 意向书条款初始评估

（1）意向书条款初始评估应主要关注影响飞机引进成本的技术和商务条款。商务协调人向出租人或出卖方索要飞机租赁或购买意向书并转发飞机引进室领导和项目负责人；技术协调人对意向书技术条款提出初始评估意见，商务协调人对意向书商务条款提出初始评估意见，汇总后交由引进室其他相关人员评议。

（2）在综合比较不同机位的飞机状况与租赁或购买意向书条款后，确定一到两家谈判方，由商务协调人完成评估报告，并按公文呈报程序报批，以决定是否进行后续工作。

3. 意向书条款详细评估和谈判

（1）在评估报告得到批复后，即开始意向书条款的详细评估和谈判的准备工作。

（2）意向书谈判小组以技术协调人和商务协调人为主，可以视情况要求工程部人员现场参加意向书谈判。

（3）在开始意向书谈判前至少一周，技术协调人将技术条款的详细评估意见提供给工程部总工程师，由其指定专人反馈意见并参加意向书和合同书的技术条款谈判；商务协调人向各相关单位业务负责人提供商务条款的详细评估意见，需得到其确认和反馈意见，同时将飞机租赁或购买意向书抄送集团外方法律顾问，征求律师意见。

（4）意向书技术条款应至少包含以下条款：

①飞机交付时应满足 FAA121 或 EASA（欧洲航空安全局）op1 营运标准，同时应完成所有 CAAC 特殊要求的适航改装项目、承租人要求的客户化改装项目和 MP 搭桥检项目。

②完成交付日期后 180 天（或 90 天）内必须完成的所有适航当局要求的强制性项目，包括适航指令 / 服务通告（AD/ASB）等。

③飞机部件（包括从上一家营运人转让的随机免费器材包部件）适航批准标签应该是 FAA、EASA 颁发的或 CAAC 认可的标签。

④机身及发动机上所有时寿件的剩余寿命不低于工程部认可的最低标准。

⑤所有厨房插件完整在位，并配备随机器材包。

（5）意向书呈报与签署。由商务协调人完成意向书条款谈判结果汇报，并按公文呈报程序报批，在得到同意签署的批示后，由授权人完成意向书签署。

（三）合同谈判与签署

1. 合同谈判准备

（1）在签署意向书之后，商务协调人马上要求出租人或出卖方提供飞机租赁或购买合同书并转发飞机引进部门负责人和项目负责人。

（2）组建谈判小组，明确人员分工，除了飞机引进室合同谈判人员外，工程部谈判人员协助参与合同书技术条款谈判；商务协调人也可根据需要要求相关部门的业务人员参加商务、法律条款谈判，同时将合同抄送航空公司外方法律顾问，征求律师意见。

（3）讨论分析备选方案的优劣势和适用情况，制订各种可能的降低飞机引进成本的谈判方案。

2. 缔约谈判

（1）合同谈判前期一般可以先采取电子邮件形式与出租人或出卖方反复磋商，后期以现场谈判的方式沟通解决重大条款的分歧。

（2）合同条款一般应包括意向书的所有内容。

（3）合同谈判必须保证交机条件应满足 CAAC 适航要求和航空公司客户化的要求，同时应把握交机和还机条件对等的原则。

（4）合同谈判应防范对航空公司不利的各种风险，明确可能导致飞机延迟交付或取消交付的风险责任。

（5）在每一轮谈判之后，谈判人员应向飞机引进部门负责人及时汇报合同谈判进展。

3. 合同签署

在合同的技术条款谈判结束后，承租人将合同中的技术条款报局方审核认可，在合同技术条款得到局方认可后签署合同。

（四）飞机引进的前期准备

1. 意向书谈判期间的准备工作

（1）商务协调人通知计财部门飞机引进的意向，以及做好可能需要的保证金支付准备。

（2）商务协调人通知工程部确定参加飞机预检的工程技术人员名单，建议工程部其中一人为工程分部工程师，另一人为机械或电子专业技术人员（视工程师专业而定）。

（3）商务协调人通知综管部门提前准备办理飞机预检人员的出国签证手续。

2. 意向书签署后的准备工作

（1）如果意向书要求支付第一笔保证金，商务协调人应正式通知计财部门开始支付保证金。

（2）项目负责人应立即组织召开第一次飞机引进协调会，向各相关部门通报飞机引进的基本情况和意向书概况，要求各部门指定部门专职联系人，与各部门讨论飞机引进前期准备工作单的内容，并在会后正式下发、布置各项工作，同时应全程跟踪、督促工作进度。

（3）确定参加接机人员名单。一般为接机组组长、技术人员和商务人员各 1 名，工程部 3 名（其中一人为工程分部工程师，另两人分别为机械和电子专业技术人员），原则上要求参加预检的技术人员应同时参加接机工作。其他部门人员人数依据调机实际情况安排。同时要求工程部立刻邀请局方适航检查员。

（4）商务协调人通知综管部门尽快办理接机人员的出国签证手续。

（5）技术协调人立即向出租人或出卖方索取和准备各部门开展前期工作所必需的飞机技术记录和手册等材料，并转发各相关部门，飞机引进前各部门所需资料文件和手册清单等。

（6）结合出租人提供的详细资料，技术协调人再一次与工程部、航材采购部门召开小型协调会，确认待引进飞机与航空公司现有机队的差异，并确定飞机差异加改装项目清单，在得到出租人或出卖方技术代表确认后形成最终的加改装项目清单。如有必要，可以要求出租人或出卖方技术代表到航空公司现场一起讨论确定最终的加改装项目清单。

（7）技术协调人通知出租人或出卖方驻场代表航空公司的飞机引进意向，在汇总各部门意见后，统一向出租人或出卖方提交航空公司的飞机手册、舱单、性能软件等需求。

（8）在合同签署前，飞机引进室、工程部质量中心应及时有效地与适航当局进行沟通，汇报待租赁或待购买的飞机基本状况，了解有关适航与运行要求。必要时可以与出租人或出卖方、适航当局一起召开咨询会议。

（9）技术协调人应立即召开飞机预检准备会，布置飞机预检工作内容和行程，现场预检周期一般为一周时间，现场预检工作应包括飞机技术文件预检和机体技术状况预检两部分，飞机技术文件预检工作主要是现场收集飞机技术文件，包括工程部以外其他部门所需的文件资料；技术协调人应在预检准备会上与预检人员确认尚未从出租人或出卖方获得的文件资料；预检人员在现场可以开展粗略的技术文件评估工作，具体评估工作可以在结束现场预检后再进一步完成。机体技术状况预检工作检查可参考现场接机时的机体技术状况检查单。

（10）在现场预检工作完成后，工程部飞机预检人员在一周内提交将向适航当局汇报的飞机预检正式报告，报告内容至少包含满足总局适发〔2004〕02 号第 5 条第 3 款要求的评估内容。

（11）按调机工作准备检查单开展调机准备工作。

（五）现场接机

1. 接机准备

（1）在赴现场接机前，项目负责人根据出租人或出卖方的交付定检、飞机加改装和飞机交付的计划时间表，制订航空公司的接机计划，并按需在现场调整计划。

（2）接机组在出发前召开接机协调会，明确接机人员的职责和工作进度。

2. 接机期间的一般工作

（1）接机组每天召开例会，各组员向接机组组长汇报当天工作进展，接机组组长按需调整、控制接机检查总体进度。

（2）航空公司接机组按需每天与出租人或出卖方召开现场协调会，通报每日飞机检查工作内容、进度及发现的缺陷，其中飞机机体缺陷和技术文件缺陷要求以书面形式通知出租人或出卖方，出租人或出卖方则通报飞机交付计划总体进度和每日缺陷处理结果。

（3）接机组应每天向部门领导通报接机日志，说明当天的工作内容和进度，涉及其他部门的事宜需要通报外部门。

（4）技术人员负责与出租人或出卖方联络协调有关技术验收方面的事宜，引进室商务人员负责与出租人或出卖方联络协调有关商务方面的事宜，上述人员同时负责与公司内部各相关部门的联系。

3. 飞机机体技术状况检查验收

（1）工程部技术人员依据飞机机体技术状况检查工作单，检查机身各部分有无缺陷。

（2）在发动机试车过程中，工程部技术人员应在现场监控，检查发动机有无缺陷。

（3）航空公司参加试飞的飞行员和工程部技术人员应提前准备出租人或出卖方提供的试飞方案，判断试飞结果是否满足其要求。另外，应注意试飞结束后的地面检查。

（4）检查飞机重要部件、设备的件号 / 序号与交付文件的一致性。

（5）检查应急设备的适航性。

（6）检查机身喷漆与双语标牌的完整性和准确性。

（7）随机器材包（flyaway kit）的检查。

（8）随机免费 SB 器材包的适航批准标签检查。

（9）涉及飞机临时租发和临时租用 APU，应事先与航材管理室和质量中心航材检验联系，对将来适航验收、报关及出关退运过程可能的风险应反映在补充协议上。

4. 飞机文件检查验收

（1）工程部技术人员依据飞机文件检查工作单检查文件的完整性。

（2）工程部技术人员检查文件的合法性及与合同的符合性，主要包括适航批准标签，适航指令/服务通告的执行情况，重要改装修理审核等。

（3）飞机商务文件检查。

第四节　租金

一、租金方式选择

租赁是指在约定的期间内，出租人将资产使用权让与承租人，以获取租金的协议。租赁的主要特征是转移资产的使用权，而不是转移资产的所有权，并且这种转移资产是有偿的，取得使用权以支付租金为代价，从而使租赁有别于资产购置和不把资产的使用权从合同的一方转移给另一方的服务性合同。

租金是航空公司飞机运营中最主要的成本项目，其租金水平高低将影响运营的竞争力和产生的效益。由于固定租金和浮动租金形式各有利弊，而浮动租金更多地与资金利率挂钩，因此，在选择租金形式时，需结合当时的租金利率水平和走势分析，同时研究对风险的防范措施，以取得飞机的较低租金运营成本。

二、租金的计算及影响因素

承租人和出租人应当在租赁开始日将租赁分为融资租赁和经营租赁。

（一）租金的计算

构成租金的主要项目包括租赁成本、租赁期间的利息和费用、经营开支、税收和利润等。

1. 融资租赁租金的计算

融资租赁租金由租赁成本和租息两部分（租息包括融资成本和手续费）构成，租金的构成如下所示：

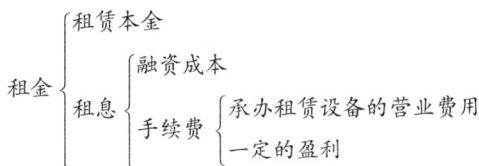

租金 ⎰ 租赁本金
   ⎱ 租息 ⎰ 融资成本
         ⎱ 手续费 ⎰ 承办租赁设备的营业费用
               ⎱ 一定的盈利

$$融资租赁每期租金 = \frac{租赁本金+利息+税收+费用+利润+经营开支}{租期}$$

其中，利息是最关键的一个项目，它和租期有关，也和租赁公司的资金来源以及所享受的减免税优惠有关，租期越长，相应的利率就越高。需要注意的是，租赁是一次性租赁，故租期最长可与设备使用的有效期一致，但如果承租人有足够的支付能力，在不造成企业负担过重的情况下，缩短租期，有利于减少利息负担。

2. 经营租赁租金的计算

飞机经营租赁租金的常见计算公式如下：

经营租赁租金＝飞机的基本租金＋（实际利率－预设利率）×利率差的单位调整系数

基本租金通常是基于某年美元的价格，如果基准年和飞机的交付年度不一致，则飞机的基本租金还需要根据飞机交付时飞机厂家的价格浮动系数来调整飞机基本租金。

预设利率常常以某一时间点的美元 Libor（伦敦同业拆借利率）或掉期利率作为参考。

（二）影响租金的主要因素

影响租金的主要因素如表 3-9 所示。

表 3-9　影响租金的主要因素

影响因素	影响方式
利率	在租赁设备总成本一定的情况下，利率是影响租金总额的最重要因素 • 在固定利率条件下，利率越高，租金总额越高 • 在浮动利率条件下，Libor+ 利差作为当期租金利率
租赁期限	租期长短直接影响租金总额大小
付租间隔期	是上期付租日与当期付租日的时间间隔，间隔期越长租金总额越大
计息频率	在复利条件下，计息频率越大，支付利息越多
付租方式	期初付租，租金总额较少，期末付租租金总额较多
保证金支付数量和方式	保证金是承租人在签订租赁合同时向出租人缴纳的履约保证金；保证金越多，租金总额越少
支付币种	利率高、汇率高的支付币种，租金就高些
起租日与计息日	起租日指租赁合同法定正式生效日 计息日指出租人为租赁项目的各类开支开始计息之日 可先计息后起租，也可以相反，两者间隔有长有短，影响利息累计，进而影响租金

二手飞机的租金高低除受以上提到的飞机供求情况和利率水平影响外，还取决于二手飞机租赁交付/返还的技术状态的影响。飞机交付和返还状态是决定航空公司飞机租赁成本的一个重要因素。

第五节 飞机退租的工作流程

一、飞机退租的工作流程框架

随着航空公司规模的扩大和机队的增加，公司机队中部分飞机的退机（租）工作将逐渐成为公司发展的一项重要工作。能否顺利、安全、按时完成退机（租）工作将直接影响公司的声誉和正常的运营生产。按照退机的性质，工作流程可分为两个部分：回购（Trade-in）飞机的退机工作程序和经营性租赁（Operating Lease）飞机到期的退机工作程序，具体的流程如图 3–4 所示。

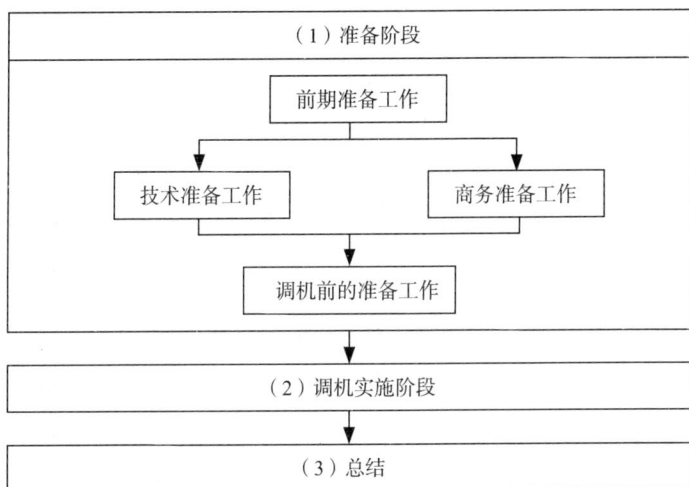

图 3–4 飞机退租的工作流程

二、飞机退租的基本工作流程

（一）准备阶段

1. 前期准备工作

（1）根据已经签订的退机合同，承租人为回购飞机办理退机批文。

（2）按照退机合同中规定的日期，采购管理部门应提前两个半月与租赁公司或飞机接收方联系，确定具体退机日程、调机目的地等细节。

（3）根据退机日程安排，承租人应在调机前两个月下发退机工作单，详细通报各部门有关退机的具体情况，如退运飞机的时间、日程安排、调机目的地等，并明确各部门的工作任务。

（4）按照工作单确定调机飞行员、商务人员、技术人员，并为其办理调机飞行员出国手续和授权书。

2. 技术准备

飞机的技术准备工作主要包括：在合同的退机条款中争取对承租人有利的、合理的退机条件；使飞机达到合同规定的退机技术状态，包括对飞机的修复工作和试飞工作；根据飞机的技术状态重新核定飞机的回购款数额；签署《飞机技术接收证明》等。具体技术准备工作如下：

（1）承租人在进行任何涉及退机的合同谈判时，应充分考虑公司的实际情况和影响退机的各种因素，争取有利于公司的、合理的、易于操作的退机条件。

（2）承租人按照合同的退机条款规定，向飞机接收方提供必要的技术文件和数据（复印件），如适航指令状态单、时寿件清单、服务通告、飞机维修大纲、还机前需完成的检修工作范围等。

（3）承租人在退机前根据实际情况与外方联系，通知外方技术检查小组来检查、验收飞机的日期和行程。

（4）承租人根据退运飞机的实际情况，确定飞机维修工作的日程安排，在外方技术检查小组到达之前根据合同的退机条款对飞机进行修复工作，并统计飞机各部件的技术状态（以备以后重新核定飞机回购款之用）。

（5）在完成飞机的修复工作后，承租人通知民航局适航检查员对飞机进行检查，确定飞机达到出口适航状态。

（6）在外方技术检查小组到达后，承租人负责协助其对飞机进行检查验收，在退机条款范围内根据外方所提意见对飞机进行再次修复。

（7）承租人应按照退运飞机的实际技术状态、飞机修复期间发生的费用和退机合同中的规定，重新审核飞机的回购款数额，并同外方签订飞机回购款的有关文件，确定双方同意的飞机回购款数额。

（8）调机前飞行部门负责协助外方检查小组，按照还机条款完成对退运飞机的飞行检查。

（9）确认退运飞机符合退机条件后，同外方签署《飞机技术接收证明》。

3. 商务准备

（1）回购飞机的商务准备工作包括：①向外方出具退机飞机发票（双方重新核定的飞机回购价）；②签署飞机的未抵押证明；③签署并移交 FAA 的销售账单；④办理退运飞机的外汇核销手续；⑤办理飞机的海关放行手续和联检手续；⑥市场部门根据退机进度，提前调整航班计划。

（2）承租人按照退机工作单，提供退机进度和时间，提前一个月将航班计划调整完毕。

（3）承租人根据工程部门重新审定的飞机回购价款，出具飞机发票，在调机前持飞机的退机（回购）合同及飞机发票到外汇管理局申领《出口收汇核销单》（一份存根留底，另一份转贸易公司报海关用）。

（4）承租人调机前办理完毕退运飞机的出境联检和通关手续。

（5）飞机调机前，承租人向外方出具：①由承租人授权人员签署的《飞机未抵押证明》；②退运飞机发票，并通知外方有关承租人的银行名称、账户名称和账户号码。

（6）为保证双方的合法权益，由承租人授权商务人员签署的FAA销售账单暂交承租人调机飞行员，在承租人财务部门落实该架退运飞机回购款已经如数汇入承租人银行账户之后，通知调机飞行员向外方移交FAA的销售账单。

（二）调机前的准备工作

（1）承租人办理退运飞机的出口适航证及飞机国籍注销证证明（如果飞机以中国"B"注册调机至目的地，国籍注销证明日期暂不注明，待飞机至目的地后，签署日期，并传真至外方和FAA（此时退运飞机才正式注销），并将原件转交飞机引进部门。

（2）承租人根据需要，为外方飞行员办理资格认可。

（3）调机前承租人根据外方提供的调机路线确定的出境点，并向总调申请飞机的国内调机航路及确切的起飞离境时间，并将申请后的时间通知飞机引进部门。

（4）承租人办理调机保险。

（三）调机实施阶段

（1）调机前两天，承租人召开相关单位调机前准备工作会议。会上通报退运飞机的确切起飞时间和其他事宜，并向调机飞行员移交退机检查清单和有关文件。

（2）承租人通知海关、边防联检人员确切的退机时间和地点。

（3）调机当日起飞前90分钟，所有飞行、机务做航前准备，有关人员到达停机位，海关检查人员由贸易公司组织就位。

①安排海关人员在起飞前 60 分钟对飞机进行检查。

②调机飞行员在起飞前 60 分钟开始办理出境手续。

③所有准备工作应在起飞前 30 分钟全部办理完毕。

（4）飞机起飞离境。

（5）调机途中，承租人调机飞行员在飞机着陆后应及时将《调机落地通报》发回总公司，汇报调机途中的重大事件，并填写《调机日志》。

（6）飞机到达目的地后，调机飞行员应尽快同飞机接收方取得联系，准备移交飞机。

（7）办理退运飞机的国籍注销手续，并由承租人将国籍注销证明（复印件）传真给民航局适航司备案。

（8）承租人财务部门应尽快查账，确认该架飞机的回购款已经按照重新核定的数额汇入银行账户，并电话通知调机飞行员可向外方移交飞机和飞机的 FAA 销售发票。

（四）退机文件存档

（1）退机飞行员（文件 / 工作）检查清单。

（2）退机工作人员的授权书（复印件）。

（3）FAA 的销售账单（复印件）。

（4）销售账单的保证书（原件）。

（5）出口适航证（原件）。

（6）国籍注销函件（原件）。

（7）退运飞机的接收证书（原件）。

（8）调机保险（原件）。

（9）退运飞机的技术核定（修复后）明细及综述。

（10）飞机未抵押证明。

第四章

飞机的融资、担保与保险

在飞机租赁业务中，为了保证整个租赁业务的顺利进行，航空公司需恰当地安排融资、担保与保险等工作，否则难以完成飞机租赁的活动。在某种程度上，融资、担保和保险，也是飞机租赁过程的重要组成部分，因为它们对飞机租赁成本具有重要影响。本章将详细介绍飞机的融资、担保和保险问题。

第一节　飞机的融资

飞机价格昂贵，且价格呈逐年上涨趋势。以波音公司为例，与2015 年相比，波音公司 2018 年的飞机市场目录价格（中间值）约提高了 6.5%。波音官网显示，最小的波音机型 B737 单通道客机均价 2008 年为 6 930 万美元，2010 年为 7 140 万美元，2015 年为8 060 万美元，2018 年则提高至 8 580 万美元；波音 B777 飞机的价格 2008 年为 2.46 亿美元，2010 年为 2.58 亿美元，2015 年为 2.77亿美元，2018 年则提高至 2.95 亿美元；三款 B787 机型的均价 2008年为 1.83 亿美元，2010 年为 2.02 亿美元，2015 年为 2.65 亿美元，2018 年则提高至 2.82 亿美元。这就要求航空公司及租赁公司必须有较强的融资能力和雄厚的实力，因此，飞机的融资显得尤为重要。本节主要介绍飞机租赁项目的融资方式及航空公司直接融资的方式。

一、境外融资的主要渠道与方式

(一) 出口信贷

出口信贷是一种国际信贷方式，是国家为增强出口飞机的竞争力，支持本国飞机的出口，由本国进出口银行采取利息补贴或提供担保等方式，向飞机制造商、境外银行或航空公司提供低息贷款或担保，为银行降低风险和为航空公司购买飞机降低贷款利率。

飞机融资租赁交易中，出口信贷机构主要为最终购买方（即境外航空公司）提供担保。由于得到了出口信贷担保，融资方（即银行）提供贷款的风险从航空公司的违约风险转为出口国政府的信誉风险，其风险系数大为降低，从而降低了这部分贷款的利率，航空公司的融资成本也相应得以降低。不过获得出口信贷担保的条件十分严格，程序复杂，工作量大，而且法律文本方面的要求也很苛刻，交易费用较高。出口信贷机构不仅要求航空公司提供大量公司资料和项目信息供其审批，一般还要求中国的航空公司提供财政部的主权担保和国内银行的反担保，增加了申请的难度和成本。

现在国际上主要的飞机制造商是美国波音公司和欧洲空中客车公司，因此飞机市场上的主要出口信贷机构是美国进出口银行和欧洲出口信贷机构［由英国的出口信贷担保署（ECGD）、法国的科法斯（COFACE）及德国的海尔梅斯出口信贷保险公司（HERMES）组成］。由于经济合作与发展组织（OECD）对美国和欧洲出口信贷贷款金额设定上限，因此美欧出口信贷机构最高只能为飞机金额的85% 部分提供融资担保，其余 15% 部分则由航空公司通过自有资金或是商业贷款来解决。出口信贷的融资结构和流程如图 4-1 所示。

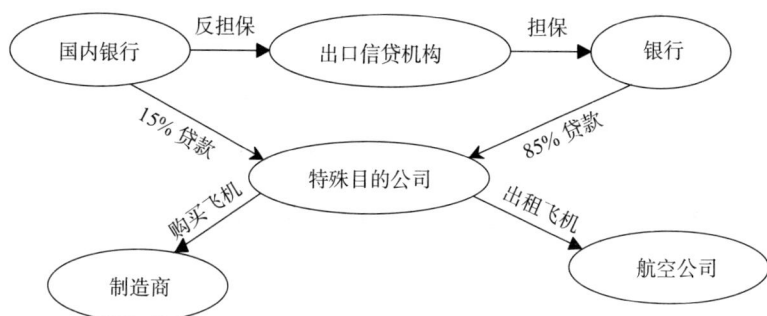

图 4-1 出口信贷的融资结构和流程

美国进出口银行出口信贷及担保是我国航空公司 1992 年以来利用较多的一种融资形式，我国航空公司 2002 年以前从美国购买的波音飞机大多数是通过出口信贷方式融资。美国进出口银行出口信贷的具体操作程序如下。

（1）国内航空公司可以与飞机制造商签订飞机购买合同，同时向国家发改委申请运输类飞机的引进批文。国内航空公司在按照购买合同向飞机制造商分期支付飞机预付款（总额通常为飞机价值的 30%）的同时，可以要求飞机制造商协助申请飞机产地国家的出口信贷。出口信贷通常只覆盖飞机价值的 85%，另外 15% 需由航空公司另行筹集。

（2）按照惯例，国内航空公司在向国外融资时需要寻求国内银行对飞机融资的全额担保，即为进出口银行 85% 的出口信贷融资担保部分提供的反担保和 15% 商业融资部分的担保。因此，国内航空公司在申请出口信贷的同时需向国内银行提出担保申请。

（3）国内航空公司（通常可由飞机生产厂家代理）正式向进出口银行提出申请，附上飞机购买合同、可行性报告及所需的各种资料（主要以财务报表为主）。

（4）进出口银行审阅合同及可行性报告，经过多次函件往来，进出口银行通知国内银行及国内航空公司批准情况，三方签订初步承诺文件，初步确定融资及担保额度。

（5）国内航空公司、进出口银行和商业银团商讨并正式确认融资方和融资担保额度，通常进出口银行的融资担保额度最高为飞机价值的85%，同时还可将融资过程中发生的贷款风险费（此项费用为融资额的3%左右，视航空公司的信誉而定）一并列入融资额度；融资总额可分为两部分，一为进出口银行提供融资担保的，由商业银团或者进出口银行直接下属信贷机构（如PEFCO）提供的直接信贷，占飞机价款的85%，这部分贷款利率较低，期限较长，融资额大；二为国内银行担保的商业银团（通常是国内担保银行的海外分行）贷款，占飞机价款的15%，该部分信贷利率稍高，期限稍短，融资额小，但仍比通常的银团贷款条件优惠。

（6）进出口银行、商业银团与国内航空公司谈判确定贷款利率、还款方式并正式签订贷款合同和其他一系列的担保、转让、抵押、租赁合同。

（7）如果进出口银行部分融资金额一次性超过1亿美元，进出口银行将贷款合同提交国会审核，经批准后各种合同正式生效并执行。

（8）以融资租赁的方式进行操作，还存在第三方，该第三方通常是在一些国际上著名免税或低税率国家（如开曼群岛）设立的SPV，该SPV只需支付很少的注册费和年费就可成立并维持，而飞机的贷款通常是以该壳公司的名义承贷并由其购买飞机拥有飞机产权，然后该SPV再将飞机租赁给国内航空公司。设立SPV的目的主要是通过控制飞机的产权保护债权人的利益。

（9）经国内航空公司核对后，商业银团根据航空公司的付款指令将飞机价款直接支付给飞机出口商，飞机按照购买合同正式交付国内航空公司。租赁合同同时生效。

（10）国内航空公司按照租赁合同偿还贷款。一般情况下按照半年等额年金的方式分别向商业银团偿还贷款。

（11）贷款或租金偿还完毕，SPV撤销，飞机所有权归属航空公司，贷款或租赁等一系列合同终止。

（二）商业贷款

由于贷款的抵押物变现能力强、登记系统完善、能够产生充足稳定的现金流，商业贷款资金一直以来都非常青睐飞机贷款项目。

1. 商业贷款的种类

商业贷款可以分为飞机预付款贷款和长期项目贷款。

（1）飞机预付款贷款。飞机预付款贷款是指贷款人为了满足航空公司的飞机预付款支付需求，在飞机交付之前提供的短期贷款（通常不超过3年）。飞机预付款通常在飞机交付前2~3年开始支付，金额通常为飞机目录价格的20%~30%，直接支付给飞机制造商。飞机预付款贷款的担保条件通常为飞机购买合同中的有关权益转让，其还款来源为飞机长期项目贷款。

（2）长期项目贷款。长期项目贷款是指贷款人为了满足航空公司购买飞机的资金需求而提供的长期贷款。贷款期限通常为10~15年，由借款人分期等额偿还。长期项目贷款的保证条件为飞机的第一抵押权，由于世界范围内的飞机抵押登记系统、二手飞机交易市场比较完善，贷款人的权利能够得到较好的保护。

2. 商业贷款的结构

商业贷款的结构可以大致分为两种，一种是直接贷款，另一种是结构性贷款。

直接贷款是指贷款人将款项直接贷给航空公司。而结构性贷款是指贷款人将款项贷给一家 SPV，SPV 购买飞机后将飞机租赁给航空公司。银行直接贷款的保障主要包括航空公司的信用、飞机资产抵押及飞机保险权益转让。直接贷款的结构如图 4-2 所示。

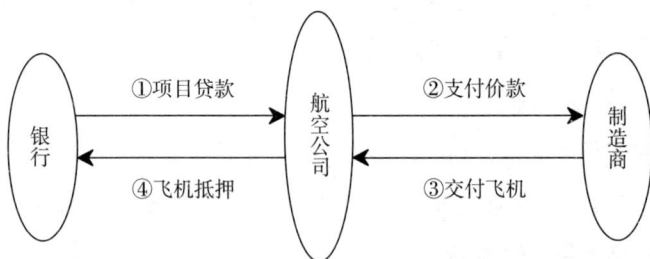

图 4-2　直接贷款的结构

而结构性贷款的境外商业贷款通常涉及多个国家和地区，交易的各个主体受到不同法律体系的管辖，需要多方律师的反复沟通、协调和妥协，所以项目结构相对复杂、耗时较长。结构性贷款的结构如图 4-3 所示。

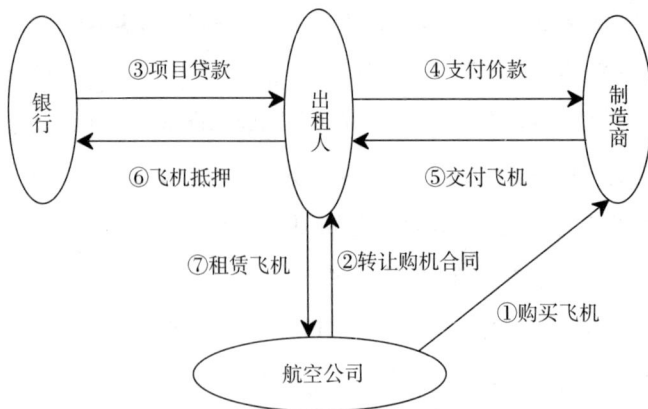

图 4-3　结构性贷款的结构

(三) 税务租赁

1. 日本经营租赁

日本经营租赁（Japan Operating Lease）的前身是日本杠杆租赁。日本杠杆租赁产生于 20 世纪 80 年代中期，由于可以达到减税和延迟付税的目的，能较大幅度地降低航空公司的融资成本，因此其在飞机融资市场被大量使用。但自 1998 年 10 月起，日本政府修改税法，新税法虽然并没有禁止日本杠杆租赁，但严格限制了投资人计提飞机折旧的条件，使得日本杠杆租赁不再具有经济上的吸引力，限制了日本杠杆租赁的继续使用和发展。为了弥补日本杠杆租赁的空缺，1999 年左右，日本的投资者为了最大化地得到税务利益，采用双倍递减折旧法，将税务利益在投资者（出租人）和经营者（承租人）之间进行分配，设计出另外一种日本租赁形式——日本经营租赁。与日本杠杆租赁相比，日本经营租赁的特点是：租赁合约不一定是完全的支付租赁合约，租金不一定要达到租赁资产的 90% 以上，租金水平相对较低；租赁期末航空公司可将飞机退租，同时也有行使购买飞机的权利，但飞机的价格以独立评估公司评估的期末同类飞机的市场公平价为准；出租人承担资产的残值风险。日本经营租赁的交易结构如图 4–4 所示。

2. 法国税务租赁

法国税务租赁主要依靠法国税务部门对出租人计提资产折旧时，享受税收抵免好处的规定来实施交易。法国税务租赁模式的主要构成为：出租人通过租金向承租人的转移，使租赁双方获得利益，即法国的租赁公司（出租人）在获得自身收益的同时，将部分所得税抵免以降低租金的方式转让给航空公司，使航空公司受益。

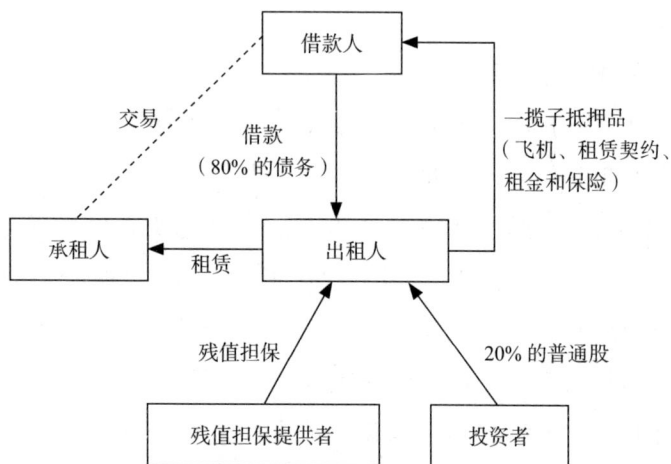

图 4-4 日本经营租赁的交易结构

　　法国税务租赁的法律基础是 1984 年中法签署的《中华人民共和国政府和法兰西共和国政府关于对所得避免双重征税和防止偷漏税的协定》[①]（以下简称《中法双边协定》）、法国《总税收法典》及欧盟的相关税收法规。以《中法双边协定》第 22 条的相关规定为例，法国来自中国的企业利息、财产收益等所得，可以就其全额在法国征税。法国居民就这些所得缴纳的中国税收，可以得到法国税收抵免，抵免额不超过对该项所得征收的法国税收数额。这意味着法国出租人在中国境内不构成纳税义务人，因此，在一定程度上促进了法国税务租赁的发展。

　　此外，根据法国的会计政策，出租人可以进行加速折旧，获得

---

① 该协定已失效。2013 年 11 月 26 日，中法签署了新的《中华人民共和国政府和法兰西共和国政府对所得避免双重征税和防止偷漏税的协定》及议定书（已于 2014 年 12 月 28 日生效并自 2015 年 1 月 1 日起执行），并共同签署了《中华人民共和国国家税务总局与法兰西共和国公共财政总署双边合作备忘录》。

由此带来的税收利益。出租人将部分加速折旧带来的税收利益转让给承租人,可以部分降低承租人的租金成本。这是法国税务租赁存在的另一个重要原因。

法国税务租赁的主要操作方式为:根据航空公司与法资银行之间的约定,由法资银行出资在法国成立一家 SPV 作为出租人,航空公司将飞机的购买权转让给该出租人。出租人以飞机的所有权作为抵押,向银行申请最高不超过飞机价值 85% 的贷款,并由航空公司在交机日向出租人支付首期租金,投资、贷款和首期租金三者合计为100% 飞机价款。经航空公司确认飞机达到可交付状态后,出租人将飞机价款支付给飞机制造商,获得飞机并出租给航空公司。租期内,航空公司定期支付租金给出租人。租期末,航空公司依约履行了付款义务后获得飞机产权。法国税务租赁的交易结构如图 4-5 所示。

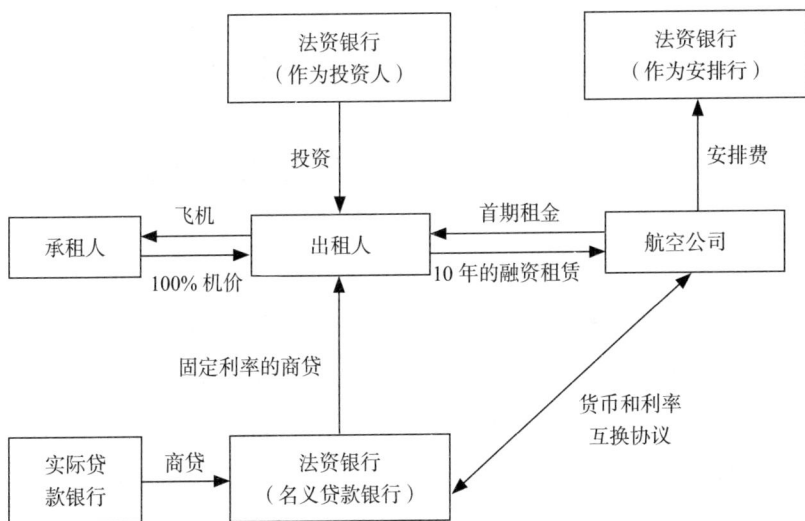

图 4-5 法国税务租赁的交易结构

（四）售后回租

售后回租是一种集销售和融资为一体的特殊形式，通常指企业将现有的资产出售给其他企业后，又随即租回的融资方式。在售后租回交易中，承租人与出租人都具有双重身份，进行双重交易，形成资产价值和使用价值的分离现象。

航空公司也可以通过售后回租的方式完成对飞机的融资。具体的操作方式为航空公司将从制造商订购的飞机卖给租赁公司，租赁公司再将飞机出租给航空公司。通过一系列法律文件，出售和租赁这两个过程同步完成，因此航空公司甚至不需要动用资金先购买飞机再出售，而是由租赁公司直接将购机款项支付给制造商。通过这种方式，可以订立长期租约将财产租回来使用，其目的是获得资金以补充流动资金或投资使用，并将占有成本转变成租金。这种方式不仅可以减税，还可以使投资相对安全，提高投资收益。[①]航空公司根据需要租赁飞机8~12年，到期可以将飞机退给出租人，也可以续租。售后回租的特征如下。

（1）售后回租交易双方具有业务上的双重身份，因而业务处理上具有重叠性。其一，资产销售方同时又是承租人，一方面企业通过销售业务实现资产销售，取得销售收入，另一方面又作为承租人向对方租入资产用于生产过程，从而实现资产价值和交换价值，具有经济业务的双重身份。其二，资产购买者同时又是出租人，企业通过购买对方单位的资产取得资产所有权，同时又作为出租人转移资产使用权，取得资产使用权转让收入，实现资产使用价值的再循环，具有业务上的双重性，是融资产销售和资产租赁为一体的特殊

[①]　［美］D.格林沃尔德:《现代经济词典》, 商务印书馆, 1983年版, 第257页。

交易行为。

（2）在售后回租的交易过程中，出售方转让资产所有权并不要求资产实物发生转移，因而出售方（承租人）在售后租回交易过程中可以不间断地使用资产。作为购买方，出租人只是取得资产的所有权，取得商品所有权上的风险与报酬，并没有在实质上掌握资产的实物，因而形成实物转移与价值转移的分离。

（3）售后回租交易是承租人在不改变其对租赁物占用和使用的前提下，将固定资产及类似资产向流动资产转换的过程，从而增强了长期资产价值的流动性，促进了本不活跃的长期资金发生流动，提高了全部资金的使用效率。这样，一方面解决了企业流动资金困难的问题，另一方面盘活了固定资产，有效地利用现有资产，加速资金再循环，产生资本扩张效应。

（4）卖主（即承租人）不得将售后回租损益确认为当期损益，而应予递延，分期计入各期损益。一般认为，资产转让收益应计入当期损益，而在售后回租交易中，资产的售价与资产的租金是相互联系的，因此，资产的转让损益在以后各会计期间予以摊销，而不作为当期损益考虑。这样做的目的是为了防止承租人利用这种交易达到人为操纵利润的目的，同时避免承租人由于租赁业务产生各期损益的波动。

二、境内融资的主要渠道与方式

（一）商业贷款

中国民航业发展前景广阔，处于打造世界民航强国的历史阶段，每年都要购置相当数量的飞机，资金需求量很大。国内商业银行从2002年开始大规模提供飞机购置贷款，大部分国内航空公司都使用了该方式引进新飞机。国内贷款融资成为中国民航飞机融资的主要途径和方式之一。

目前国内主要的商业银行均提供飞机抵押贷款业务产品。通常飞机购置项目贷款的期限为 12~15 年,宽限期为 2~3 年,在宽限期后等额归还本金。贷款的保证条件为飞机抵押,抵押权利登记部门为中国民航局。但由于国内金融机制和政策的限制,目前人民币贷款融资只能采用相对固定的贷款利率,利率要随着中国人民银行的规定而变化,无长期固定的贷款利率,而且人民币贷款缺乏锁定利率机制,航空公司不能选择在市场利率处于低水平时锁定利率,难以规避今后可能遇到的利率风险。

(二)融资租赁

国内融资租赁属于纯财务租赁方式,国内租赁公司以飞机为抵押,向银行借取资金,然后在租期内租给航空公司使用。期末租金还清后,飞机抵押权收回,所有权归属航空公司。

国内融资租赁有以下几点好处:(1)外债转内债。租赁公司或航空公司用本币购汇引进飞机,新租赁合同将成为本币租金,可以避免外汇风险,这样不仅可以降低航空公司的经营成本,还可以优化其负债结构。(2)手续简便,具有较大的灵活性,融资方面的其他附加条件相应较少。(3)国内租赁可以拉动社会投资,促进我国飞机租赁业的发展。

但国内融资租赁也存在一定的问题,主要包括:(1)国内租赁公司规模较小,资金实力不够雄厚,满足不了航空公司飞机融资的需要;(2)国内租赁公司融资渠道较为单一,资金大多来源于银行信贷资金,资金成本高,租赁公司从银行得到的租赁贷款资金成本条件不一定比大的航空集团公司直接从银行得到的贷款条件好;(3)我国飞机租赁行业面临的税负较重。因此，国内飞机租赁行业的发展还需要国家有关政策的支持，并且需要有关租赁公司不断地进行业务品种创新。

（三）资本市场

1. 短期融资券

短期融资券是指在中国境内具有法人资格、信用评级较高的非金融企业依照规定的条件和程序在银行间债券市场发行和交易的，约定在一年期限内还本付息的有价证券。短期融资券实行余额管理，待偿还融资券余额不超过企业净资产的 40%，期限最长不超过 365 天，发行融资券的企业可在最长期限内自主确定每期融资券的期限，发行利率或价格由企业和机构协商确定。

为进一步完善银行间债券市场管理，促进非金融企业直接债务融资发展，2008 年中国人民银行制定了《银行间债券市场非金融企业债务融资工具管理办法》，短期融资券适用该办法。截至 2017 年底，企业发行短期融资券 2 141 只，共计 2.38 万亿元。短期融资券的发行为航空公司筹集飞机预付款提供了低成本的融资渠道。航空类企业 2017 年发行短期融资券的情况如表 4-1 所示。

2. 资产证券化

资产证券化是指以特定的资产（比如住房抵押贷款、信用卡贷款、企业应收款、租赁收入等具有稳定现金流的资产类型）为支持发行证券，即 ABS（Asset Backed Securities）。ABS 投资者获得资产池未来产生的现金流。最初拥有资产池的原始权益人通过 ABS 出售资产，获得现金。

表4-1　航空企业2017年短期融资券发行情况

发行企业	发行时间	发行规模（元）	发行期限
中国东方航空股份有限公司	2017年（第1期）	20亿	90天
中国东方航空股份有限公司	2017年（第2期）	20亿	90天
中国东方航空股份有限公司	2017年（第3期）	30亿	180天
中国东方航空股份有限公司	2017年（第4期）	30亿	60天
中国东方航空股份有限公司	2017年（第5期）	30亿	90天
中国东方航空股份有限公司	2017年（第6期）	60亿	60天
中国东方航空股份有限公司	2017年（第7期）	30亿	270天
中国东方航空股份有限公司	2017年（第8期）	30亿	150天
中国东方航空股份有限公司	2017年（第9期）	20亿	179天
中国东方航空股份有限公司	2017年（第10期）	20亿	179天
中国国际航空股份有限公司	2016年（第1期）	20亿	180天
中国国际航空股份有限公司	2016年（第2期）	10亿	180天
中国国际航空股份有限公司	2016年（第3期）	10亿	180天
中国国际航空股份有限公司	2016年（第4期）	10亿	180天
中国国际航空股份有限公司	2016年（第5期）	6亿	55天
中国国际航空股份有限公司	2016年（第6期）	6亿	85天
中国国际航空股份有限公司	2016年（第7期）	10亿	180天
中国南方航空股份有限公司	2017年（第1期）	10亿	270天
海南航空控股股份有限公司	2017年（第1期）	10亿	210天
海南航空控股股份有限公司	2017年（第2期）	5亿	180天
海南航空控股股份有限公司	2017年（第3期）	5亿	240天
海南航空控股股份有限公司	2017年（第4期）	5亿	270天
海南航空控股股份有限公司	2017年（第5期）	10亿	270天

数据来源：中国债券信息网。

资产证券化的核心在于拥有现金流稳定的资产，因此航空公司资产证券化的操作性比较强，资产证券化产品也可成为航空公司筹集飞机预付款融资的来源之一。20 世纪 90 年代，美国的航空公司在投行的帮助下，基于资产证券化原理，设计了一种航空器租赁证券化产品——增强型设备信托债券（Enhanced Equipment Trust Certificate，简称 EETC）。[1]1996—2010 年，美国航空公司利用 EETC 形式引进的民用航空器达到 1 899 架，合计资金总额达 56.4 亿美元。[2]

目前，中国资产证券化分为两类：一类是由中国人民银行主导、银行业金融机构发起的信贷资产证券化。2005 年 4 月中国人民银行颁布的《信贷资产证券化试点管理办法》批准国家开发银行、中国建设银行开展信贷资产证券化试点，2015 年 1 月，银监会下发《关于中信银行等 27 家银行开办信贷资产证券化业务资格的批复》，27 家股份制银行和城商行获得开办信贷资产证券化业务的主体资格；另一类是由证监会主导的企业资产证券化，其依据为 2013 年 6 月证监会发布的《关于修改〈证券公司客户资产管理业务管理办法〉的决定》。

2005 年 8 月 26 日，中金公司推出"中国联通 CDMA 网络租赁费收益计划"，募集资金 32 亿元。该计划被称为"首次将符合国际标准的、规范的资产证券化方案引入中国资本市场，为中国企业开辟了一条全新的直接融资渠道"。[3]2006 年 5 月 15 日，"远东首期

---

① EETC 是美国航空器租赁产品证券化的一种表现形式，是由设备信托证券（ETC）衍变而来。

② 于丹：《航空器租赁的法律保护机制研究》，吉林大学博士学位论文，2012 年，第 78 页。

③ 李扬，王国刚，王松奇：《中国金融发展报告（2007）》，社会科学文献出版社，2007 年版，第 343 页。

租赁资产支持收益权专项资产管理计划"收益凭证在上交所挂牌上市，将远东国际租赁有限公司的 31 份融资租赁合同，进行了证券化，发行了优先级 4.769 亿元和次级 910 万元。这成为我国融资市场上将租赁资产证券化设计的第一单，是我国融资租赁业首次进入证券市场。

2006 年，中国资产证券化业务又有了新进展。除了最初的两家发行主体——国家开发银行和中国建设银行，又增加了中国东方资产管理公司和中国信达资产管理公司。

2008 年以后受美国次贷危机的影响，银监会叫停了信贷资产证券化产品的发行，这一时期资产证券化进入全面停滞阶段。

2011 年后，我国开始重启企业资产证券化的审批。2011 年 4 月 13 日证监会出具了《关于核准中信证券股份有限公司设立远东二期专项资产管理计划的批复》（证监许可〔2011〕545 号），中信证券股份有限公司于 2011 年 6 月 22 日开始向其客户推广远东二期专项资产管理计划，发售远东二期专项资产管理计划受益凭证。"远东二期"共计收到 12.79 亿元，达到《远东二期专项资产管理计划资产支持受益凭证募集说明书》约定的规模，并于 2011 年 8 月 5 日正式成立。"远东二期"包含五个优先级产品（预期收益率分别为 6.1%、6.3%、6.6%、6.8% 和 7.0%）及一个次级产品，其中优先级产品发行规模 10 亿元，次级产品发行规模 1.9 亿元，优先级产品均获得了中诚信证券评级公司提供的 AAA 级评级。此次由中信证券承销，交通银行为托管银行。

2014 年后至今，资产证券化业务在政策简化的背景下，资产证券化开始快速发展，截至 2017 年 12 月 31 日，累计共有 118 家机构备案确认 1 125 只资产支持专项计划，总发行规模达 16 135.20 亿元，较 2016 年底累计规模增长了 133.56%。

3. 飞机残值融资

飞机残值融资是指航空公司将自有产权的旧飞机或者租赁期即将结束的融资租赁引进的飞机向银行或金融机构申请二次融资。

我国前期以租赁方式从国外引进的大型民用飞机，其租期基本上为 12 年，租期期满时，留有大约成本价 30% 的残值（尾款），航空公司可以续租、留购或退租。航空公司可以与国内金融租赁公司或合资租赁公司合作，或引进国外专业飞机租赁公司成立合资的飞机租赁公司，采用国际通行的租赁合同权利转让或出售回租等方式，对自有飞机及租赁到期的引进飞机开展尾款租赁。采用尾款租赁方式，可充实航空公司的现金流，实现飞机残值融资，一般不会因航空公司的财力有限而影响飞机的正常营运。

2006 年 4 月 18 日，中国新华航空有限责任公司成功与南方国际租赁有限公司合作开展了两架二手波音 B737-300 型飞机的残值租赁，融资 2 亿元。此次操作的两架飞机是新华航空于 1993 年向荷兰银行申请贷款操作的境外 SPV 融资租赁模式引进的，原租期在 2007 年到期，新华航空向荷兰银行申请并获批将其即将结束的租赁提前终止。新华航空将此次二手飞机残值融资方案中获得的 2 亿元中的一小部分用于提前归还荷兰银行的贷款，其余部分则充实了航空公司的运营资金。

2006 年北方航空与新世纪金融租赁公司也合作操作了几架租赁进口飞机的尾款租赁，取得了很好的效果。民航公司与国内租赁公司开展飞机的尾款租赁，可以拉动社会投资，促进我国飞机租赁业的发展，扩大国产飞机和闲置机型在国内外飞机租赁市场的份额。

4.飞机信托融资

飞机信托融资是利用信托公司为平台，通过集合信托的方式实现飞机项目短期融资的一种飞机融资模式。这种新的飞机融资模式通过信托公司这一平台，将飞机租赁公司、银行和信托公司三者有机地结合在一起，实现了业务模式的创新。2015年，天津信托联合长江租赁推出了"长江租赁有限公司飞机预付款贷款系列（4）集合资金信托计划"，信托计划资金用于贷款给长江租赁有限公司购置飞机预付款。

三、飞机融资的原则与评估

（一）飞机融资的原则

总的来说，航空公司进行飞机融资有两种选择，一种是取得飞机的产权，另一种是不取得飞机的产权而只取得经营权。取得产权的方式可以是贷款购买，也可以是融资租赁，不取得产权而只取得经营权的方式通常是经营租赁。那么，航空公司应该选择哪一种方式来扩充它的机队呢？具体的选择方法如下。

1.航空公司选择融资租赁的方式（取得所有权）

（1）在经营租赁方式出现之前以及经营租赁发展的初期，航空公司只有取得飞机的所有权才能确保自己能够拥有飞机的使用权。在这种情况下，航空公司被迫选择取得飞机的所有权。而现在随着经营租赁出租人队伍的壮大，航空公司多了一种选择。

（2）成本考虑。在分析成本之前，我们先了解一下航空公司的机队构成。航空公司机队中的飞机大致可以分为两类。一类是它的核心机群，这些飞机将被航空公司用于关键航线上的运营，直到经济寿命结束。另一类是临时机群和过渡性机群，这类飞机被用于满足公司季节性的运力需求或者仍需通过运营加以验证。

对于公司的核心机队，航空公司认为通过安排长期贷款或融资租赁方式融资，取得飞机的产权，将飞机的取得成本分摊到飞机的整个经济寿命期内是较低的。反之，如果采用经营租赁方式取得此类飞机，则每 7~8 年就必须按照飞机的市场价值重新设定租金，航空公司由此承担的全部租金成本通常将远远超过融资租赁方式带来的成本。因此，航空公司通常选择取得核心机队的所有权。

2. 航空公司选择经营租赁方式（不取得所有权）

（1）成本考虑。对于公司的临时性机群，公司采用经营租赁方式短期使用飞机显然是成本较低的选择。而对于过渡性机群，公司在不清楚是否长期需要该机型的情况下，选用经营租赁方式、避免被套在错误的长期融资结构当中也是明智的选择。在上述两种情况下，航空公司采用经营租赁方式是成本较低的方案，航空公司愿意在经营租赁交易中多付出一些成本，来换取机队的灵活性或者不承担飞机的残值风险。对于某些未经市场验证的机型，航空公司不能确认为主力机型，经营租赁出租人也不愿意充当试金石，在这种情况下，航空公司只有尽可能与飞机制造商或金融机构博弈，争取最有利于自身的方案。

（2）无法取得直接融资时的被动选择。银行和融资租赁出租人主要关注的是航空公司的信用风险，其次才是飞机本身的价值。但经营租赁出租人更注重的是飞机本身的价值，愿意承担大部分的资产价值风险。因此经营租赁出租人给航空公司提供了一个新的融资渠道，成为信用等级较低或规模较小的航空公司的重要资金来源。一些航空公司在创业阶段也大量采用了经营租赁的方式引进飞机。

（3）维护财务形象。航空公司需要建立良好的财务形象来进一步获取资本市场的融资。经营租赁方式则能够满足航空公司的这一需求，在不影响航空公司机队扩张计划的前提下维护了航空公司良好的财务形象。因此航空公司在资产负债率较高的情况下，考虑到资本的机会成本，可能会选择不把自己的资本限制在飞机所有权上，以便维护资金渠道，进行其他各种战略投资。

（4）为股东创造最大价值。根据国际航协对航空公司边际利润和飞机价值的分析，两者的变化趋势几乎完全一致。也就是说，在航空运输业利润率大幅下降甚至出现大幅亏损的时期，飞机的价值也会大幅下降，这将给股东的投资带来巨大的风险。一旦航空公司的资金链条断开，经营无法维持下去而被迫清算，股东将遭受巨大损失，因此，从确保股东获得稳定回报的角度来考虑，航空公司有必要引入经营租赁方式，以避免承担过多与飞机产权有关的风险。

（5）合理利用外部资源。经营租赁出租人有一些航空公司不具备的优势，可以通过经营租赁结构转移一部分给承租人。目前一些大的经营租赁出租人，如 AerCap、GE 旗下的 GECAS，都具有以下特征：①广泛、多元化的业务，在航空业方面的投资区域不太集中，抗风险能力强；②可以通过折旧政策发挥飞机所有权的税收效益；③建立了全球范围的市场网络，能够对飞机进行有效的市场组合，发挥其最大效用；④对飞机价值的研究非常专业，其信用评级较高，因此可以取得较低的资金成本。

通过上述分析，我们可以得出飞机融资方式的原则及评估结论，具体见表 4-2。

表 4-2 飞机融资方式的原则及评估结论比较

机队类型	取得所有权（融资租赁）	不取得所有权（经营租赁）
核心机队	合理的选择	• 自身财务状况要求 • 维护公司财务形象 • 避免风险资产集中
临时机队	高风险的选择	合理的选择

（二）航空公司决定飞机融资方式时需考虑的因素

航空公司在决定飞机融资方式时，一般会考虑如下因素。

（1）根据从公司内外搜集到的国际市场飞机销售情况和技术发展趋势、机型收益情况、运营状况、公司的机队规划等资料判断公司是否会长期运营某种机型直至其经济寿命结束。也就是说，由采购部门做出某种机型是属于公司的核心机队还是临时机队的初步判断。如果属于核心机队，建议取得产权（取得产权的方式也分直接购买和融资租赁，融资租赁时间以 10~15 年为妥）。如果属于临时机队，建议选择经营租赁方式。

（2）根据已经取得或可能取得的飞机批文类型做出判断，是否能够在多种融资方式中进行选择。此外，在现阶段，国内航空公司决定飞机的融资方式还受到政府有关主管部门的影响。目前国内航空公司引进飞机的数量和方式不完全是市场化的操作，航空公司并不能根据自主的机队规划取得相应的飞机引进批文，因此政府在一定程度上影响了飞机的融资方式。航空公司如果能够取得购买飞机的批文，则可以采用购买或融资租赁的方式引进飞机。而如果取得的是经营租赁飞机的批文，那么只能以经营租赁方式引进飞机。

（3）分析计划引进机型的国际市场情况。如果我们判断一种机型为核心机队，那么其他航空公司也很有可能认定它为核心机型，因此对其的需求可能非常紧俏。而如果我们认定一种机型为过渡机型（如支线、公务飞机或技术上落后的机型），那么租赁公司也可能有同样的判断，因而不愿购置这种资产进行出租，航空公司就租不到。因此，飞机制造业的发展趋势和飞机本身的市场情况也很重要。

（三）融资成本比较分析

对融资租赁或经营租赁做融资成本的比较是非常必要的。

1. 采用融资租赁方式的融资成本

如果决定采取融资租赁的方式取得资产，则要求出租人提供融资租赁建议书。融资租赁建议书中的主要商务条款通常包括：融资额、租金、租期、付款方式、残值、保证金、手续费及其他费用的承担等。但通常逐项比较以上各个要素是难以区分出优劣的，因此，对不同的建议书进行比较需要着重分析以下几个方面的内容。

（1）租赁综合利率。我们需要一个指标来综合反映建议书给承租人带来的实际成本，这个指标就是租赁综合利率。需要说明的是，根据建议书中的融资额、租金、期数、残值、先付后付等条件计算得到的利率并不能反映承租人所承担的实际成本。租赁综合利率是全面考虑了以上5个要素及保证金、手续费和其他费用后得到的，它反映了承租人在此项交易中所承担的实际租赁成本。

以下举例说明怎样计算租赁综合利率，以及建议书中的各个要素对租赁综合利率的影响。

假设建议书A条件如下：融资额4 000万美元，租金为1 643 124.87美元，租期8年，等额季后付，残值为0，保证金为一期租金（期末退还）、手续费1%，无其他费用。

根据前5个条件我们可以计算得到7%这个利率，这个利率通常会在建议书或合同中直接给出，用以约定计算租金，我们称为合同利率。如果建议书只有前 5 个条件，则根据这个利率就能够比较不同的建议书。但在实际操作中往往还会有其他条款，因此这个利率并不能作为我们比较的依据。通过表 4–3 的计算，我们得到租赁综合年利率 7.80%（租赁综合年利率 = 期折现率 ×4=1.950 096% ×4=7.800 384%）。表 4–3 计算的原理是将出租人每期的净现金流折现，当资金净流出与净流入之和为零时的折现率，就反映了承租人实际支付的成本。折现率可以通过在 Excel 表中反复取值得到。租赁综合年利率的公式为：

租赁综合年利率＝期折现率 × 每年的付款期数

通过比较不同建议书所隐含的租赁综合利率，我们就可以直观地比较其优劣。

那么如果建议书中的要素发生变动，会对租赁综合利率带来什么样的影响呢？首先我们可以肯定，合同利率如果发生变化，租赁综合利率肯定会随之变化，而且两者的变动趋势是一致的。这里我们暂且假定合同利率为 7% 不变，租金可以根据其他要素的变化做相应变化。

①融资额。假设其他条件不变，如果融资额提高到 5 000 万美元，则可计算得到年租赁综合利率约为 7.80%，而当融资额减少到 3 000 万美元，租赁综合利率仍约为 7.80%。这说明融资额的大小对租赁综合利率基本没有影响。需要注意的是，此时保证金也是随融资额变动的，这是通常的做法。但如果保证金是固定值，则租赁综合利率会受融资额变化的影响：融资额越大，保证金所占的比例就越小，租赁综合利率也会随之变小；而融资额越小，保证金所占的比例就越大，租赁综合利率就会变大。

表 4–3　出租人的收益计算方法

单位：美元

季次	现金流出	现金流入				净现金流	期折现率	折现值
	融资额	退保证金	保证金	手续费	租金			
期初	40 000 000.00		1 643 124.87	400 000.00		-37 956 875.13		-37 956 875.13
1					1 643 124.87	1 643 124.87	1.950 096%	1 611 695.25
2					1 643 124.87	1 643 124.87	1.950 096%	1 580 866.83
3					1 643 124.87	1 643 124.87	1.950 096%	1 550 628.09
4					1 643 124.87	1 643 124.87	1.950 096%	1 520 967.75
5					1 643 124.87	1 643 124.87	1.950 096%	1 491 874.75
6					1 643 124.87	1 643 124.87	1.950 096%	1 463 338.25
7					1 643 124.87	1 643 124.87	1.950 096%	1 435 347.59
8					1 643 124.87	1 643 124.87	1.950 096%	1 407 892.33
9					1 643 124.87	1 643 124.87	1.950 096%	1 380 962.23
10					1 643 124.87	1 643 124.87	1.950 096%	1 354 547.26
11					1 643 124.87	1 643 124.87	1.950 096%	1 328 637.55
12					1 643 124.87	1 643 124.87	1.950 096%	1 303 223.43

（续表）

13				1 643 124.87	1 643 124.87	1.950 096%	1 278 295.44
14				1 643 124.87	1 643 124.87	1.950 096%	1 253 844.27
15				1 643 124.87	1 643 124.87	1.950 096%	1 229 860.80
16				1 643 124.87	1 643 124.87	1.950 096%	1 206 336.08
17				1 643 124.87	1 643 124.87	1.950 096%	1 183 261.34
18				1 643 124.87	1 643 124.87	1.950 096%	1 160 627.98
19				1 643 124.87	1 643 124.87	1.950 096%	1 138 427.55
20				1 643 124.87	1 643 124.87	1.950 096%	1 116 651.76
21				1 643 124.87	1 643 124.87	1.950 096%	1 095 292.50
22				1 643 124.87	1 643 124.87	1.950 096%	1 074 341.80
23				1 643 124.87	1 643 124.87	1.950 096%	1 053 791.84
24				1 643 124.87	1 643 124.87	1.950 096%	1 033 634.97
25				1 643 124.87	1 643 124.87	1.950 096%	1 013 863.65
26				1 643 124.87	1 643 124.87	1.950 096%	994 470.51
27				1 643 124.87	1 643 124.87	1.950 096%	975 448.33
28				1 643 124.87	1 643 124.87	1.950 096%	956 790.00

（续表）

季次	现金流出	现金流入				净现金流	期折现率	折现值
	融资额	退保证金	保证金	手续费	租金			
29					1 643 124.87	1 643 124.87	1.950 096%	938 488.57
30					1 643 124.87	1 643 124.87	1.950 096%	920 537.21
31					1 643 124.87	1 643 124.87	1.950 096%	902 929.22
32		1 643 124.87			1 643 124.87	0.00	1.950 096%	0.00
合计	40 000 000.00	1 643 124.87	1 643 124.87	400 000.00	52 579 995.70	12 979 995.70		0.00

②租期。假设其他条件不变，租期变为 10 年，则可计算得到租赁综合利率为 7.65%；如果租期变为 5 年，则租赁综合利率为 8.26%。这说明租期与租赁综合利率的变动趋势是反向的。

③先付还是后付。假设其他条件不变，付款条件改为期初付款，则可计算得到租赁综合利率为 7.85%，比期末付款高了 0.05%。这说明租金先付时的租赁综合利率高，后付则低。

④残值。假设其他条件不变，期末残值变为融资额的 10%，则计算得到租赁综合利率为 7.70%，这说明期末留有残值时的租赁综合利率比不留残值时低。

⑤保证金。假设其他条件不变，保证金变为三期租金，则计算可得租赁综合利率为 9.09%。这说明保证金越大，租赁综合利率越大，且保证金的变化对租赁综合利率的影响是非常直接和巨大的。其实租赁保证金是出租人用来提高租赁收益、降低风险的一种手段和名目。

⑥其他费用。与保证金一样，诸如交易手续费、融资费用等杂费的存在都会提高租赁综合利率。

得到租赁综合利率后，我们一方面可以根据当前资本市场的利率水平压低租赁报价，另一方面可以对现有的资金来源渠道进行比较，最终利用低成本的资金来取得相应资产。

然而，在对租赁综合利率和筹资利率进行比较的时候，我们又面临一个新问题。虽然我们知道租赁综合利率越接近筹资利率，我们的租赁成本就越低，但出租人能接受的利率底线是多少呢？我们有必要根据相关条件计算出租人的收益率。

（2）出租人的资金净收益率。假设一家中国的融资租赁公司提交建议书 A，已知它的增值税是租金中利息部分与租赁公司银行融资利息之差的 6%，所得税为增值税后净收益的 25%，营业费用忽略不计，银行融资年利率为 4.9%。根据表 4-4 的计算，我们可以得到出租人的资金年净收益率为 1.29%。对表 4-4 的计算说明如下：

①本期期初本金余额。本期期初本金余额计算公式为：

本期期初本金余额 = 上期期初本金余额 - 上期归还的本金

②本期折合占用资金。由于每期租金中都含有一定的本金，所以本金余额在不断减少，各期实际占用的资金也是在不断减少的。本期折合占用资金计算公式为：

本期折合占用资金 = 本期期初本金余额 ÷ 每年还款次数

③增值税。此处假设为人民币融资，因此以售后回租方式操作的融资租赁业务增值税为租金中利息部分与租赁公司银行融资利息之差的 6%。

④所得税前收益。所得的税前收益计算公式为：

所得税前收益 = 本期租金 - 银行还本付息 - 增值税

⑤折现率。折现率取当期银行贷款利率。

⑥资金年净收益率。资金年净收益率计算公式为：

资金年净收益率 = 收益净现值 ÷ 累计占用资金

⑦营业费用。营业费用难以预计，本表计算中与租赁手续费冲抵而忽略不计。

对于中国境内的出租人来说，如果计划年度资本收益率达到 10%，则租赁项目的平均资金年净收益率必须达到 1%，因此，对出租人的资金年净收益率的计算也可以作为租金谈判的参考。

2. 采用经营租赁方式的融资成本

如果决定采取经营租赁的方式取得资产，则要求出租人提供经营租赁建议书。我们谈到的飞机、发动机、航材的经营租赁建议书，

表 4—4　出租人的资金年净收益率的计算

期次	本期期初本金余额	本期折合占用资金	合同年利率	本期租金	其中含本金	其中含息收益	银行还本付息	增值税	所得税前收益	所得税前收益折现值	所得税	所得税后收益	所得税后收益折现值
1	40 000 000.00	10 000 000.00	7%	1 643 124.87	943 124.87	700 000.00	1 518 510.03	12 600.00	112 014.84	110 659.26	28 003.71	84 011.13	82 994.45
2	39 056 875.13	9 764 218.78	7%	1 643 124.87	959 629.55	683 495.31	1 518 510.03	12 302.92	112 311.92	109 610.03	28 077.98	84 233.94	82 207.52
3	38 097 245.58	9 524 311.40	7%	1 643 124.87	976 423.07	666 701.80	1 518 510.03	12 000.63	112 614.21	108 575.00	28 153.55	84 460.66	81 431.25
4	37 120 822.52	9 280 205.63	7%	1 643 124.87	993 510.47	649 614.39	1 518 510.03	11 693.06	112 921.78	107 554.00	28 230.45	84 691.34	80 665.50
5	36 127 312.04	9 031 828.01	7%	1 643 124.87	1 010 896.90	632 227.96	1 518 510.03	11 380.10	113 234.74	106 546.88	28 308.68	84 926.05	79 910.16
6	35 116 415.14	8 779 103.78	7%	1 643 124.87	1 028 587.60	614 537.26	1 518 510.03	11 061.67	113 553.17	105 553.48	28 388.29	85 164.88	79 165.11
7	34 087 827.54	8 521 956.88	7%	1 643 124.87	1 046 587.88	596 536.98	1 518 510.03	10 737.67	113 877.17	104 573.63	28 469.29	85 407.88	78 430.22
8	33 041 239.66	8 260 309.91	7%	1 643 124.87	1 064 903.17	578 221.69	1 518 510.03	10 407.99	114 206.85	103 607.18	28 551.71	85 655.14	77 705.39
9	31 976 336.48	7 994 084.12	7%	1 643 124.87	1 083 538.98	559 585.89	1 518 510.03	10 072.55	114 542.29	102 653.98	28 635.57	85 906.72	76 590.49
10	30 892 797.51	7 723 199.38	7%	1 643 124.87	1 102 500.91	540 623.96	1 518 510.03	9 731.23	114 883.61	101 713.88	28 720.90	86 162.71	76 285.41
11	29 790 296.60	7 447 574.15	7%	1 643 124.87	1 121 794.68	521 330.19	1 518 510.03	9 383.94	115 230.90	100 786.72	28 807.72	86 423.17	75 590.04
12	28 668 501.92	7 167 125.48	7%	1 643 124.87	1 141 426.08	501 698.78	1 518 510.03	9 030.58	115 584.26	99 872.35	28 896.07	86 688.20	74 904.26
13	27 527 075.84	6 881 768.96	7%	1 643 124.87	1 161 401.04	481 723.83	1 518 510.03	8 671.03	115 943.81	98 970.64	28 985.95	86 957.86	74 227.98
14	26 365 674.80	6 591 418.70	7%	1 643 124.87	1 181 725.56	461 399.31	1 518 510.03	8 305.19	116 309.65	98 081.42	29 077.41	87 232.24	73 561.07
15	25 183 949.25	6 295 987.31	7%	1 643 124.87	1 202 405.75	440 719.11	1 518 510.03	7 932.94	116 681.90	97 204.57	29 170.47	87 511.42	72 903.43
16	23 981 543.49	5 995 385.87	7%	1 643 124.87	1 223 447.85	419 677.01	1 518 510.03	7 554.19	117 060.65	96 339.94	29 265.16	87 795.49	72 254.96
17	22 758 095.64	5 689 523.91	7%	1 643 124.87	1 244 858.19	398 266.67	1 518 510.03	7 168.80	117 446.04	95 487.34	29 361.51	88 084.53	71 615.54
18	21 513 237.45	5 378 309.36	7%	1 643 124.87	1 266 643.21	376 481.66	1 518 510.03	6 776.67	117 838.17	94 646.78	29 459.54	88 378.63	70 985.09
19	20 246 594.24	5 061 648.56	7%	1 643 124.87	1 288 809.47	354 315.40	1 518 510.03	6 377.68	118 237.16	93 817.98	29 559.29	88 677.87	70 363.48
20	18 957 784.77	4 739 446.19	7%	1 643 124.87	1 311 363.63	331 761.23	1 518 510.03	5 971.70	118 643.14	93 000.85	29 660.78	88 982.35	69 750.64
21	17 646 421.14	4 411 605.28	7%	1 643 124.87	1 334 312.50	308 812.37	1 518 510.03	5 558.62	119 056.22	92 195.26	29 764.05	89 292.16	69 146.44
22	16 312 108.64	4 078 027.16	7%	1 643 124.87	1 357 662.96	285 461.90	1 518 510.03	5 138.31	119 476.53	91 401.07	29 869.13	89 607.39	68 550.81
23	14 954 445.68	3 738 611.42	7%	1 643 124.87	1 381 422.07	261 702.80	1 518 510.03	4 710.65	119 904.19	90 618.17	29 976.05	89 928.14	67 963.63
24	13 573 023.61	3 393 255.90	7%	1 643 124.87	1 405 596.95	237 527.91	1 518 510.03	4 275.50	120 339.34	89 846.42	30 084.83	90 254.50	67 384.81
25	12 167 426.66	3 041 856.66	7%	1 643 124.87	1 430 194.90	212 929.97	1 518 510.03	3 832.74	120 782.10	89 085.69	30 195.52	90 586.57	66 814.27

（续表）

期次	本期期初本金余额	本期折合占用资金	合同年利率	本期租金	其中含本金	其中含收益	银行还本付息	增值税	所得税前收益	所得税前收益折现值	所得税	所得税后收益	所得税后收益折现值
26	10 737 231.76	2 684 307.94	7%	1 643 124.87	1 455 223.31	187 901.56	1 518 510.03	3 382.23	121 232.61	88 335.86	30 308.15	90 924.46	66 251.89
27	9 282 008.45	2 320 502.11	7%	1 643 124.87	1 480 689.72	162 435.15	1 518 510.03	2 923.83	121 691.01	87 596.81	30 422.75	91 268.26	65 697.61
28	7 801 318.73	1 950 329.68	7%	1 643 124.87	1 506 601.79	136 523.08	1 518 510.03	2 457.42	122 157.42	86 868.41	30 539.36	91 618.07	65 151.31
29	6 294 716.95	1 573 679.24	7%	1 643 124.87	1 532 967.32	110 157.55	1 518 510.03	1 982.84	122 632.00	86 150.55	30 658.00	91 974.00	64 612.91
30	4 761 749.63	1 190 437.41	7%	1 643 124.87	1 559 794.25	83 330.62	1 518 510.03	1 499.95	123 114.89	85 443.10	30 778.72	92 336.17	64 082.33
31	3 201 955.38	800 488.84	7%	1 643 124.87	1 587 090.65	56 034.22	1 518 510.03	1 008.62	123 606.22	84 745.96	30 901.56	92 704.67	63 559.47
32	1 614 864.73	403 716.18	7%	1 643 124.87	1 614 864.73	28 260.13	1 518 510.03	508.68	124 106.16	84 059.00	31 026.54	93 079.62	63 044.25
合计		179 714 224.24		52 579 995.70	40 000 000.00	12 579 995.70	48 592 320.84	226 439.92	3 761 234.94	3 085 602.25	940 308.73	2 820 926.20	2 314 201.69
资金年净收益率													1.29%

通常都是融资功能很强的中长期经营租赁，与融资租赁的主要区别在于租赁物期末的所有权归属不同，因此与所有权相关的风险和报酬的归属也不同。在建议书中直接表现为租赁物的期末残值条款不同。

前面已经讲到，在融资租赁期末，承租人会直接或以名义价格取得租赁物的所有权，对此，建议书中有明确的规定。而经营租赁建议书则规定租赁结束后租赁物必须归还给出租人，并没有约定期末租赁物的价值，而期末残值是计算租赁成本的必要条件。因此，如果要对租赁成本进行评估，首先必须对租赁物的期末市场价值进行评估。

但在通常情况下，承租人要对飞机、发动机或航材的期末市场价值做出准确评估是很困难的。因此，如果航空公司的有关专家能够对租赁物的期末市场价值做出评估，则航空公司可以通过融资租赁的评估方法对经营租赁的综合利率进行评估。如果对残值的评估没有把握，则我们只能采取以下方法对不同的租赁报价进行比较和分析。

（1）通过估计残值计算不同建议书的租赁综合利率，进行横向比较。假设航空公司计划租赁一架 B737-800 型飞机，得到两份租赁建议书 A 和 B，其中的主要商务条款摘要如表 4-5 所示。

表4-5 租赁建议书 A 和 B 的主要商务条款对比

单位：美元

条款	建议书 A	建议书 B
租期	96 个月	96 个月
保证金	1 020 000/ 架	1 020 000/ 架

（续表）

条款	建议书 A	建议书 B
租金	340 000/ 月	1~24 个月：330 000/ 月 25~72 个月：340 000/ 月 73~96 个月：355 000/ 月
租赁融资额	40 000 000	41 000 000
飞机升级费用	—	约 10 000/ 月
发动机升级费用	—	约 10 000/ 月
培训支持	—	交付时提供 25 000

如果不考虑其他技术方面的差异，测算结果汇总情况请参见表 4-6 所示，方案 A 和方案 B 的具体测算，请参见表 4-10 和表 4-11 所示。

表 4-6　建议书 A 和 B 的租赁综合利率

项目	建议书 A	建议书 B
假设 8 年后飞机市场价值为 3 000 万美元时的租赁综合利率	8.19%（表 4-10）	8.36%（表 4-11）
假设 8 年后飞机市场价值为 3 500 万美元时的租赁综合利率	9.38%	9.52%
假设 8 年后飞机市场价值为 2 500 万美元时的租赁综合利率	6.84%	7.06%

以上计算得到的租赁综合利率并不能准确说明出租人的收益状况或承租人支付的成本，但通过这些数字我们可以看到建议书 A 的报价优于建议书 B 的报价。

实际上在这个例子中两者的优劣还是比较明显的，通过对条款的简单比较就能得出结论。但如果遇到通过直接比较仍得不出结果的情况，就可以采用以上方法进行量化的比较分析。

（2）针对单个建议书，我们可以计算出租金水平和市场利率，出租人需要多长时间才能收回成本。

以建议书 A 为例：

①建议书 A 中的飞机于 2018 年出厂，我们虽然不知道 A 公司当时购买这架飞机的价格，但可以进行简单的估算，估算结果如表 4-7 所示。

表 4-7　租赁公司实际购买飞机的价格估算方法

单位：万美元

	估算价格
B737-800 波音 2018 年目录价格	10 220
出租人得到约 60% 的折扣	− 6 220
出租人实际购买价格	4 000

因此，我们以 4 000 万美元作为以下计算的依据。

②假设这架飞机在上一个租赁合同中每月租金为 40 万美元，出租人融资年利率为 4.9%，租金全部用来还本付息，则：

第一，如果月租金保持不变，出租人需要 11 年收回成本。

第二，飞机出租 5 年（2018—2023）后，未归还本金为 2 550 万美元。

第三，如果 2023 年租金变为 34 万美元，则还需 7.5 年才能收回成本。

③根据假设条件，出租人在这架飞机的租赁中需要 12.5 年才能收回成本，投资回收期过长。

那么，我们再用同样的方法计算其他机型的飞机经营租赁合同。

拟定建议书 C（参照 2018 年租赁的 A330-300 飞机合同），条款如表 4–8 所示。

估算出租人 2018 年购买这架 A330–300 的价格如表 4–9 所示。

同样，如果假定出租人的融资年利率为 4.9%，租金全部用来还本付息，则可以计算得到：出租人需要 14 年收回成本。

表 4–8　建议书 C 条款

条款	数据
机型	A330–300
租期	96 个月
保证金	3 个月租金
租金	760 000（美元）/ 月

表 4–9　出租人 2018 年购买 A330–300 的价格估算方法

单位：万美元

	估算价格
A330–300 2018 年目录价格	26 420
出租人得到约 65% 的折扣	–17 173
出租人实际购买价格	9 247

3. 总结

对于飞机租赁，在运用财务工具对租赁成本进行分析的同时，应该对飞机运营的收益进行预测，确定能够接受的租赁成本上限。

这里只讨论了固定租金的情况，在适当的市场环境下，也可以利用浮动租金，进一步降低成本。

建议书 A 和 B 的年租赁综合利率计算方法如表 4–10、表 4–11 所示。

表 4-10　建议书 A 年租赁综合利率计算方法

年租赁综合利率＝期折现率 ×12 ＝ 0.68214989%×12 ＝ 8.18579868%

单位：美元

季次	现金流出		现金流入			净现金流	期折现率	折现值
	租赁融资额	退保证金	保证金	归还飞机	租金			
期初	40 000 000.00		1 020 000.00			−38 980 000.00		−38 980 000
1					340 000.00	340 000.00	0.682 149 89%	337 696.40
2					340 000.00	340 000.00	0.682 149 89%	335 408.42
3					340 000.00	340 000.00	0.682 149 89%	333 135.93
4					340 000.00	340 000.00	0.682 149 89%	330 878.84
5					340 000.00	340 000.00	0.682 149 89%	328 637.04
6					340 000.00	340 000.00	0.682 149 89%	326 410.43
7					340 000.00	340 000.00	0.682 149 89%	324 198.91
8					340 000.00	340 000.00	0.682 149 89%	322 002.37
9					340 000.00	340 000.00	0.682 149 89%	319 820.72
10					340 000.00	340 000.00	0.682 149 89%	317 653.84
11					340 000.00	340 000.00	0.682 149 89%	315 501.65

（续表）

季次	现金流出			现金流入			净现金流	期折现率	折现值
	租赁融资额	退保证金	保证金	归还飞机	租金				
12					340 000.00	340 000.00	0.682 149 89%	313 364.03
13					340 000.00	340 000.00	0.682 149 89%	311 240.90
14					340 000.00	340 000.00	0.682 149 89%	309 132.16
15					340 000.00	340 000.00	0.682 149 89%	307 037.70
16					340 000.00	340 000.00	0.682 149 89%	304 957.44
17					340 000.00	340 000.00	0.682 149 89%	302 891.26
18					340 000.00	340 000.00	0.682 149 89%	300 839.09
19					340 000.00	340 000.00	0.682 149 89%	298 800.82
20					340 000.00	340 000.00	0.682 149 89%	296 776.36
21					340 000.00	340 000.00	0.682 149 89%	294 765.62
22					340 000.00	340 000.00	0.682 149 89%	292 768.50
23					340 000.00	340 000.00	0.682149 89%	290 784.91
24					340 000.00	340 000.00	0.682 149 89%	288 814.76
25					340 000.00	340 000.00	0.682 149 89%	286 857.96

（续表）

26				340 000.00	340 000.00	0.682 149 89%	284 914.41
27				340 000.00	340 000.00	0.682 149 89%	282 984.04
28				340 000.00	340 000.00	0.682 149 89%	281 066.74
29				340 000.00	340 000.00	0.682 149 89%	279 162.44
30				340 000.00	340 000.00	0.682 149 89%	277 271.03
31				340 000.00	340 000.00	0.682 149 89%	275 392.44
32				340 000.00	340 000.00	0.682 149 89%	273 526.58
33				340 000.00	340 000.00	0.682 149 89%	271 673.36
34				340 000.00	340 000.00	0.682 149 89%	269 832.70
35				340 000.00	340 000.00	0.682 149 89%	268 004.51
36				340 000.00	340 000.00	0.682 149 89%	266 188.70
37				340 000.00	340 000.00	0.682 149 89%	264 385.20
38				340 000.00	340 000.00	0.682 149 89%	262 593.91
39				340 000.00	340 000.00	0.682 149 89%	260 814.77
40				340 000.00	340 000.00	0.682 149 89%	259 047.67
41				340 000.00	340 000.00	0.682 149 89%	257 292.55

（续表）

季次	现金流出			现金流入			净现金流	期折现率	折现值
	租赁融资额	退保证金	保证金	归还飞机	租金			
42					340 000.00	340 000.00	0.682 149 89%	255 549.32
43					340 000.00	340 000.00	0.682 149 89%	253 817.90
44					340 000.00	340 000.00	0.682 149 89%	252 098.22
45					340 000.00	340 000.00	0.682 149 89%	250 390.18
46					340 000.00	340 000.00	0.682 149 89%	248 693.72
47					340 000.00	340 000.00	0.682 149 89%	247 008.75
48					340 000.00	340 000.00	0.682 149 89%	245 335.19
49					340 000.00	340 000.00	0.682 149 89%	243 672.98
50					340 000.00	340 000.00	0.682 149 89%	242 022.02
51					340 000.00	340 000.00	0.682 149 89%	240 382.26
52					340 000.00	340 000.00	0.682 149 89%	238 753.60
53					340 000.00	340 000.00	0.682 149 89%	237 135.98
54					340 000.00	340 000.00	0.682 149 89%	235 529.31
55					340 000.00	340 000.00	0.682 149 89%	233 933.54

（续表）

56			340 000.00	340 000.00	0.682 149 89%	232 348.57
57			340 000.00	340 000.00	0.682 149 89%	230 774.34
58				340 000.00	0.682 149 89%	229 210.78
59			340 000.00	340 000.00	0.682 149 89%	227 657.81
60			340 000.00	340 000.00	0.682 149 89%	226 115.37
61			340 000.00	340 000.00	0.682 1498 9%	224 583.37
62			340 000.00	340 000.00	0.682 149 89%	223 061.76
63			340 000.00	340 000.00	0.682 149 89%	221 550.45
64			340 000.00	340 000.00	0.682 149 89%	220 049.39
65			340 000.00	340 000.00	0.682 149 89%	218 558.49
66			340 000.00	340 000.00	0.682 149 89%	217 077.69
67			340 000.00	340 000.00	0.682 149 89%	215 606.93
68			340 000.00	340 000.00	0.682 149 89%	214 146.13
69			340 000.00	340 000.00	0.682 149 89%	212 695.23
70			340 000.00	340 000.00	0.682 149 89%	211 254.16
71			340 000.00	340 000.00	0.682 149 89%	209 822.86

（续表）

季次	现金流出			现金流入			净现金流	期折现率	折现值
	租赁融资额	退保证金	保证金	归还飞机	租金				
72					340 000.00		340 000.00	0.68 2149 89%	208 401.25
73					340 000.00		340 000.00	0.682 149 89%	206 989.27
74					340 000.00		340 000.00	0.682 149 89%	205 586.86
75					340 000.00		340 000.00	0.6821 49 89%	204 193.95
76					340 000.00		340 000.00	0.682 149 89%	202 810.48
77					340 000.00		340 000.00	0.682 149 89%	201 436.38
78					340 000.00		340 000.00	0.682 149 89%	200 071.59
79					340 000.00		340 000.00	0.682 149 89%	198 716.05
80					340 000.00		340 000.00	0.682 149 89%	197 369.70
81					340 000.00		340 000.00	0.682 149 89%	196 032.46
82					340 000.00		340 000.00	0.682 149 89%	194 704.28
83					340 000.00		340 000.00	0.682 149 89%	193 385.11
84					340 000.00		340 000.00	0.682 149 89%	192 074.87
85					340 000.00		340 000.00	0.682 149 89%	190 773.51
86					340 000.00		340 000.00	0.682 149 89%	189 480.96

（续表）

87				340 000.00	340 000.00	0.682 149 89%	188 197.18
88				340 000.00	340 000.00	0.682 149 89%	186 922.09
89				340 000.00	340 000.00	0.682 149 89%	185 655.64
90				340 000.00	340 000.00	0.682 149 89%	184 397.77
91				340 000.00	340 000.00	0.682 149 89%	183 148.42
92				340 000.00	340 000.00	0.682 149 89%	181 907.54
93				340 000.00	340 000.00	0.682 149 89%	180 675.07
94				340 000.00	340 000.00	0.682 149 89%	179 450.94
95				340 000.00	340 000.00	0.682 149 89%	178 235.11
96		1 020 000.00	30 000 000.00	340 000.00	340 000.00	0.682 149 89%	15 266 020.09
合计	40 000 000.00	1 020 000.00	30 000 000.00	32 640 000.00	29 320 000.00	22 640 000.00	0.00

表4-11 建议书B年租赁综合利率计算方法

租赁综合年利率=期折现率×12=0.69650013%×12=8.35800156%

单位：美元

季次	现金流出			现金流入				净现金流	期折现率	折现值
	租赁融资额	培训费	退保证金	保证金	归还飞机	升级费用	租金			
期初	41 000 000.00	25 000.00		1 020 000.00				-40 005 000		-40 005 000
1						20 000.00	330 000.00	350 000.00	0.696 500 13%	347 579
2						20 000.00	330 000.00	350 000.00	0.696 500 13%	345 175
3						20 000.00	330 000.00	350 000.00	0.696 500 13%	342 787
4						20 000.00	330 000.00	350 000.00	0.696 500 13%	340 416
5						20 000.00	330 000.00	350 000.00	0.696 500 13%	338 062
6						20 000.00	330 000.00	350 000.00	0.696 500 13%	335 724
7						20 000.00	330 000.00	350 000.00	0.696 500 13%	333 401
8						20 000.00	330 000.00	350 000.00	0.696 500 13%	331 095
9						20 000.00	330 000.00	350 000.00	0.696 500 13%	328 805
10						20 000.00	330 000.00	350 000.00	0.696 500 13%	326 531
11						20 000.00	330 000.00	350 000.00	0.696 500 13%	324 272
12						20 000.00	330 000.00	350 000.00	0.696 500 13%	322 029
13						20 000.00	330 000.00	350 000.00	0.696 500 13%	319 802
14						20 000.00	330 000.00	350 000.00	0.696 500 13%	317 590
15						20 000.00	330 000.00	350 000.00	0.696 500 13%	315 393
16						20 000.00	330 000.00	350 000.00	0.696 500 13%	313 212
17						20 000.00	330 000.00	350 000.00	0.696 500 13%	311 045
18						20 000.00	330 000.00	350 000.00	0.696 500 13%	308 894

（续表）

							20 000.00	330 000.00	350 000.00	0.696 500 13%	306 757
19							20 000.00	330 000.00	350 000.00	0.696 500 13%	306 757
20							20 000.00	330 000.00	350 000.00	0.696 500 13%	304 636
21							20 000.00	330 000.00	350 000.00	0.696 500 13%	302 528
22							20 000.00	330 000.00	350 000.00	0.696 500 13%	300 436
23							20 000.00	330 000.00	350 000.00	0.696 500 13%	298 358
24							20 000.00	330 000.00	350 000.00	0.696 500 13%	296 294
25							20 000.00	340 000.00	360 000.00	0.696 500 13%	302 652
26							20 000.00	340 000.00	360 000.00	0.696 500 13%	300 558
27							20 000.00	340 000.00	360 000.00	0.696 500 13%	298 479
28							20 000.00	340 000.00	360 000.00	0.696 500 13%	296 415
29							20 000.00	340 000.00	360 000.00	0.696500 13%	294 365
30							20 000.00	340 000.00	360 000.00	0.696 500 13%	292 329
31							20 000.00	340 000.00	360 000.00	0.696 500 13%	290 307
32							20 000.00	340 000.00	360 000.00	0.696 500 13%	288 299
33							20 000.00	340 000.00	360 000.00	0.696 500 13%	286 304
34							20 000.00	340 000.00	360 000.00	0.696 500 13%	284 324
35							20 000.00	340 000.00	360 000.00	0.696 500 13%	282 358
36							20 000.00	340 000.00	360 000.00	0.696 500 13%	280 404
37							20 000.00	340 000.00	360 000.00	0.696 500 13%	278 465
38							20 000.00	340 000.00	360 000.00	0.696 500 13%	276 539
39							20 000.00	340 000.00	360 000.00	0.696 500 13%	274 626
40							20 000.00	340 000.00	360 000.00	0.696 500 13%	272 727
41							20 000.00	340 000.00	360 000.00	0.696 500 13%	270 840
42							20 000.00	340 000.00	360 000.00	0.696 500 13%	268 967
43							20 000.00	340 000.00	360 000.00	0.696 500 13%	267 106

（续表）

季次	现金流出				现金流入			净现金流	期折现率	折现值
	租赁融资额	培训费	退保证金	保证金	归还飞机	升级费用	租金			
44						20 000.00	340 000.00	360 000.00	0.696 500 13%	265 259
45						20 000.00	340 000.00	360 000.00	0.696 500 13%	263 424
46						20 000.00	340 000.00	360 000.00	0.696 500 13%	261 602
47						20 000.00	340 000.00	360 000.00	0.69 6500 13%	259 793
48						20 000.00	340 000.00	360 000.00	0.696 500 13%	257 996
49						20 000.00	340 000.00	360 000.00	0.696 500 13%	256 211
50						20 000.00	340 000.00	360 000.00	0.696 500 13%	254 439
51						20 000.00	340 000.00	360 000.00	0.696 500 13%	252 679
52						20 000.00	340 000.00	360 000.00	0.696 500 13%	250 931
53						20 000.00	340 000.00	360 000.00	0.696 500 13%	249 196
54						20 000.00	340 000.00	360 000.00	0.696 500 13%	247 472
55						20 000.00	340 000.00	360 000.00	0.696 500 13%	245 760
56						20 000.00	340 000.00	360 000.00	0.696 500 13%	244 060
57						20 000.00	340 000.00	360 000.00	0.696 500 13%	242 372
58						20 000.00	340 000.00	360 000.00	0.696 500 13%	240 696
59						20 000.00	340 000.00	360 000.00	0.696 500 13%	239 031
60						20 000.00	340 000.00	360 000.00	0.696 500 13%	237 378
61						20 000.00	340 000.00	360 000.00	0.696 500 13%	235 736
62						20 000.00	340 000.00	360 000.00	0.696 500 13%	234 105
63						20 000.00	340 000.00	360 000.00	0.696 500 13%	232 486
64						20 000.00	340 000.00	360 000.00	0.696 500 13%	230 878
65						20 000.00	340 000.00	360 000.00	0.696 500 13%	229 281
66						20 000.00	340 000.00	360 000.00	0.696 500 13%	227 695

（续表）

						20 000.00			
67					20 000.00	340 000.00	360 000.00	0.696 500 13%	226 120
68					20 000.00	340 000.00	360 000.00	0.696 500 13%	224 556
69					20 000.00	340 000.00	360 000.00	0.696 500 13%	223 003
70					20 000.00	340 000.00	360 000.00	0.696 500 13%	221 460
71					20 000.00	340 000.00	360 000.00	0.696 500 13%	219 929
72					20 000.00	340 000.00	360 000.00	0.696 500 13%	218 407
73					20 000.00	355 000.00	375 000.00	0.696 500 13%	225 934
74					20 000.00	355 000.00	375 000.00	0.696 500 13%	224 371
75					20 000.00	355 000.00	375 000.00	0.696 500 13%	222 819
76					20 000.00	355 000.00	375 000.00	0.696 500 13%	221 278
77					20 000.00	355 000.00	375 000.00	0.696 500 13%	219 748
78					20 000.00	355 000.00	375 000.00	0.696 500 13%	218 228
79					20 000.00	355 000.00	375 000.00	0.696 500 13%	216 718
80					20 000.00	355 000.00	375 000.00	0.696 500 13%	215 219
81					20 000.00	355 000.00	375 000.00	0.696 500 13%	213 731
82					20 000.00	355 000.00	375 000.00	0.696 500 13%	212 252
83					20 000.00	355 000.00	375 000.00	0.696 500 13%	210 784
84					20 000.00	355 000.00	375 000.00	0.696 500 13%	209 326
85					20 000.00	355 000.00	375 000.00	0.696 500 13%	207 878
86					20 000.00	355 000.00	375 000.00	0.696 500 13%	206 441
87					20 000.00	355 000.00	375 000.00	0.696 500 13%	205 013
88					20 000.00	355 000.00	375 000.00	0.696 500 13%	203 595
89					20 000.00	355 000.00	375 000.00	0.696 500 13%	202 186
90					20 000.00	355 000.00	375 000.00	0.696 500 13%	200 788

（续表）

季次	现金流出			现金流入				净现金流	期折现率	折现值
	租赁融资额	培训费	退保证金	保证金	归还飞机	升级费用	租金			
91						20 000.00	355 000.00	375 000.00	0.696 500 13%	199 399
92						20 000.00	355 000.00	375 000.00	0.696 500 13%	198 020
93						20 000.00	355 000.00	375 000.00	0.696 500 13%	196 650
94						20 000.00	355 000.00	375 000.00	0.696 500 13%	195 290
95						20 000.00	355 000.00	375 000.00	0.696 500 13%	193 939
96			1 020 000.00		30 000 000.00	20 000.00	355 000.00	29 355 000.00	0.696 500 13%	15 076 550
合计	41 000 000.00	25 000.00	1 020 000.00	1 020 000.00	30 000 000.00	1 920 000.00	32 760 000.00	23 655 000.00		0

第二节　飞机租赁的担保

一、飞机租赁担保的内容

飞机出租人或者债权人通过设定担保的方式保障其债权的实现，依据《中华人民共和国担保法》《中华人民共和国民用航空法》设定担保。担保的方式为保证、抵押、质押等。中国加入《开普敦公约》后，《移动设备国际利益公约》及《移动设备国际利益公约关于航空器设备特定问题的议定书》成为飞机设定担保时重要的法律依据，更为有效地保障了航空器的国际融资。

根据航空器租赁的商业习惯，贷款金融机构会根据具体的融资结构、航空公司风险、租赁公司风险、交易风险等的评估来确定担保方式，包括抵押、质押、保证担保等方式的综合运用来控制飞机租赁业务的交易风险。

在飞机租赁业务中，租赁公司是贷款金融机构的授信主体，由租赁公司向银行提供飞机抵押等担保。国内租赁业务通常要求出租人以保证或者质押等方式作为抵押的补充，部分境外租赁的交易结构中除飞机抵押外，境外金融机构要求国内银行提供保函作为担保。

（一）抵押

1. 抵押及抵押物

债务人为飞机的抵押人，债权人为抵押权人，提供担保的飞机为抵押物。债务人不转移飞机的所有权，将该飞机抵押作为债权的保证。债务人不履行义务时，债权人即出租人有权依照法律以该飞机的折价或者拍卖、变卖该飞机的价款优先受偿。

2. 担保债权

抵押人所担保的债权不得超出抵押飞机的价值。抵押后，因偿还债务引起抵押飞机的价值大于所担保债权的余额部分，可通过信托公司对所有抵押飞机的余额部分打包组建资产池用于再次抵押或者其他融资用途。

3. 抵押合同

抵押人和抵押权人应当以书面形式订立抵押合同。抵押合同的内容包括：

（1）被担保的主债权种类、数额。

（2）债务人履行债务的期限。

（3）抵押飞机的数量、型号、生产序列号、国籍所在地、所有权权属和使用权权属。

（4）抵押担保的范围。

（二）保证

承租人可由第三方提供保证担保作为融资租赁飞机抵押担保的补充。保证是指保证人和债权人约定，当承租人不履行债务时，保证人按照约定履行偿付租金或者承担责任的行为。保证人与债权人以书面形式订立保证合同。保证方式包括一般保证和连带责任保证。保证合同的内容包括：

（1）被保证的主债权种类、数额；债务人履行债务的期限。

（2）保证的方式。

（3）保证担保的范围。

（4）保证的期间。

（三）质押

承租人可以以股票、存单、债券为质押作为飞机融资租赁抵押担保的补充。承租人或者第三人为出质人，债权人为质权人，移交的动产为质物。动产质押是指承租人或者第三人将其动产移交债权人占有，将该动产作为债权的担保。承租人不履行债务时，债权人有权依照本法规定以该动产折价或者以拍卖、变卖该动产的价款优先受偿。出质人和质权人应当以书面形式订立质押合同。质押合同自质物移交质权人占有时生效。

二、担保函

担保函是银行出具的国内航空公司作为申请人，境外出租人作为受益人的函件。航空公司根据银行确定的保函费率支付保费。担保函是担保银行保证在承租人无法按时支付租金或者承担债务责任的情况下代为履行责任的书面保证，境外融资机构通常要求国内银行为其提供保函。手续费费率为 0.1%~1%，费率根据担保方式、金额和风险确定。

下面以银行出具的保函为例：

To: XXX Leasing Company

Dear Sir,

RE: Our irrevocable letter of Guarantee No.LG10EX

We refer to the Aircraft Lease Agreement (the "Lease") entered into between you(the "Lessor")and Airlines (the "Lessee") in respect of one (1)Boeing model 737–800 aircraft MSN XXX with two (2)installed CFM model 56–7B engines MSN XXXX and XXXX terms defined in the Lease shall bear the same meanings when used herein.

We, Bank of China ,Head office, Banking Department，Beijing，at the request of the Lessee, and in consideration of your entering into the Lease，issue this irrevocable Letter of Guarantee in feavour of yourselves.

We hereby irrevocably and unconditionally guarantee the punctual payment of all amounts whether of rent, stipulated loss value (as defined in the Lease) or otherwise due and payable by the lessee in accordance with the provisions of the Lease.

Should the Lessee fail to effect payments as mentioned above wholly or partially, we shall within seven (7) Banking Days after receipt of your written demand pay the amount stated in such demand in US dollars, as specified to us in writing. You may make any number of such demands in accordance with the provisions of the Lessor or any other Documents while this Letter of Guarantee is in effect; provided always that the aggregate amounts paid hereunder shall not exceed US Dollars (Amount) .

We hereby waive promptness, diligence, presentment, demand, protest and notices of any kind of guaranteed herby and acceptance of this letter of guarantee, and we agree that this guarantee shall be effective regardless of whether or not the failure of the Lessee to make any payment resulted from the Lessee's inability or refusal to do so. We will not be required to consent to, or received any notice of, any amendment or modification of, consent or extension with respect to the Lease that may be made or given; provide always that any amendment to the Lease other than as contemplated by the terms hereof which would increase the total amount payable hereunder or extend the term of this letter of guarantee shall require our written consent.

We represent that we have full power, authority and legal right to execute and deliver this letter of guarantee and perform our obligations hereunder, and that this letter of guarantee has been validly authorized, executed and delivered on our behalf and constitutes our legal and binding obligation.

We confirm that issuance of this letter of guarantee constitutes a commercial activity by us.

This Letter of Guarantee is a guarantee of payment and not of collection and we waive any right to require that resort be made to the Lessee or any security.

All rights, title and interest in and to this Letter of Guarantee may be assigned in whole or in part with our prior consent (which shall not be unreasonably withheld).

All communication hereunder shall be made by delivery, facsimile or telex and all notices to us shall be sent to Bank , telex No.2254 (ANSWER BACK BCHO CN), Fax No.（8610）********. This Letter of Guarantee including all maters of construction, validity and performance, shall be construed in accordance with the laws of England.

We agree that any legal action or proceeding arising out of or related to this Letter of Guarantee may be brought in the courts of England and irrevocably submit to the non–exclusive jurisdiction of such courts.

We irrevocably and unconditionally waive any objection which we may now or hereafter have to the choice of England as the venue of any legal action irrevocably waive any defense of sovereign immunity which might be available to us.

This Letter of Guarantee shall remain in effect until the date on which the term or the Leasing of the Aircraft under the Lease have been paid in full, under this Letter of Guarantee have to be returned to us. All claims under this Letter of Guarantee must be made before July 15, 2018

Your faithfully,

From Bank ,

Authorized Signatures

银行提供不可撤销的保函，保证合同项下的款项按时支付。当承租人无法按时全部或者部分支付款项时，由担保银行在收到收款人书面通知 7 个工作日内付款，支付金额不超过 × 美元。保函受 × 国法律管辖。有效期至 × 年 × 月 × 日，合同下的款项付清为止。

保函的要素包括：申请人、受益人、担保人、担保内容、金额、保函期限、管辖法律等。

三、担保人的选择与办理担保的程序

(一) 担保人的选择

国内银行提供担保需经过境外金融机构认可，境外融资机构认可提供保函的国内银行包括中国银行、中国工商银行、中国建设银行、国家开发银行等。

(二) 办理担保的程序

1. 抵押权登记

飞机抵押需到中国民用航空局办理抵押权登记，并提交以下文件或复印件：

（1）抵押权登记申请书。

（2）飞机国籍登记证（原件正本或经民航局适航司核对盖章的复印件）。

（3）所有权登记证书或所有权证明文件。

（4）抵押人与抵押权人身份证明文件（下列三个文件之一均可）：

营业执照（原件，经发证机关签注的复印件或经依法公证的复印件）、开业证明（原件，经发证机关签注的复印件或经依法公证的复印件）、个人身份证明（仅当抵押权属私人时提供）。

（5）抵押权申请表抵押人签字人与抵押权人签字人身份证明文件（下列两个文件之一均可）：

董事名册（任职证明）及个人身份证明文件（原件或经依法公证的复印件）、授权书（原件）及被授权签字人身份证明文件（原件，经发证机关签注的复印件或经依法公证的复印件）。

（6）申请人授权代办人办理权利登记的授权书（原件）及代办人身份证明文件（经发证机关签注的复印件或经依法公证的复印件）。

（7）贷款合同、抵押合同。

依法公证的复印件指：国内由公证部门签注，国外由律师签注。

以上材料申请书一式三份，其他材料一式一份。民用航空局受理后，将在15个工作日内完成抵押权利登记。

2. 保函的办理

航空公司向银行申请保函时需填写《保函申请书》，并提供以下资料：

（1）经年检的企业法人营业执照及复印件。

（2）法人身份证明。

（3）合同及公司章程。

（4）董事会决议及授权委托书。

（5）上年度及近期财务报表。

（6）与担保有关的文件。

银行收到申请材料后，经过审核并与航空公司落实保证金和手续费后，开立保函。

3. 股票出质登记

出质人与质权人应当订立书面合同，并向证券登记机构办理出质登记。质押合同自登记之日起生效。股票出质后，不得转让，但经出质人与质权人协商同意的可以转让。出质人转让股票所得的价款应当向质权人提前清偿所担保的债权或者向与质权人约定的第三人提存。

办理股票质押的程序如下：

（1）企业法人营业执照、法人代码证、法定代表人证明文件。

（2）经会计（审计）师事务所审计的近三年度的财务报告及上月的资产负债表、损益表净资本计算表和现金流量表。

（3）用作质物的股票的基本情况。

第三节　飞机的保险

一、飞机保险的内容

飞机保险是为了防止飞机发生意外事故，如由于自然灾害、战争、劫机、飞机本身机械原因或机务原因等引起的飞机全损或部分损坏而对飞机（包括机身、发动机及主要零备件）进行的保险。飞机保险在整个保险中虽然只占很小一部分，但由于航空运输业的风险高度集中，投保金额巨大，加上航空事故时有发生，因此，为保证航空运输市场的稳定，飞机保险是不可缺少的手段。

二、保险权益

承租人购买飞机保险后，飞机保险权益转让给飞机出租人。保险权益转让后，航空公司同意在保险权益转让合同期间，保险公司将飞机出租人列为保单的被保险人和受益人之一，其他拥有飞机权益的各方作为飞机保险的附加被保险人。

三、飞机保险的险种

（一）飞机保险的险种和使用方式

1. 机身险

机身险（hull value）一般应不少于飞机租赁时的飞机公允价值（agreed value）。

2. 第三者责任险

第三者责任险（third party liability）是指由于飞机或从飞机上坠人、坠物造成的第三方的人身伤亡或财物损失，应由被保险人负担的赔偿责任。

3. 旅客法定责任险

旅客法定责任险是指由于旅客在乘坐或上下飞机时发生意外，造成人身伤亡或所携带和已经交运登记的行李、物件的损失，以及对旅客、行李或物件在运输过程中因延迟而造成的损失，根据法律或契约应由被保险人负担的赔偿责任。

（二）保险金使用方式

1. 飞机发生全损时的使用方式

租赁公司一般就飞机租赁业务向银行进行融资，租赁公司（作为转让人）通常会将飞机的保险权益转让给银行（作为受让人）。保险金由保险人支付给受让人，用以偿还转让人在《借款合同》项下届时尚未清偿债务中的本金及其他应清偿的债务。偿还上述金额后，受让人将剩余款项返还转让人。

2.飞机发生损失（非全损）时的使用方式

对于一定范围内的保险赔付应首先赔付给飞机出租人。在收到航空公司列明修理的性质及支出的详细书面清单后，出租人用收到的保险金补偿修理费用。

第五章

有关飞机租赁的法律与税务规定

　　飞机租赁活动需要有完备的法律体系和相关的财税政策，以便对租赁活动进行有效监管和支持，在保障各利益相关方的利益的基础上，简化交易流程，减少交易风险。就中国的飞机租赁而言，相关的法律和行政法规及提供支持的财税政策还处于不断完善之中，有关条款散落在已有的各项法规文件中，还没有完整的租赁法予以规范。

第一节　飞机的国籍登记

一、飞机的国籍登记

　　根据《中华人民共和国民用航空法》的规定，以下3类航空器应当进行中华人民共和国国籍登记：

　　（1）中华人民共和国国家机构的民用航空器。

　　（2）依照中华人民共和国法律设立的企业法人的民用航空器。

　　（3）国务院民用航空主管部门准予登记的其他民用航空器。

　　自境外租赁的民用航空器，承租人符合上述规定，该民用航空器的机组人员由承租人配备的，可以申请登记中华人民共和国国籍，但是必须先予注销该民用航空器原国籍登记。

领取民用航空器国籍登记证后方可在国内起降和运营。

二、飞机国籍登记证的办理机关

中国民用航空局主管中华人民共和国民用航空器国籍登记，中国民用航空局适航审定司具体负责受理、审查民用航空器国籍登记申请，颁发民用航空器国籍登记证书。

三、飞机国籍登记的办理流程

（一）申请国籍标志和登记标志

申请人网上办理或者网上受理之后，现场向中国民航局适航审定司申请办理国籍标志和登记标志，并提交有关材料，受理通过后，民航局适航审定司出具受理通知书。

（二）申请国籍登记证

申请人网上办理或者网上受理之后，现场向民航局适航审定司申请办理民用航空器国籍登记证，并提交有关书面材料，适航审定司在 5 个工作日内完成审核，审核不通过的，出具不受理通知书。

（三）颁证

审核通过的，自做出决定之日起 10 日内，由适航审定司颁发民用航空器国籍登记证。

第二节　飞机租赁可能涉及的法律问题

一、担保人的合法性和担保函的有效性问题

国际飞机租赁中采用的担保函担保，面临两个最基本的法律问

题。第一，担保人的合法性不易确定。目前世界上只有那些信誉较高的金融机构，如美国进出口银行、日本输出入银行或欧洲出口信贷银行等出具的担保函的合法性容易确定。而一些发展中国家的金融机构出具的担保函的合法性则较难确定。因为大多数发展中国家的政府对其金融机构出具外汇担保函或借入外汇的总额度有严格的限制。第二，担保函的有效性不易确定。大多数发展中国家相关的外汇管理办法大都规定其金融机构出具的外汇担保函，必须经国家外汇管理部门批准或注册登记，否则就不具有法律效力。

二、租赁飞机的留置权问题

在跨国飞机租赁交易过程中，飞机租赁当事人及其他参与人不可回避的另一个重要法律问题是针对租赁飞机的留置权。因为在租赁期内，对租赁飞机的留置，不但直接危及跨国承租人对飞机的"抗扰使用权"（又称为"平静受益权"），更主要的是留置权的行使，将使跨国出租人或飞机融资贷款人或其他租赁参与人的既得利益难以实现，从而导致当事人之间产生法律纠纷。在飞机租赁的实践中，对租赁飞机产生留置权的可能情况主要有两种：（1）因保管飞机而产生的保管费的请求权；（2）因维修飞机而产生的维修费的请求权。由于保管飞机（如飞机救援需保管所救援的飞机）而发生的费用，其请求权依据《日内瓦公约》的规定，是作为具有飞机优先权的债权而加以保护的，其在受偿顺序上是优先于飞机抵押权的。关于因维修飞机而产生的维修费的请求权，英国规定飞机维修企业行使飞机留置权，仅限于对做了改进性维修的飞机（技术性能得以改善和提高，并使其飞机价值得以增值），而对飞机的恢复性维修（日常保养维修、常规维护，旨在保证飞机的持续适航性）则不产生飞机留置权。我国对租赁飞机的留置权尚未做出明确的法律规定。

三、租赁飞机的扣押权问题

国际社会对民用航空器的扣押是一种客观实在，它产生的法律后果更甚于对飞机的留置，有时并不需要什么理由。所以，扣押权问题是飞机租赁各方当事人或参与人十分关注的问题，在进行国际飞机租赁时必须予以充分考虑。目前有两个国际公约对民用飞机的扣押进行了规范。一个是 1933 年 5 月 29 日在罗马签订的《统一关于飞机预防性扣押的某些规定的公约》（简称《预防性扣押飞机公约》），1937 年 1 月 15 日生效。另一个是 1948 年 6 月 1 日在日内瓦签订的《关于国际承认对飞机的权利的公约》（简称《日内瓦公约》）。从这两个公约的规定可知：（1）商用飞机是可以被扣押的，即使是租赁的飞机也不例外；（2）扣押飞机必须符合法定条件，比如基于符合规定的特定债务或索赔，飞机没有被强制拍卖或执行等。由此可以看出：扣押飞机不再仅仅针对某一特定未履行债务的飞机，如果某一飞机与未履行债务的经营人有关，即使经营人是新的，即使该飞机没有任何过失，也将被扣押。假如该飞机是跨国租赁的飞机，则对飞机的扣押将导致租赁合同的中止，这无疑会给融资方、出租人或其他租赁参与人带来无端的损失，这是极为不公平的。所以，对租赁飞机的扣押必须做出非常严格的法律限制，且必须针对违约经营人违约的飞机进行扣押，强制扣押或拍卖均应适用扣押或拍卖的法律。

四、飞机租赁的法律约束

中国已于 2009 年 6 月 1 日正式加入《开普敦公约》及《移动设

备国际利益公约关于航空器设备特定问题的议定书》，飞机租赁活动直接受其约束。根据公约、议定书的规定及中国的声明，飞机出租人对出租的飞机享有国际利益，可以在航空公司违约的情况下申请中国法院令状授权中止租赁协议并占有或控制作为合同标的的飞机；可以在航空公司破产时直接收回飞机。中国法院和飞机登记部门都有配合出租人实现其国际利益的义务。公约及议定书为飞机租赁提供了更为稳定和完善的法律环境，中国的飞机租赁公司在受益的同时也受制于更为严格的法律约束。因此仔细研究公约及其他相关法律规定，通过多种形式来控制或规避法律风险，是中国飞机租赁公司操作飞机租赁业务中的必然选择。

第三节　租赁税务

由于涉及飞机资产的采购，因此飞机租赁业务也常常涉及进口关税问题，在"营改增"后，租赁业务属于增值税课税范围，但我国目前的增值税税法对此的规定较为复杂。

一、关税

从国内购置的飞机资产不涉及进口关税，从国外购置的飞机资产在入境时则需要申报缴纳进口关税。

（一）关税的定义

关税是海关依法对进出境货物、物品征收的一种税。所谓"境"指关境，又称"海关境域"或关税领域，是相关海关法规全面实施的领域。在通常情况下，一国关境与国境是一致的，包括国家全部的领土、领海、领空。但当某一国家在国境内设立了自由港、自由贸易区等，这些区域就进出口关税而言处在关境之外，这时，该国家的关境小于国境，如我国香港。当几个国家结成关税同盟，组成一个共同的关境，实施统一的关税法令和统一的对外税则时，这些国家彼此之间货物进出国境不征收关税，只对来自或运往其他国家的货物进出共同关境时征收关税，这些国家的关境大于国境，如欧盟。

（二）关税征税对象及纳税义务人

1. 关税的征税对象

关税的征税对象是指准许进出境的货物和物品。货物是指贸易性商品；物品指入境旅客随身携带的行李物品、个人邮递物品、各种运输工具上的服务人员携带进口的自用物品、馈赠物品及以其他方式进境的个人物品。

2. 纳税义务人

纳税义务人是指进口货物的收货人、出口货物的发货人、进出境物品的所有人，是关税的纳税义务人。

（三）进出口税则

进出口税则是一国政府根据国家关税政策和经济政策，通过一定的立法程序制定公布实施的进出口货物和物品应税的关税税率表。进出口税则以税率表为主体，通常还包括实施税则的法令、税则的有关说明和附录等。2019 年 1 月 1 日起，中国进一步调整了进出口关税税则，主要涉及最惠国税率、年度暂定税率、协定税率、特惠税率及税则税目等方面。

（1）总体结构规定了分类的原则和方法，以保证对 HS（海关编码）使用和解释的一致性，使某一具体商品能够始终归入一个编码；二是类、章、目和子目注释，严格界定了相应的商品范围；三是按顺序编排的目与子目编码及条文。

（2）HS 中的"类"基本上按社会生产部类分类，将属于同一生产部类的产品归在同一类中。其中与租赁业相关的具体分类有：第16 类，机器、机械器具、电气设备及其零件、录音机及放声机、电视图像、声音的录制和重放设备及其零件、附件；第 17 类，车辆、航空器、船舶及有关运输设备；第 18 类，光学、照相、电影、计量、检验、医疗或外科用仪器及设备、精密仪器及设备，钟表，乐器，以及上述物品的零件、附件。

（四）税率及运用

1. 税率的计征办法

根据 2016 年修订的《中华人民共和国进出口关税条例》第 4 章第 36 条的规定，进出口货物关税，以从价计征、从量计征或者国家规定的其他方式征收。

从价计征的计算公式为：

$$应纳税额 = 完税价格 \times 关税税率$$

从量计征的计算公式为：

$$应纳税额 = 货物数量 \times 单位税额$$

2. 进口关税税率及最惠国税率

最惠国税率是指某国的来自其最惠国的进口产品享受的关税税率。根据最惠国待遇原则，最惠国税率一般不得高于现在或将来来自第三国同类产品所享受的关税税率。所谓最惠国待遇原则，是指缔结经济贸易条约协定的一项法律原则，又称无歧视待遇原则，指缔约一方在贸易、航海、关税、公民的法律地位等方面给予缔约国第一方的优惠待遇。中国飞机进口的关税税率如表 5-1 所示。

表 5-1　中国飞机进口的关税税率

商品名称	进口最惠国税率（%）	普通税率（%）	飞机类型参考
2 吨＜空载重量≤7 吨的直升机	2		A109 型直升机
小型飞机及其他航空器（空载重量≤2 吨）	5		塞斯纳 172 型初教机
			TB9 型初教机
中型飞机及其他航空器	4		多尼尔 328 支线飞机
2 吨＜空载重量≤15 吨		11	豪客 800XP 公务机
25 吨≤空载重量＜45 吨客运飞机	5		波音 B737 系列飞机，空中客车 A320 系列飞机
其他大型飞机及其他航空器（15 吨≤空载重量＜25 吨）	5		冲 8-400 支线飞机
特大型飞机及其他航空器（空载重量≥45 吨）	1		波音 B767 系列飞机

3.出口关税税率

我国出口税为一栏税率，即每一税目中只有一个税率。国家仅对少数资源性产品及易于竞相杀价、盲目进口，需要规范出口秩序的半制成品征收出口关税。

4.税率的运用

进出口货物应当按照纳税义务人申报进口或者出口之日实施的税率征税；进口货物到达前，经海关核准先行申报的，应当按照装载此货物的运输工具申报进境之日实施的税率征税。

二、增值税

增值税是对在我国境内销售货物或者提供加工、修理修配劳务和应税服务，以及进口货物的单位和个人，就其取得的货物或应税劳务或应税服务的销售额，以及进口货物的金额计算税款，并实行税款抵扣的一种流转税。

（一）纳税义务人和扣缴义务人

1. 纳税义务人

凡在中华人民共和国境内销售货物或者提供加工、修理修配劳务和应税服务，以及进口货物的单位和个人为增值税的纳税人。

2. 扣缴义务人

中华人民共和国境外单位或者个人在境内发生应税行为，在境内未设有经营机构的，以购买方为增值税扣缴义务人。境内企业从境外租赁飞机，境内承租人为增值税扣缴义务人。

（二）税率

有形动产经营租赁业务适用税率为13%；有形动产融资租赁中直租业务适用税率为13%，售后回租业务在2016年4月30日前签订的租赁合同适用税率为13%，2016年5月1日后签订的租赁合同按贷款服务缴纳增值税，适用税率为6%。增值税征收率为3%。

（三）销售额的确认及计税方法

1. 销售额的确认

增值税计税依据是销售额，销售额是纳税人发生应税行为取得的全部价款和价外费用，价外费用是价外收取的各种性质的费用。

（1）经营租赁业务。经营租赁业务以其向承租人收取的全部价款和价外费用为销售额。

（2）融资租赁直租业务。经原银监会批准的金融租赁公司、经商务部和国家税务总局（或授权给天津等自贸区当地商务主管部门和国家税务局）批准从事融资租赁业务的内资试点纳税人或经省级商务主管部门批准设立的外商投资纳税人，提供融资租赁服务，以取得的全部价款和价外费用，扣除支付的借款利息（包括外汇借款和人民币借款利息）、发行债券利息和车辆购置税后的余额为销售额。其他纳税人以其向承租人收取的全部价款和价外费用为销售额。

（3）融资性售后回租业务。经原银监会批准的金融租赁公司、经商务部和国家税务总局（或授权给天津等自贸区当地商务主管部门和国家税务局）批准从事融资租赁业务的内资试点纳税人或经省级商务主管部门批准设立的外商投资纳税人，提供融资性售后回租服务，以取得的全部价款和价外费用（不含本金），扣除对外支付的借款利息（包括外汇借款和人民币借款利息）、发行债券利息后的余额作为销售额。其他纳税人以取得的全部价款和价外费用（不含本金）为销售额。

2. 计税方法

增值税的计税方法，包括一般计税方法和简易计税方法。一般纳税人发生应税行为适用一般计税方法计税，一般纳税人发生财政部和国家税务总局规定的特定应税行为，可以选择适用简易计税方法计税，但一经选择，36个月内不得变更。小规模纳税人发生应税行为适用简易计税方法计税。

（1）一般计税方法。一般计税方法的应纳税额，是指当期销项税额抵扣当期进项税额后的余额。应纳税额计算公式为：

$$应纳税额 = 当期销项税额 - 当期进项税额$$

销项税额，是指纳税人发生应税行为按照销售额和增值税税率计算并收取的增值税额。销项税额计算公式为：

$$销项税额 = 含税销售额 \div (1 + 税率) \times 税率$$

（2）简易计税方法。简易计税方法的应纳税额，是指按照销售额和增值税征收率计算的增值税额，不得抵扣进项税额。应纳税额计算公式为：

$$销项税额 = 含税销售额 \div （1+ 征收率） \times 征收率$$

（四）租赁业增值税纳税规定

根据《关于全面推开营业税改征增值税试点的通知》（财税〔2016〕36 号）、《财政部　税务总局关于调整增值税税率的通知》（财税〔2018〕32 号）、《财政部　税务总局　海关总署关于深化增值税改革有关政策的公告》（财政部　税务总局　海关总署公告 2019 年第 39 号），提供有形动产租赁服务，税率为 13%；提供交通运输、邮政、基础电信、建筑、不动产租赁服务，销售不动产，转让土地使用权，税率为 9%；提供金融服务等，税率为 6%。飞机融资租赁直租业务及经营租赁业务属于有形动产租赁服务，应按照租金的 13% 缴纳增值税；融资型售后回租业务属于金融服务，按照利差的 6% 缴纳增值税。

直接购买飞机进口环节增值税为 13%，空载重量 25 吨以上可享受进口增值税减免优惠，实际税赋为 5%，以租赁方式（即进口监管方式编码为 1500、1523、9800）引进的飞机（税则品目：8802），海关停止代征进口环节增值税。海关推出的该项政策极大地缓解了租赁飞机双重征税困境，有利于飞机租赁业务的开展。

航空公司如不采用租赁方式，直接购买飞机引进的增值税率如表 5–2 所示。

表 5–2　购买飞机引进的增值税率

商品名称	进口环节增值税率（%）	2018 年优惠增值税率（%）	飞机类型参考
2 吨<空载重量≤7 吨的直升机	13	—	A109 型直升机

（续表）

商品名称	进口环节增值税率（%）	2018 年优惠增值税率（%）	飞机类型参考
小型飞机及其他航空器 （空载重量≤2 吨）	13	—	塞斯纳 172 型初教机
			TB9 型初教机
中型飞机及其他航空器 （2 吨<空载重量≤25 吨）	13	—	多尼尔 328 支线飞机
			豪客 800XP 公务机
25 吨<空载重量≤45 吨客运飞机	13	5	波音 B737 系列飞机
			空中客车 A320 系列飞机
特大型飞机及其他航空器 （空载重量>45 吨）	13	5	波音 B767 系列飞机

注：空载重量指航空器在正常飞行情况下，除去机组人员、燃料及永久性安装设备后的重量。

三、印花税

按国家税务局 1992 年 7 月 21 日做出的《关于飞机租赁合同征收印花税问题的批复》中明确对印花税征收问题做了规定。（1）各航空公司与外国公司在 1988 年 10 月 1 日以后签订的飞机租赁合同，属于印花税暂行条例列举征税的凭证。（2）在飞机租赁业务中，对采取经营租赁方式签订的租赁合同，按"财产租赁合同"税目税率计税贴花；对采取融资租赁方式签订的租赁合同，暂按租金总额的万分之零点五税率计税贴花。

根据本节所述内容，将飞机租赁可能涉及的税种及税率总结如表 5-3 所示。

表 5-3　飞机租赁可能涉及的税种及税率

税种	税率	
	空载重量 45 吨以上飞机	空载重量 45 吨以下飞机
关税	1%	2%~5%
租赁环节增值税	6% 或 13%	
企业所得税	25%	
印花税	融资租赁合同的 0.005% 或经营租赁合同的 0.1%	

第六章

飞机租赁中的会计业务

在飞机租赁中，按照现有的会计准则，针对出租人而言，经营租赁和融资租赁有不同的规定，从而有不同的记账方式和成本核算，对飞机租赁也有不同的影响。本章将根据财会〔2018〕35号《关于修订印发〈企业会计准则第21号——租赁〉的通知》的相关内容，结合飞机租赁的特点和流程，详细介绍出租人和承租人的会计业务。

第一节　租赁会计处理的相关概念及新旧会计准则对比

一、租赁准则中的相关概念

(一) 租赁开始日和租赁期开始日

租赁开始日是指租赁合同签署日与租赁各方就主要租赁条款做出承诺日中的较早者。

租赁期开始日是指出租人提供租赁资产使其可供承租人使用的日期。

（二）租赁期

租赁期指承租人有权使用租赁资产且不可撤销的期间。承租人有权选择续租该资产且合理确定将行使该选择权的，租赁期还应当包含续租选择权涵盖的期间；承租人有权选择终止租赁该资产，但合理确定将不会行使该选择权的，租赁期应当包含终止选择权涵盖的期间。

（三）租赁激励

租赁激励是指出租人为达成租赁意向向承租人提供的优惠，包括出租人向承租人支付的与租赁有关的款项，以及出租人为承租人偿付或承担的成本等。

（四）租赁付款额

租赁付款额是指承租人向出租人支付的与在租赁期内使用租赁资产的权利相关的款项，包括：（1）固定付款额及实质固定付款额；存在租赁激励的，扣除租赁激励相关金额；（2）取决于指数或比率的可变租赁付款额，该款项在初始计量时根据租赁期开始日的指数或比率确定；（3）购买选择权的行权价格，前提是承租人合理确定将行使该选择权；（4）行使终止租赁选择权需支付的款项，前提是租赁期反映出承租人将行使终止租赁选择权；（5）根据承租人提供的余值担保预计应支付的款项。

（五）实质固定付款额

实质固定付款额是指在形式上可能包含变量但实质上无法避免的付款额。

（六）可变租赁付款额

可变租赁付款额是指承租人为取得在租赁期内使用租赁资产的权利，向出租人支付的因租赁期开始日后的事实或情况发生变化

（而非时间推移）而变动的款项。取决于指数或比率的可变租赁付款额包括与消费者价格指数挂钩的款项、与基准利率挂钩的款项和为反映市场租金费率变化而变动的款项等。

（七）租赁收款额

租赁收款额是指出租人因让渡在租赁期内使用租赁资产的权利而应向承租人收取但在租赁期开始日尚未收到的款项，包括：（1）承租人需支付的固定付款额及实质固定付款额；存在租赁激励的，扣除租赁激励相关金额；（2）取决于指数或比率的可变租赁付款额，该款项在初始计量时根据租赁期开始日的指数或比率确定；（3）购买选择权的行权价格，前提是承租人合理确定将行使该选择权；（4）承租人行使终止租赁选择权需支付的款项，前提是租赁期反映出承租人将形式终止租赁选择权；（5）由承租人、与承租人有关的一方及有经济能力履行担保义务的第三方向出租人提供的担保余值。

（八）担保余值及未担保余值

担保余值是指与出租人无关的一方向出租人提供担保，保证在租赁结束时租赁资产的价值至少为某指定的金额。

未担保余值，是指租赁资产余值中，出租人无法保证能够实现或仅由与出租人有关的一方予以担保的部分。

（九）租赁内含利率

租赁内含利率是指使出租人的租赁收款额的现值与未担保余值的现值之和等于租赁资产公允价值与出租人的初始直接费用之和的利率。

（十）承租人增量借款利率

承租人增量借款利率，是指承租人在类似经济环境下为获得与使用权资产价值接近的资产，在类似期间以类似抵押条件借入资金需支付的利率。

（十一）短期租赁和低价值资产租赁

短期租赁是指在租赁期开始日，租赁期不超过12个月的租赁。包含购买选择权的租赁不属于短期租赁。

低价值资产租赁是指单项租赁资产为新资产时价值较低的租赁。低价值资产还应当符合下列条件：（1）承租人可从单独使用该资产或将其与易于获得的其他资源一起使用中获利；（2）该资产与合同中的其他资产不存在高度依赖或高度关联关系。

二、新旧准则对比

2018年12月，财政部对《企业会计准则第21号——租赁》进行了修订（以下简称"新租赁准则"）。新租赁准则与国际会计准则理事会2016年1月发布的《国际财务报告准则第16号——租赁》（IFRS16）基本趋同，承租人不再区分经营租赁和融资租赁，除准则规定的豁免之外，所有承租业务均需确认使用权资产和租赁负债，即"入表"，但对出租人而言，新准则基本上延续了现行会计处理。此外，新租赁准则还对转租赁、售后回租等业务的处理做出了新的规范。新旧会计准则有关租赁内容的对比如表6-1所示。

表 6-1　新旧会计准则有关租赁内容的对比

项目	新准则（2018）	旧准则（2006）
租赁的定义（基本一致，修改部分措辞）	在一定期间内，出租人将资产的使用权让与承租人以获取对价的合同	在约定的期间内，出租人将资产的使用权让与承租人以获取租金的协议
适用范围明确不包括出租人授予的知识产权许可、不可再生资源的租赁、承租生物资产及 BOT（实质为基础设施投资）；明确土地使用权不适用租赁	本准则适用于所有租赁，但下列各项除外： （一）承租人通过许可使用协议取得使用的电影、录像、剧本、文稿等版权，专利等项目的权利，以出让、划拨或转让方式取得的土地使用权，适用《企业会计准则第 6 号——无形资产》。 （二）出租人授予的知识产权许可，适用《企业会计准则第 14 号——收入》。 勘探或使用矿产、石油、天然气及类似不可再生资源的租赁，承租人承租生物资产，采用建设经营移交等方式参与公共基础设施建设、运营的特许经营权合同，不适用本准则	下列各项适用其他相关会计准则： （一）出租人以经营租赁方式租出的土地使用权和建筑物，适用《企业会计准则第 3 号——投资性房地产》。 （二）电影、录像、剧本、文稿、专利和版权等项目的许可使用协议，适用《企业会计准则第 6 号——无形资产》。 （三）出租人因融资租赁形成的长期债权的减值，适用《企业会计准则第 22 号——金融工具确认和计量》。

（续表）

项目	新准则（2018）	旧准则（2006）
租赁的识别、分拆及合并 （明确租赁的识别特征；明确应当拆分合同中包含的各租赁部分和非租赁部分；明确构成单独租赁的条件；明确合同合并的情形）	增加了租赁识别、分拆、合同等内容 • 租赁的识别： 强调"控制"，即租赁是"让渡了在一定期间内控制已识别资产使用的权利"；强调是特定资产的使用，能够主导资产的使用，并获取几乎全部经济利益。 • 合同分拆： （1）合同中同时包含租赁和非租赁部分时，承租人应当将该合同包含的各租赁部分和非租赁部分进行分拆； （2）承租人分拆租赁的简便方法：根据租赁资产的类别选择是否将合同包含的各的租赁和非租赁部分，而选择不分拆的，应将各租赁部分和非租赁部分作为单一的租赁核算。 （3）涉及嵌入衍生工具的，应当分拆。 • 合同合并： 满足下列条件之一时，应当合并为一份合同进行会计处理： （1）基于总体商业目的而订立； （2）支付对价取决于其他合同的价格或履约情况； （3）让渡的资产使用权构成一项单独租赁	没有具体指引

（续表）

租赁付款额	租赁付款额包括： • 固定付款额及实质固定付款额，存在租赁激励的，扣除租赁激励相关金额； • 取决于指数或比率的可变租赁付款额； • 购买选择权的行权价格； • 行使终止租赁选择权应支付的款项； • 根据承租人提供的租保余值预计应支付的款项	最低租赁付款额包括： • 承租人应支付或可能被要求支付的款项（不包括或有租金和履约成本）； • 由承租人或与其有关的第三方担保的资产余值； • 购买价款（如果预计将行使行使购买选择权）
可变租赁付款额	取决于指数或比率的可变租赁付款额，根据租赁期开始日的指数或比率进行初始计量。 其他未纳入租赁负债计量的可变租赁付款额应当在实际发生时计入当期损益	或有租金在发生时计入当期损益
折现率（明确折现率，不再使用租赁合同规定的利率）	固定的周期性利率： （1）租赁内含利率。 （2）增量借款利率。 （3）修订后的折现率（续租权、购买选择权的评估变化，租赁付款额的变动源自浮动利率变动）	折现率： （1）出租人租赁内含利率。 （2）租赁合同规定的利率与同期银行贷款利率作为折现率

（续表）

项目	新准则（2018）	旧准则（2006）
出租人的初始确认及计量	未发生重大变化 出租人应当在租赁开始日区分融资租赁和经营租赁 融资租赁 • 在租赁期开始日，出租人应当对融资租赁确认应收融资租赁款，并终止确认融资租赁资产； • 出租人应当按照固定的周期性利率计算并确认租赁期内各个期间的利息收入； • 出租人取得的未纳入租赁投资净额应当于实际发生时计入当期损益。 经营租赁 • 在租赁期各个期间，出租人应当采用直线法或其他系统合理的方法，将经营租赁的租赁收款额确认为租金收入； • 出租人发生的经营租赁有关的初始直接费用应当资本化，在租赁期内按照与租金收入确认相同的基础进行分摊，分期计入当期损益； • 对于经营租赁资产中的固定资产，出租人应当采用类似资产的折旧政策计提折旧；对于其他经营租赁资产，应当根据该资产适用的企业会计准则，采用系统合理的方法进行摊销。 • 出租人取得的与经营租赁有关的未计入租赁收款额的可变租赁付款额，应当在实际发生时计入当期损益。	
出租人披露	现披露内容： 融资租赁 • 销售损益、租赁投资净额的融资收益及与未纳入租赁投资净额的可变租赁付款相关的收入； • 资产负债表日后连续五个会计年度每年将收到的未折现租赁收款额，以及剩余年度将收到的未折现租赁收款额总额； • 未折现租赁收款额与租赁投资净额的调节表。	原披露内容： 融资租赁 • 资产负债表日后续三个会计年度每年将收到的最低租赁收款额，以及以后年度将收到的最低租赁收款款额总额。 • 未实现融资收益的余额，以及分配未实现融资收益所采用的方法。

（续表）

项目	内容	
出租人披露	**经营租赁** • 租赁收入，并单独披露与未计入租赁收款额的可变租赁付款额相关的收入； • 将经营租赁固定资产与出租人持有自用的固定资产分开，并按经营租赁固定资产的类别提供《企业会计准则第4号——固定资产》要求披露的信息； • 资产负债表日后连续五个会计年度每年将收到的未折现租赁收款额，以及剩余年度将收到的未折现租赁收款总额。 出租人应当根据理解财务报表的需要，披露有关租赁活动的其他定性和定量信息。此类信息包括： （1）租赁活动的性质，如对租赁活动基本情况的描述； （2）对其在租赁资产中保留的权利的风险管理的情况； （3）其他相关信息	出租人对经营租赁，应当披露各类租出资产的账面价值
出租人售后回租	基于转移是否构成出售进行区分	基于回租的类别进行区分
承租人初始确认（取消承租人关于经营租赁与融资租赁的分类）	对所有租赁（短期租赁和低价值资产租赁除外）确认使用权资产和租赁负债： • 使用权资产的金额：租金的现值之和；承租人初始付款的租赁金额减去收到的租赁激励的金额；承租人初始直接成本；弃置成本；等于租金的限制之和加上租赁期结束时预计需要支付款项的限制； • 租赁负债的金额：等于租金的限制的限制	划分为融资租赁和经营租赁 • 融资租赁：应确认资产和一项负债（金额等于租入资产的公允价值和最低租赁付款额的现值中较低者）； • 经营租赁：只需确认租金费用，后续按直线法确认租金费用

（续表）

项目	新准则（2018）	旧准则（2006）
承租人后续计量（明确租赁负债按照利息费用按照"固定的周期性利率"计算，不再使用实际利率的提法）	增加选择权重估和租赁变更情形下的会计处理。使用权资产：按《企业会计准则第4号——固定资产》有关折旧规定，对使用权资产计提折旧，确定使用权资产是否发生减值，并进行会计处理；租赁负债：应采用摊余成本法，按照固定的周期性利率（或租赁内含利率）计算租赁负债在租赁期内各期间的利息费用，并计入当期损益或相关资产成本	划分为融资租赁和经营租赁。融资租赁：采用摊余成本法计量长期应付款，按实际利率将未确认融资费用在租赁期内各期间进行分摊，并确认当期融资费用；采用与固定资产相一致的折旧政策对自有固定资产计提折旧；经营租赁：不确认租入资产、租金在租赁期内按直线法计入相关资产成本或当期损益
承租人披露	承租人应当在资产负债表中单独列示使用权资产和租赁负债。其中，租赁负债通常分别列示非流动负债和一年内到期的非流动负债列示。承租人应当分别列示租赁负债的利息费用与使用权资产的折旧费用。租赁负债的利息费用应当在财务费用项目列示。在现金流量表中，偿还租赁负债本金和利息所支付的现金应当计入筹资活动现金流出，支付的简化处理的短期租赁付款额和低价值资产租赁付款额以及未纳入租赁负债计量的可变租赁付款应当计入经营活动现金流出。承租人应当在附注中披露与租赁有关的下列信息。（1）各类使用权资产的期初余额、本期增加额、期末余额及累计折旧额和减值金额；	承租人应当在资产负债表中，将与融资租赁相关的长期应付款减去未确认融资费用的差额，分别按长期负债和一年内到期的长期负债列示。承租人应当在附注中披露与融资租赁有关的下列信息：

（续表）

承租人披露	（2）租赁负债的利息费用； （3）计入当期损益的按本准则第三十二条简化处理的短期租赁费用和低价值资产租赁费用； （4）未纳入租赁负债计量的可变租赁付款额； （5）转租使用权资产取得的收入； （6）与租赁相关的现金流出； （7）售后租回交易产生的相关损益； （8）其他按照《企业会计准则第 37 号——金融工具列报》应当披露的有关租赁负债的信息。 承租人对短期租赁和低价值资产租赁进行简化处理的，应当披露这一事实。 承租人应当根据理解财务报表的需要，披露有关租赁活动的其他定性和定量信息。此类信息包括： （1）租赁活动的性质，如对租赁活动基本情况的描述； （2）未纳入租赁负债计量的未潜在现金流出； （3）租赁导致的限制或契约承诺； （4）售后租回交易除第五十四条第（七）项之外的其他信息； （5）其他相关信息。	（一）各类租入同定资产的期初和期末原价、累计折旧额。 （二）资产负债表日后连续三个会计年度每年支付的最低租赁付款额，以及以后以年度支付的最低租赁付款额总额。 承租人对于重大的经营租赁，应当在附注中披露下列信息： （1）资产负债表日后连续三个会计年度每年支付的不可撤销经营租赁的最低租赁付款额； （2）以后年度支付的不可撤销经营租赁付款额的最低租赁付款额总额。
承租人租赁豁免	短期租赁：租赁期≤12个月 低价值资产租赁	无豁免条款

第二节　飞机租赁中出租人的会计业务

一、融资租赁中飞机出租人的会计业务

如采用融资租赁方式，则与租赁飞机所有权有关的几乎全部风险和报酬实质上转移给承租人，租赁飞机资产在出租人的资产负债表中不再以固定资产列示。出租人所要解决的问题主要是转移飞机资产所应确认的债权及租赁期内收入的确认。租赁合同会对租赁期内租金金额的计算及担保余值等进行明确约定，在会计业务中应根据租赁合同和其他相关资料确定会计处理所需的飞机资产公允价值、租赁收款额、担保余值等金额。

（一）租赁期开始日的会计处理

出租人在租赁期开始日，将未担保余值和租赁期开始日尚未收到的租赁收款额按照租赁内含利率折现的现值之和作为应收融资租赁款的入账价值，并终止确认融资租赁资产。

其会计处理为：在租赁期开始日，出租人应按未担保余值和租赁期开始日尚未收到的租赁收款额按照租赁内含利率折现的现值之和，借记"长期应收款"科目，按租赁资产的公允价值，贷记"融资租赁资产"科目，租赁资产公允价值与其原账面价值的差额，应计入当期损益。同时，按发生的初始直接费用，贷记"银行存款"等科目。

由于飞机资产金额巨大，在实务中出租人一般将每架飞机作为一个项目单独核算，并设置辅助核算账簿。如果在同一租赁合同中含数架飞机，各架飞机还款条件完全一致，或者在合同中不予区分，则也可以将数架飞机作为一个项目进行核算。

（二）租赁期间的会计处理

租赁期间的会计处理主要涉及租金的收取和租赁收入的确认。出租人应当按照固定的周期性利率计算并确认租赁期内各个期间的利息收入。

出租人收到租金或按合同约定达到租金收取条件时，借记"银行存款"或应收账款科目，按当前租赁投资净额乘以租赁周期性利率金额贷记"营业收入"科目，按差额贷记"长期应收款"。

（三）坏账准备的计提

飞机出租人应当定期对承租人的财务及经营情况进行分析，确认应收融资租赁款的风险程度，如果应收飞机租赁款存在逾期、无法足额收回等情况，应当计提坏账准备。出租人应对租赁投资净额的余额合理计提坏账准备，计提坏账准备的方法由出租人根据有关规定自行确定。坏账准备的计提方法一经确定，不得随意变更，其会计处理为：借记"信用减值损失"科目，贷记"坏账准备"科目。

对于经确认无法收回的坏账，经审批后，冲销计提的坏账准备，其会计处理为：借记"坏账准备"科目，贷记"长期应收款"科目。

对于已核销的坏账准备，如果以后又收回，按实际收回的金额，借记"长期应收款"科目，贷记"坏账准备"科目；同时，借记"银行存款"科目，贷记"长期应收款"科目。

（四）租赁期届满时的会计处理

租赁期届满时，出租人进行会计处理应当区别以下情况：

1.收回租赁资产

在收回租赁资产时，通常有可能出现以下四种情况，具体的会计处理方式为：

（1）存在担保余值，不存在未担保余值。出租人收到承租人返还的租赁资产时，借记"融资租赁资产"科目，贷记"长期应收款"科目。如果收回租赁资产的价值低于担保余值，则应向承租人收取价值损失补偿金，借记"其他应收款"科目，贷记"营业外收入"科目。

（2）存在担保余值，同时存在未担保余值。出租人收到承租人返还的租赁资产时，借记"融资租赁资产"科目，贷记"长期应收款""未担保余值"等科目。

如果收回租赁资产的价值扣除未担保余值后的余额低于担保余值，则应向承租人收取价值损失补偿金，借记"其他应收款"科目，贷记"营业外收入"科目。

（3）存在未担保余值，不存在担保余值。出租人收到承租人返还的租赁资产时，借记"融资租赁资产"科目，贷记"未担保余值"科目。

（4）担保余值和未担保余值均不存在。此时，出租人无须做会计处理，只须做相应的备查登记。

2. 优惠续租租赁资产

如果承租人选择优惠续租租赁资产，则出租人应视同该项目一直存在而做出相应会计处理。如果承租人未续租，则按收回租赁资产处理。

3. 留购租赁资产

租赁期届满时，承租人行使了优惠购买选择权，出租人按收到的承租人支付的购买资产的价款，借记"银行存款"等科目，贷记"长期应收款"科目。如果还存在未担保余值，还应借记"营业外支出"科目，贷记"未担保余值"科目。

例：2019年1月1日，乙航空公司向甲租赁公司融资租赁1架

A330–243 飞机，该飞机剩余使用年限 16 年，账面剩余与市场售价一致，为 8 200 万美元。合同约定，租赁期为 15 年，租金为 80 万美元 / 月，按月支付。租赁期届满，乙航空公司可以 20 万美元购买该架飞机。

甲租赁公司（出租人）账务处理如下：

出租资产时

借：长期应收款　　　　　　8 200 万美元

　　贷：固定资产　　　　　8 200 万美元

每期收到租金时

借：银行存款　　　　　　　80 万美元

　　贷：长期应收款　　　　80 万美元

同时确认租赁收益，根据固定的周期性利率计算每期分摊的租赁收益，租赁资产的账面价值为最低租赁收款额的折现值，由此可计算年分摊率为 7.38%。

第 1 月应确认租赁收益

8 200 万美元 ×7.38%÷12 ＝ 50.43 万美元

应收本金减少金额＝ 80 万美元 –50.43 万美元＝ 29.57 万美元

剩余本金金额＝ 8 200 万美元 –29.57 万美元＝ 8 170.43 万美元

第 2 月应确认租赁收益

8 170.43 万美元 ×7.38%÷12 ＝ 50.25 万美元

应收本金减少金额＝ 80 万美元 –50.25 万美元＝ 29.75 万美元

剩余本金金额＝ 8 170.43 万美元 –29.75 万美元＝ 8 140.68 万美元

（第 3 月到第 179 月租赁收益计算过程略）。

第 1 月分录为

借：长期应收款　　　　　50.43 万美元

　　贷：主营业务收入　　　　50.43 万美元

第 2 月分录为

借：长期应收款　　　　　50.25 万美元

　　贷：主营业务收入　　　　50.25 万美元

（第 3 月到第 179 月略）

租赁期届满时，乙航空公司购买飞机，相关会计分录为

借：银行存款　　　　　　20 万美元

　　贷：长期应收款　　　　　20 万美元

（五）相关会计信息的披露

出租人应当在附注中披露与融资租赁有关的下列信息：

（1）销售损益、租赁投资净额的融资收益及与未纳入租赁投资净额的可变租赁付款额相关的收入。

（2）资产负债表日后连续五个会计年度每年将收到的未折现租赁收款额及以后年度将收到的未折现租赁收款额总额。

（3）未折现租赁收款额与租赁投资净额的调节表。

二、经营租赁中飞机出租人的会计业务

经营租赁在国际飞机租赁市场是一种普遍的租赁方式，对出租人而言，在经营租赁下，对经营租赁出租的飞机资产，仍应按自有资产的处理方法，将飞机资产反映在资产负债表上。在出租人经营租赁会计处理中，主要问题是解决各期应收的租金与确认当期收入之间的关系，以及飞机资产各期折旧的计提。

（一）租赁收入的确认

出租人在经营租赁下收取的租金应当在租赁期内的各个期间按

照直线法确认为收入，如果其他方法更合理，也可以采用其他方法。

出租人可能对经营租赁提供免租期、承担承租人某些费用等激励措施。在出租人提供了免租期的情况下，应将租金总额在不扣除免租期的整个租赁期内，按直线法或其他合理方法进行分配，免租期内应确认收入；在出租人承担了承租人的某些费用的情况下，应将该费用从租金收入总额中扣除，并将租金收入余额在租赁期内进行分配。

会计处理为：确认各期租金收入时，借记"应收账款"或"其他应收款"等科目，贷记"主营业务收入"科目。收到租金时，借记"银行存款"等科目，贷记"应收账款"或"其他应收款"等科目。

（二）租赁成本的确认

出租人出租的飞机资产仍然在资产负债表固定资产科目列示，应当按照会计准则制定的折旧政策计提折旧。新的会计准则对折旧年限不再做出具体规定，税法规定飞机资产最低折旧年限为不低于10年，在实务中可以参照各航空公司的折旧政策，飞机资产的折旧年限一般为25年，残值率一般为10%~15%。会计处理为：借记"主营业务成本"科目，贷记"累计折旧"科目。

例：2019年1月1日，甲租赁公司向空中客车公司购买1架A350–900飞机，购买价款14 000万美元，经营租赁给乙航空公司使用。飞机产权归甲租赁公司所有。飞机租金为100万美元/月，租金按月支付，经营租赁期为12年。假设该飞机使用年限为25年，残值率为15%。

甲租赁公司（出租人）账务处理如下：

取得资产时

借：固定资产　　　　　　　14 000 万美元

　　贷：银行存款　　　　　　14 000 万美元

每期确认租金收入时

借：应收账款　　　　　　　100 万美元

　　贷：主营业务收入　　　　100 万美元

每期确认成本时

借：主营业务成本　　　　　40 万美元

　　贷：固定资产——累计折旧　40 万美元

每期收到租金时

借：银行存款　　　　　　　100 万美元

　　贷：应收账款　　　　　　100 万美元

（三）相关会计信息的披露

出租人应当在附注中披露与经营租赁有关的下列信息：

（1）租赁收入，并单独披露与未计入租赁收款额的可变租赁付款额相关的收入。

（2）将经营租赁固定资产与出租人持有自用的固定资产分开，并按经营租赁固定资产的类别提供《企业会计准则第 4 号——固定资产》要求披露的信息。

（3）资产负债表日后连续五个会计年度每年将收到的未折现租赁收款额，以及剩余年度将收到的未折现租赁收款额总额。

三、售后租回①交易出租人的会计业务

对于售后租回交易，出租人也应按照租赁的分类标准，将售后

① "售后租回"与"售后回租"含义相同，为与《企业会计准则第 21 号——租赁》中的表述一致，本章涉及的会计相关内容均表述为"售后租回"。

租回交易认定为融资租赁或者经营租赁。对出租人而言，售后租回交易同一般的融资租赁或者经营租赁业务的会计处理相同。根据租赁分类标准，如果售后租回交易被认定为经营租赁，则参照经营租赁出租人的会计处理，如果售后租回交易被认定为融资租赁，则参照融资租赁出租人的会计处理。

在披露方面，出租人应当根据所认定的租赁类型，参照经营租赁或者融资租赁信息披露的要求进行披露。此外，还应对售后租回合同中的特殊条款做出披露，主要指合同中区别于一般租赁业务的条款，比如售后租回合同中租赁标的物的售价等。

例：2019 年 1 月 1 日，甲租赁公司向乙航空公司购买 1 架 A330–243 飞机，购买价格为 8 200 万美元，与航空公司账面价值一致，并在购机后将该架飞机租赁给乙航空公司使用，飞机产权归甲租赁公司所有。合同约定，租赁期为 15 年，租金为 80 万美元 / 月，按月支付。租赁期届满，乙航空公司可以 20 万美元购买该架飞机。假定该架飞机剩余折旧年限为 16 年。

甲租赁公司（出租人）账务处理如下：

取得资产时

借：固定资产　　　　　　8 200 万美元

　　贷：银行存款　　　　　8 200 万美元

出租资产时

借：长期应收款　　　　　8 200 万美元

　　贷：固定资产　　　　　8 200 万美元

每期收到租金时

借：银行存款　　　　　　80 万美元

　　贷：长期应收款　　　　80 万美元

同时确认租赁收益，根据固定的周期性利率计算每期分摊的租赁收益，租赁资产的账面价值为最低租赁收款额的折现值，由此可计算年分摊率为7.38%。

第1月应确认租赁收益

8 200万美元×7.38%÷12＝50.43万美元

应收本金减少金额＝80万美元–50.43万美元＝29.57万美元

剩余本金金额＝8 200万美元–29.57万美元＝8 170.43万美元

第2月应确认租赁收益

8 170.43万美元×7.38%÷12＝50.25万美元

应收本金减少金额＝80万美元–50.25万美元＝29.75万美元

剩余本金金额＝8 170.43万美元–29.75万美元＝8 140.68万美元

（第3月到第179月租赁收益计算过程略）。

第1月分录为

借：长期应收款　　　　　　50.43万美元

　　贷：主营业务收入　　　　50.43万美元

第2月分录为

借：长期应收款　　　　　　50.25万美元

　　贷：主营业务收入　　　　50.25万美元

（第3月到第179月略）

租赁期届满时，乙航空公司购买飞机，相关会计分录为

借：银行存款　　　　　　　20万美元

　　贷：长期应收款　　　　　20万美元

第三节　飞机租赁中承租人的会计业务

一、承租人的会计业务

（一）使用权资产的确定

在租赁期开始日，承租人应当对除短期租赁和低价值资产租赁外的租赁确认使用权资产和租赁负债。使用权资产应当按照成本进行初始计量。其账务处理为：按租赁负债的初始计量金额，租赁期开始日或之前支付的租赁付款额，初始直接费用，拆卸、移除、复原租赁资产所在场地或将租赁资产恢复至租赁条款约定状态预计将发生的成本之和，扣除租赁激励相关金额，借记"使用权资产"；将收到的租赁激励款，借记"银行存款"或"其他应收款"；按租赁期开始日尚未支付的租赁付款额的现值，贷记"租赁负债"；按租赁期开始日前支付的租赁付款额，贷记"预付款项"；同时将租赁激励计入损益，贷记"营业成本"等科目；按初始直接费用支付金额，贷记"银行存款"或"应付账款"等科目；按拆卸、移除、复原租赁资产所在场地或将租赁资产恢复至租赁条款约定状态预计将发生的成本确认"预计负债"。

（二）租赁负债的会计处理

租赁负债应当按照租赁期开始日尚未支付的租赁付款额的现值进行初始计量。承租人在计算租赁付款额的现值时，应当采用租赁内含利率作为折现率；承租人无法确定租赁内含利率的，应当采用承租人增量借款利率作为折现率。取决于指数或比率的可变租赁付款额，应当根据租赁期开始日的指数或比率确定。

（三）初始直接费用的会计处理

初始直接费用是指为达成租赁所发生的增量成本。增量成本是指企业不取得该租赁，则不会发生的成本。承租人发生的初始直接费用通常有印花税、佣金、律师费、差旅费、谈判发生的费用等。承租人发生的初始直接费用应当予以资本化。其账务处理为：借记"租赁资产"，贷记"银行存款"等科目。

（四）租赁资产折旧的计提

1. 折旧政策

承租人应当参照《企业会计准则第4号——固定资产》有关折旧的规定，对使用权资产计提折旧。

2. 折旧期间

承租人如果能够合理确定租赁期届满时取得租赁资产所有权的，应以租赁开始日租赁资产的使用寿命作为折旧期间。

如果无法合理确定租赁期届满时能够取得租赁资产所有权的，应当以租赁期与租赁资产剩余使用寿命两者中时间更短的日期作为折旧期间。

（五）或有租金的会计处理

或有租金应当在实际发生时计入当期损益。由于或有租金的金额不确定，无法采用系统合理的方法对其进行分摊，因此在实际发生时，借记"财务费用""销售费用"等科目，贷记"银行存款"等科目。

（六）租赁期届满时的会计处理

租赁期届满时，承租人通常对租赁资产的处理有三种情况：

1. 返还租赁资产

（1）存在承租人担保余值。在这种情况下，借记"租赁负债""累计折旧"科目，贷记"使用权资产"科目。

（2）不存在承租人担保余值。在这种情况下，借记"累计折旧"

科目，贷记"使用权资产"科目。

2. 优惠续租租赁资产

如果承租人行使优惠续租选择权，则应视同该项租赁一直存在而做出相应的会计处理。如果期满没有续租，根据租赁合同要向出租人支付违约金时，借记"营业外支出"科目，贷记"银行存款"等科目。

3. 留购租赁资产

在承租人享有优惠购买选择权时，支付购价时，借记"租赁负债"科目，贷记"银行存款"等科目；同时，将固定资产从"使用权资产"明细科目转入有关其他明细科目，借记"固定资产——生产用固定资产"科目，贷记"使用权资产"科目。

为使读者更加直观地了解飞机租赁中的会计业务，这里仍采用本章第二节经营租赁的例子，从承租人的角度进行经营租赁的会计处理。2019 年 1 月 1 日，甲租赁公司经营租赁给乙航空公司 1 架 A350–900 飞机，租金为 100 万美元 / 月，租金按月支付，经营租赁期限为 12 年。由于航空公司无法获取出租人的租赁内含报酬率，以自身增量借款利率 7.5% 作为折现率。

租赁负债的初始确认价值：各月租金 100 万美元按照 7.5% 折现值为 9 476.64 万美元；

乙航空公司（承租人）账务处理如下：

取得租赁资产使用权时

借：使用权资产　　　　　　　　9 476.64 万美元

　　贷：租赁负债　　　　　　　9 476.64 万美元

每月支付租金时

借：租赁负债　　　　　　　　　100 万美元

贷：银行存款　　　　　　　100 万美元

每月计提折旧时

借：主营业务成本　　　　　65.81 万美元

　贷：使用权资产——累计折旧　65.81 万美元

同时确认租赁费用，根据固定的周期性利率计算每期分摊的租赁费用。

第 1 月应确认租赁费用

9 476.64 万美元 ×7.5%÷12=59.23 万美元

租赁负债减少金额 =100 万美元 –59.23 万美元 =40.77 万美元

剩余租赁负债金额 =9 476.64 万美元 – 40.77 万美元 =9 435.87 万美元

第 2 月应确认租赁费用

9 435.87 万美元 ×7.5%÷12=58.97 万美元

租赁负债减少金额 =100 万美元 –58.97 万美元 =41.03 万美元

剩余租赁负债金额 =9 435.87 万美元 – 41.03 万美元 =9 394.84 万美元

（第 3 月到第 143 月租赁费用计算过程略）。

第 1 月分录为

借：主营业务成本　　　　　59.23 万美元

　贷：租赁负债　　　　　　59.23 万美元

第 2 月分录为

借：主营业务成本　　　　　58.97 万美元

　贷：租赁负债　　　　　　58.97 万美元

（第 3 月到第 143 月租赁收益计算过程略）。

租赁期届满时，乙航空公司归还飞机，相关会计分录为

借：固定资产清理　　　　　　　　　0 万美元

　　使用权资产——累计折旧　　　9 476.64 万美元

贷：使用权资产　　　　　　　　9 476.64 万美元

（七）相关会计信息披露

承租人在财务报告中应披露的事项：

（1）各类使用权资产的期初余额、本期增加额、期末余额及累计折旧额和减值金额。

（2）租赁负债的利息费用。

（3）计入当期损益的短期租赁费用和低价值资产租赁费用。

（4）未纳入租赁负债计量的可变租赁付款额。

（5）转租使用权资产取得的收入。

（6）与租赁相关的总现金流出。

（7）售后租回交易产生的相关损益。

（8）其他按照《企业会计准则第 37 号——金融工具列报》应当披露的有关租赁负债的信息。

承租人对短期租赁和低价值资产租赁进行简化处理的，应当披露这一事实。

承租人应当根据理解财务报表的需要，披露有关租赁活动的其他定性和定量信息。此类信息包括：

（1）租赁活动的性质。

（2）未纳入租赁负债计量的未来潜在现金流出。

（3）租赁导致的限制或承诺。

（4）售后租回交易。

（5）其他相关信息。

二、承租人对短期租赁及低价值资产租赁的会计业务

对于短期租赁和低价值资产租赁，承租人可以选择不确认使用权资产和租赁负债。

做出该选择的，承租人应当将短期租赁和低价值资产租赁的租赁付款额，在租赁期内各个期间按照直线法或其他系统合理的方法计入相关资产成本或当期损益。其他系统合理的方法能够更好地反映承租人的受益模式的，承租人应当采用该方法。

承租人应用短期租赁和低价值资产租赁进行简化处理的，应当在财务报告中进行相应披露。

三、售后租回中承租人的会计业务

(一) 资产转让

与出租人（承租人）签订协议，将自有固定资产（须是使用过的）出售给购买人（出租人），承租人和出租人应当按照《企业会计准则第 14 号——收入》的规定，评估确定售后租回交易中的资产转让是否属于销售。

1. 售后租回交易中的资产转让属于销售

售后租回交易中的资产转让属于销售的，承租人应当按原资产账面价值中与租回获得的使用权有关的部分，计量售后租回形成的使用权资产，并仅就转让至出租人的权利确认相关利得或损失；出租人应当根据其他适用的企业会计准则对资产购买进行会计处理，并对资产出租进行会计处理。

如果销售对价的公允价值与资产的公允价值不同，或者出租人未按市场价格收取租金，则企业应当将销售对价低于市场价格的款项作为预付租金进行会计处理，将高于市场价格的款项作为出租人

向承租人提供的额外融资进行会计处理；同时，承租人按照公允价值调整相关销售利得或损失，出租人按市场价格调整租金收入。

在进行上述调整时，企业应当基于以下两者中更易于确定的项目：销售对价的公允价值与资产公允价值之间的差额、租赁合同中付款额的现值与按租赁市价计算的付款额现值之间的差额。

2. 售后租回交易中的资产转让不属于销售

售后租回交易中的资产转让不属于销售的，承租人应当继续确认被转让资产，同时确认一项与转让收入等额的金融负债，并按照《企业会计准则第 22 号——金融工具确认和计量》对该金融负债进行会计处理；出租人不确认被转让资产，但应当确认一项与转让收入等额的金融资产，并按照《企业会计准则第 22 号——金融工具确认和计量》对该金融资产进行会计处理。

（二）租回资产

1. 租回资产形成一项使用权资产

（1）资产租回时，承租人按原资产账面价值中与所保留使用权有关的部分，计量售后租回所形成的使用权资产；租赁付款额的现值（折现率顺序依次为：租赁内含利率、承租人增量借款利率）较低者作为资产入账价值，借记"使用权资产"科目，贷记"租赁负债"科目。

（2）租回以后各期的会计处理如下：

①支付租金时，借记"租赁负债"科目，贷记"银行存款"科目。

②分摊融资费用，借记"财务费用"科目，贷记"租赁负债"科目。

③计提折旧——承租人计提折旧，分两种情况：

一是合同约定期末将租赁标的物所有权转移，承租人按正常使用年限计提折旧，借记"营业费用"（服务性企业）、"管理费用"等科目，贷记"累计折旧"（折旧基金）科目。

二是合同签订时不能合理确定期末将租赁标的物所有权转移，承租人按租期与正常使用年限较短计提折旧（一般按租期计提折旧），借记"管理费用"等科目，贷记"累计折旧"科目。

（3）租赁期满时，承租人取得租赁标的物所有权，分两种情况：

①承租人按正常使用年限折旧，资产账面净值与资产实际价值应大体一致，承租人不需要调账，以名义货价取得所有权，借记"租赁负债"科目，贷记"银行存款"科目，将名义货价确认为当期费用，借记"财务费用"科目，贷记"租赁负债"科目；同时将"使用权资产"转为"自有固定资产"明细科目。

②承租人按租期折旧，资产账面净值（几乎为0）与资产实际价值相差悬殊，承租人以清产核资的名义可对资产价值进行评估，以评估值入账。

以名义货价取得所有权，借记"租赁负债"科目，贷记"银行存款"科目，将名义货价确认为当期费用，借记"财务费用"科目，贷记"租赁负债"科目。

以清产核资的评估值入账，借记"固定资产"科目，贷记"资本公积"科目。

为使读者更加直观地了解飞机租赁中的会计业务，这里仍采用本章第二节售后租回交易给出的会计业务例子，从承租人的角度进行会计处理。即2019年1月1日，甲租赁公司向乙航空公司购买1架A330-243飞机，购买价格为8 200万美元，与航空公司账面价值一致，并在购机后将该架飞机租赁给乙航空公司使用。合同约定，

租赁期为 15 年，租金为 80 万美元 / 月，按月支付。租赁期届满，乙
航空公司可以 20 万美元购买该架飞机。假定该架飞机剩余折旧年限
为 16 年。

乙航空股份公司（承租人）账务处理如下：

出售飞机时

做固定资产清理分录

借：固定资产清理　　　　　　8 200 万美元

　　贷：固定资产　　　　　　8 200 万美元

收到出售飞机款项时

借：银行存款等　　　　　　　8 200 万美元

　　贷：固定资产清理　　　　8 200 万美元

租回资产时

借：使用权资产　　　　　　　8 200 万美元

　　贷：租赁负债　　　　　　8 200 万美元

每期支付租金时：

借：租赁负债　　　　　　　　80 万美元

　　贷：银行存款等　　　　　80 万美元

根据固定的周期性利率计算每期分摊租赁费用，租赁资产的入
账价值为最低租赁付款额的折现值，由此可计算融资费用年分摊率
为 7.38%。

第一月应确认融资费用为

8 200 万美元 ×7.38%÷12 = 50.43 万美元

应付本金减少金额 = 80 万美元 –50.43 万美元 = 29.57 万美元

剩余本金金额 = 8 200 万美元 –29.57 万美元 = 8 170.43 万美元

第二月应确认融资费用为

8 170.43 万美元 × 7.38% ÷ 12 = 50.25 万美元

应付本金减少金额 = 80 万美元 –50.25 万美元 = 29.75 万美元

剩余本金金额 = 8 170.43 万美元 –29.75 万美元 = 8 140.68 万美元

（第 3 月到第 179 月融资费用计算过程略）。

每期所分摊的融资费用计入财务费用，分录为：

第 1 月

借：财务费用　　　　　50.43 万美元

　贷：租赁负债　　　　50.43 万美元

第 2 月

借：财务费用　　　　　50.25 万美元

　贷：租赁负债　　　　50.25 万美元

（第 3 月到第 179 月略）

售后租回的飞机应当计提折旧，本例中可合理确定，租赁期届满时乙航空公司将取得租赁飞机资产的所有权，因此折旧期限可按剩余折旧年限 16 年计算，计算方法与自有其他飞机资产一致，此处不再赘述。

租赁期届满时，乙航空公司购买飞机，相关会计分录为

借：租赁负债　　　　　20 万美元

　贷：银行存款　　　　20 万美元

同时将固定资产明细从"租赁资产"明细科目转入有关明细科目。

第七章

飞机租赁风险与控制

租赁风险，是指以一定概率为计算基础，可能会发生的影响租赁事件顺利完成的事件。在办理租赁业务的过程中，无论是出租人还是承租人，从租赁合同的签订、执行到租赁合同的结束，都可能面临影响租赁业务正常进行的各种因素或事件，这些因素或事件，因具有不确定性，就会成为风险。租赁业务一次性投资额大、周期长，飞机租赁又是一个非常专业的领域，不仅表现为租赁流程复杂，而且涉及金额很大，时间很长，因此，在业务操作过程中面临着更为复杂的风险因素，必须进行科学、有效的控制，防范可能发生的风险。

第一节　飞机租赁出租人面临的风险因素及风险控制

一、飞机出租人面临的风险因素

（一）经营风险

经营风险指因公司的决策人员、管理人员、业务人员在经营管理中出现失误而导致公司遭受损失或导致未来收益下降和成本增加的风险。出租人面临的经营风险主要包括以下几个方面。

（1）客户基础资料不全，申请材料缺失，造成未来管理项目损失。

（2）项目为开展现场调研并核实客户基础资料，造成客户、项目资料虚假，造成重大差错或欺诈风险损失。

（3）租赁业务未按照公司规定流程审批，违反公司审批制度，造成公司损失。

（4）承租人合同签署人无权或无授权，导致合同无效。

（5）未及时跟踪承租人租后经营情况，承租人经营情况恶化或出现预期违约的情况，未及时采取措施。

（6）承租人违约，未及时启动违约处置流程，未及时开展相应法律工作。

（二）资金风险

资金风险是指因公司在操作项目时资金在循环过程中，由于各种难以预料或无法控制的因素作用，使资金链紧张或断裂，或者资金收支不匹配造成公司运转不畅，甚至破产倒闭。出租人面临的资金风险主要包括以下两个方面。

（1）在设计项目结构时，未经过资金计划部门审批，造成项目现金流设计与公司整体资金平衡不匹配。

（2）项目现金流方案出现重大差错，导致融资和租金严重不匹配，增加公司运营成本或减少项目收益。

（三）资产风险

资产风险主要是因飞机价值评估出现偏差或租赁物遭到损失、损毁，造成项目执行出现偏差，造成公司损失，出租人面临的资产风险主要包括以下两个方面。

（1）飞机价值未经过评估，或未提交评估报告，造成飞机购买价格偏离其市场价值。

（2）起租后的飞机没有及时进行跟踪检查，导致如保险过期、意外事件损失、人为损坏等。

（四）信用风险

信用风险主要是因承租人或租赁担保人未能履行约定合同中的义务而造成经济损失的风险。出租人面临的信用风险主要包括以下两个方面：

（1）项目风险评估阶段，对承租人或租赁担保人信用资质或偿债能力评估不足，造成了合同履行出现重大损失。

（2）在项目租后跟踪管理阶段，未及时对承租人或租赁担保人进行经营管理、财务分析及其他履约能力分析，对于可能出现的重大信用风险事件未能及时预警并制订处置方案。

（五）法律风险

法律风险是指由于出租人外部的法律环境发生变化，或由于包括出租人操作的租赁项目未按照法律规定或合同约定有效行使权利、履行义务，而对出租人造成的负面法律后果的可能性。

二、飞机出租人风险控制

（一）飞机出租人风险项目评估指标

飞机出租人控制租赁风险时，要对风险项目进行评估，其中租赁项目风险评估汇总如表 7–1 所示，其中涉及的对航空公司信用、飞机机型评分分别如表 7–2、表 7–3 所示。

表 7-1　航空租赁项目风险评估汇总

序号	一级指标	二级指标
1	航空行业风险	产业政策
		信贷政策
		客座率水平
		载运率水平
		飞机订单数量
		旅客周转量
		货物周转量
		航油价格
2	地区风险	欧洲
		北美洲
		南美洲
		大洋洲
		非洲
		亚洲
3	国家风险	信用等级（AAA、AA 等）
4	公司排名	国际航空运输协会（IATA）最新排名
5	航空公司	详见表 7-2
6	机型评级	详见表 7-3
7	飞机资产	出厂日期
		使用年限
		累计飞行小时
		上一次 C 检后累计飞行小时
		上一次 A 检后累计飞行小时
		起落架检查情况
		发动机检查情况
		记载设备情况
		飞机评估价值与融资额比率

表 7-2　航空公司信用评分指标体系

一级指标	二级指标	三级指标	分数
绝对指标	全球排名（IATA）		
	总资产	—	
	净资产	—	
	销售收入	—	
	营业利润	—	
	航线数量	—	
	机队数量	—	
	机队平均机龄	—	
	飞行员数量	—	
	客运公里数	—	
	货运公里数	—	
	EBIT	—	
	EBITDA	—	
	座公里收益		
	小时收益		
相对指标	偿债能力	资产负债率	
		速动比率	
		经营活动现金净流量与流动负债比例	
		或有负债（对外担保）比率	
	经营能力	主营业务收入现金率	
		总资产周转率	
	经济效益	销售利润率	
		净资产收益率	

一级指标	二级指标	三级指标	分数
相对指标	发展能力	销售利润率	
		净利润增长率	
		净资产增长率	
	其他能力	租赁飞机/机队数量	
		国际航线/航线总数	
定性指标	管理水平	经营管理水平	
		股东背景	
		管理者行业经验	
		财务报表质量	
	市场竞争力	行业地位	
		营运线路稀缺性	
	信用状况	融资能力	
		贷款利息偿还记录	
		到期贷款偿还记录	
		税务记录	
		重大经济纠纷案件	
		重大飞行安全事故	
		我公司业务合作记录	

表 7-3 主要民用航空机型评分模型

序号	制造商	主要机型	分数
1	庞巴迪	CRJ900	
2	巴西航空工业公司（EMBRAER）	ERJ145	
3		ERJ170	
4		ERJ190	
5		E190E2	

（续表）

序号	制造商	主要机型	分数
6	空客	A319	
7		A320	
8		A321	
9		A330–200	
10		A330–300	
11		A340	
12		A350	
13		A380	
14		A320neo	
15	波音	B737–700	
16		B737–800	
17		B737–900	
18		B747–400	
19		B747–8	
20		B767–300	
21		B777–200	
22		B777–300ER	
23		B787–8	
24		B787–9	
25		B737MAX8	

（二）出租人控制风险流程

1. 项目准备阶段

项目准备阶段是指从客户提出项目需求到业务部正式提出风险审批之前的期间，业务部门对项目准备阶段的监督管理负直接管理责任。具体的操作方式为：

（1）业务部在收到客户提出的项目需求后，按照业务类型和实际情况成立项目小组。项目小组设组长一名，项目联系人一名，组员若干名，项目小组各成员之间应分工明确，相互协作，共同推进项目。

（2）飞机租赁项目投标需要经过资金计划部、市场技术部、财务部、风险管理部进行审核，同意后方可呈报公司领导进行投标。投标项目需要符合公司战略定位和机型选择。

（3）项目小组负责收集项目信息，对客户认真开展尽职调查，保证项目信息的真实性、完整性，确保项目具有可操作性。在尽职调查结束后，按照公司《租赁项目风险审批指引》准备风险评审材料，同时提交《项目可行性研究报告》。具体材料如表7–4所示。

表7–4　飞机租赁项目小组项目信息资料

序号	资料名称	
1	承租人／担保人基础资料	（1）承租人及担保人法人营业执照、机构信用代码证等基础证照加盖公章； （2）法定代表人或负责人身份证明及授权委托人委托书（原件）、受托人身份证复印件，加盖公章； （3）公司章程或企业组织文件，加盖公章； （4）财政部门核准或会计（审计）事务所审计的近三个年度财务报告和审计报告及最近的报表。成立不足三年的企业，提交自成立以来的年度和近期报表
2	境外承租人需提供具有法律效力的公司注册证书，其他相关资料需有效签字	
3	项目可研报告、现金流测算表	
4	租赁相关合同草稿，如租赁合同、担保合同、保险合同、贷款合同、抵押合同等合同	
5	项目承包合同或产品销售合同	

（续表）

序号	资料名称
6	飞机标的相关材料，如：产权证明、进口批文、合同、飞机检查单等
7	风管委评审会陈述 PPT
8	风管委要求提供的其他材料

（4）财务部、资金计划部、市场技术部、风险管理部要提前参与项目，并对资金风险、财税风险、资产风险、信用风险、法律风险做出审核。

2. 项目风险评估阶段

项目审批阶段是指项目小组在完成项目准备以后，按照租赁公司规定的评估程序进行报批，并召开项目风险评审会，项目评估阶段的风险控制操作方式如下：

（1）业务部。租赁公司业务部在完成项目谈判及项目结构设计后，项目资料准备完成，根据公司租赁项目审批规定进行风险评审报批。项目小组应当向风险管理部提交完整的项目材料。

（2）资金计划部。作为项目资金风险直接责任部门，按照公司资金需求规划负责对项目的融资计划、租金计划涉及的融资风险、租金风险、利率及汇率风险提出审批意见，并提交《项目资金风险分析报告》。

（3）市场技术部。作为项目租赁物风险直接责任部门，对项目的租赁标的物的采购、技术环节、市场价值、资产检查等环节提出审批意见，并提交《项目租赁物风险分析报告》。

（4）财务部。作为项目财税风险直接责任部门，对项目的财务处理、税收缴纳及税收返还等方面提出审批意见，并提交《财务税收风险分析报告》。

（5）风险管理部。作为项目风险的综合管理部门，汇总并审核其他各部门的风险报告，并对项目展开材料审核、现场调研、风险评估和风险调研，并组织风险技术管理委员会召开项目风险评审会，风险管理部应向公司风险技术管理委员会提交《项目风险评估报告》和《风险技术管理委员会项目评审会会议纪要》。对于没有《项目风险评估报告》的项目不能安排公司风险技术管理委员会项目评审会。

（6）风险技术管理委员会依据风险管理部提交的风险评估报告，经过充分讨论并投票对项目进行表决。

3. 业务及合同审批阶段

业务及合同审批阶段的租赁风险控制方式为：

（1）项目合同起草由业务部负责牵头，由租赁公司风险管理部或长期合作的外聘律师起草合同，合同草稿经公司风险管理部审核无误后，可会同项目审批呈报合同审批公文报公司领导批准。

（2）在项目通过风险评估阶段以后，获得租赁公司管理层批准后方能对外签署合同。

4. 合同签署阶段

项目签署阶段是指项目公文经公司决策层领导审批同意后，签署正式租赁合同，并下款起租阶段。在此阶段的风险控制方式为：

（1）风险管理部监督检查项目实施前各关键环节控制措施的落实情况，如租赁物产权办理、担保、抵押、质押、保险等相关手续，确保审批前提条件落实。

（2）业务部必须认真核实合同签约方授权人及公章的有效性，使用公司印鉴需提交印鉴申请单。

（3）在签署纸质合同时，业务部应将其交付风险管理部，与公文审批合同文本逐一核对，完全一致后，由风险管理部确认方能盖章。

（4）签字盖章的合同文本必须经过风险管理部核对，若未经核对，项目签字盖章的直接责任部门有权利拒绝为其盖章。

（5）在项目所有合同签署完成之后方可下款起租。业务部应当向资金计划部提出资金支付申请，同时应确认所有风险控制条件得到有效落实。

（6）资金计划部、财务部对资金支付申请进行审核，并形成资金调令。

（7）风险管理部要核实项目风控条件落实情况，在条件完全有效落实后方可同意进行资金支付。

（8）在向承租人、供应商等下款前，对外支付款项必须经风险管理部、财务部、资金计划部会签，然后报公司领导审批。

5. 项目跟踪阶段

租赁项目完成合同签署后，为控制可能发生的风险，应进行项目跟踪，具体操作方式为：

（1）一般在项目正式起租后 1 个月内，由业务部组织项目移交工作，成立项目移交小组，小组由风险管理部、资金计划部、市场技术部、财务部共同组成，各部门按照各自风险职责对接客户，完成项目由前台业务部门向后台管理部门的转移。

（2）项目组移交项目档案应当完整及时，主要包括以下资料：

①全套租赁相关合同，合同要素完整。

②承租人 / 担保人基础证照、财务报表、章程及其他文件。

③项目审批公文。

④可研报告及现金流测算（项目负责人签字）。

（3）业务部项目联系人应对项目运行情况，包括交易对手、担保方的经营管理状况、财务状况，项目进展情况等进行适时跟踪管理，并将获取的资料提交风险管理部，以分析对项目正常履约的影响程度。

（4）资金计划部对涉及资金监管项目，负责根据相关合同约定，按时偿还项目贷款，及时催收租金，并按照账户监管协议监管客户资金使用情况。若租金出现拖欠，则要进行租金催收，若拖欠时间超过15天，则需组织催收小组专门负责租金催收事宜。

（5）市场技术部负责对租赁物的使用情况进行跟踪监管，定期对租赁物开展资产检查，并根据市场情况及时评估资产价值，并对可能发生的风险事件及时预警。

（6）财务部应当遵照国家法律法规进行项目会计处理，并积极进行纳税筹划，跟踪项目财税执行情况，提交项目财税跟踪报告。

（7）风险管理部负责对项目执行过程期间的信用风险、各关键环节、履约事项及风险控制措施落实情况进行监督管理。

（8）风险管理部根据拟定的项目过程管理方案，在项目运行过程中采取包括现场检查、询证、分析性复核等多种方式对项目进行监控；并根据项目具体的执行内容、风险点及风险防范措施，确定项目过程管理的要点及监管方式。对项目执行过程中发现的风险事项，风险管理部应及时组织风险事件处理小组，制订风险处置方案，向风险技术管理委员会报告，并报公司决策层审批。

6. 项目结束阶段

项目执行完毕后，要对项目进行清算，具体的方式为：

（1）在项目执行完毕后若干个工作日内，业务部项目联系人应撰写项目终结报告，对项目安全性、效益性等内容做出综合评价，并向风险管理部及公司领导报告。

（2）资金计划部、财务部、市场技术部等部门要协助业务部办理监管账户销户、租赁物产权转移等业务，妥善处理项目结束事宜，并就各部门负责的事务向风险管理部提交项目清算报告。

（3）风险管理部应监督各部门对项目进行清算，并汇总项目清算报告，形成总结报告。

第二节　飞机租赁承租人面临的风险因素及风险控制

一、飞机租赁承租人面临的风险因素

作为承租人的航空公司面临的飞机租赁风险来源于许多不确定性的因素，是多方面并且互相关联的。任何一种风险若不加防范，其负面效应会影响整个航空公司的正常运作。

（一）市场风险

航空公司发展面临的外部风险，即整个航空业的竞争环境和与航空业密切相关的航油市场，在此归结为市场风险。造成风险的原因主要包括航空公司违背市场经济规律或由于自身失误所遭受的惩罚，主要指经济利益的减少或损失，或是由于与航空业相关的行业动态对航空业造成的经济损失，如飞机的燃料及零备件价格上涨、空运市场需求大幅度降低等原因，从而使航空公司支付租金发生困难。其风险事件是航空公司的市场行为或经营事项所引发的不确定事故。随着市场需求的增加，价格竞争又会开始，市场竞争将更加激烈。

（二）金融风险

1. 汇率风险

汇率风险又称外汇风险，是指由于汇率变动使航空公司以外币表示的债权或债务的价值发生变动，从而使航空公司蒙受经济损失或丧失期待利益的可能性。即由于汇率变动，导致航空公司计算的外债资金使用和偿还金额发生较大差异。主要表现为外币汇率变动带来的外币汇率风险和本币贬值产生的本币汇率风险。

航空业是需要精细计算的行业，因为每一位小数点后的波动就有可能改变成本与收益之间的平衡点。目前，在人民币升值的情况下，航空公司财务费用减少，汇兑收益成为利润的重要来源，但是从长期发展来看，人民币和美元将会呈现双向波动的趋势，如果人民币对美元汇率稍微出现逆向发展的趋势，则拥有大量美元外债的航空公司则需要谨慎应对。

2. 利率风险

利率风险是各类金融风险中最基本的风险，利率作为资金的价格，其变动自然会对航空公司的收益产生影响。航空公司面临的利率风险，是指利率水平的变化使航空公司在融资租赁飞机时带来的可能损失。由于利率是经济生活中最活跃、最敏感的变量之一，同时利率风险的覆盖范围也很广，无论是系统风险还是非系统风险，都含有利率风险因素。公司在进行飞机租赁项目决策时，对未来租金进行利率贴现而求出租金现值，通过与购买飞机的成本（减去期末残值）进行对比来做出决策，租金的现值至少应该等于设备的成本。然而作为贴现率的当时市场流行的利率是经常变化的，当市场利率有实质性下降时，经过市场利率贴现的租金现值可能大于设备的成本，从而使航空公司蒙受经济损失，因此航空公司也应特别关注利率变动带来的风险。

（三）经营管理风险

飞机租赁涉及的专业领域强，资金数额大，航空公司内部如果缺乏风险管理意识、严格的风险控制制度及经验丰富的专业人才，则很容易形成经营管理风险。

（四）税务风险

承租人如果采用经营租赁或直接融资租赁的方式，那么一般要按照租金的 13% 承担增值税。另外，若出租人为境外的租赁公司，承租人还需代扣代缴预提所得税（租金的 5%~10%）。

（五）合同风险

1.违约责任风险

按照融资租赁合同，承租人的义务主要体现为对合同租金的按时缴纳。按目前飞机租赁的国际通行惯例来看，租金都是按月计算和支付的，而且由于租金总和是对于飞机购买价款的分期偿付，所以月租金相对较高。这就客观上要求航空公司的现金流量必须保持相对稳定的水平，因为一旦某一个时段航空公司资金紧张、无力支付就要承担相应的违约责任。而融资租赁合同的违约责任对于承租人来说往往是比较苛刻的。根据《渥太华公约》《开普敦公约》及中国法律的规定，在承租人没有按照约定支付租金的情况下，出租人可以要求其支付欠缴的租金、利息及损害赔偿金。如果承租人不能在合理时间内及时补救或有其他严重违约的情形，出租人还可以选择让承租人支付全部未到期租金或者终止协议、收回飞机。这些违约救济的责任对财务状况已经吃紧的航空公司来说更是雪上加霜，而收回飞机的行为也往往给航空公司带来致命性的打击。

2.不可解约风险

航空公司承担的另外一项主要合同风险在于不能中途解约。由交易的法律结构所决定，融资租赁合同是一项全额清偿、不可撤销的合同。租赁的飞机是承租人（航空公司）根据其自身经营需要而选定的，因此航空公司不能以退还飞机为条件而提前终止合同。如果允许承租人中途解约，对于出租人来讲也是不公平的。所以航空公司履行合同的义务是绝对的和无条件的，即使在制造商没有按时交付合格的飞机或者在租赁期内飞机型号过时已不能满足运力需要等情况下，航空公司也不能通过解除合同而免除租金支付义务。

（六）残值风险

融资租赁合同周期长、不能中途解约等特点决定了航空公司以融资租赁形式引进飞机欠缺灵活性，在合同期内不能根据运营实际需要来调整和更换机型，也不能退回飞机，同时还要承担租期结束时过高估计飞机残值、旧飞机市场疲软、飞机的技术性能过时等残值风险。

二、飞机承租人的风险控制

（一）飞机承租人风险项目评估指标

飞机承租人控制租赁风险时，应考察的主要要素如表 7-5 所示。

表 7-5 飞机承租人租赁风险评估要素

一级风险因素	二级风险因素
市场风险	行业前景风险
	全国民用航空系统运量风险
	旅客构成变化带来的风险
	航空技术发展对航空运输前景带来的风险
金融风险	利率风险
	汇率风险
经营风险	负债率过高导致的财务风险 燃料、航材的价格风险 内部管理不善导致的风险

（续表）

一级风险因素	二级风险因素
税务风险	税法变革的风险
	税率改变的风险
合同风险	违约责任风险
	不可解约风险
残值风险	过高估计飞机残值的风险
	旧飞机市场疲软风险
	飞机的技术性能过时的风险

（二）飞机承租人风险控制流程

1. 构建租赁项目结构

科学的租赁项目结构包括租赁项目推荐、项目评估和审核、项目融资、项目运作、项目运作中的风险监控、项目退出的各个过程。明确飞机租赁业务相关各方的责任、权力、利益，形成风险共担、利益共沾、相互制约、共同发展的结构框架。

2. 选择租赁方式

在市场竞争日益激烈的今天，通过租赁飞机扩大运力成为航空公司发展的主要手段，因此，要合理制定筹资战略，选择更便于预测、管理的融资方式，用最佳的租赁方式引进飞机，有效化解租赁风险。

3. 选择租赁公司

由于飞机的租赁合同是由出租人和承租人两方当事人签订的，因此，要进行深入的市场调研，全面考虑出租人的信用状况，选择专业性强、实力强、信誉好的租赁公司。

4. 选择飞机机型

在市场竞争日益激烈，技术飞速发展的今天，客户需求日益多样化，对服务品质与体验也产生了更高的要求，因此，在选择机型时，必须充分考虑飞机的更新速度及环境因素影响，在此基础上合理引进不同机型的飞机，以便更好地满足经营需求。

5. 合理地设定租赁期限和确定租金

承租人需要正确地估计飞机的寿命，充分考虑租赁项目的经济效益和自身对租金的偿付能力等各项要素，通过选择合理的租金计算方法，正确计算租金。

6. 建立飞机融资项目预警机制

风险预警机制从动态上实现对飞机租赁风险的控制。其运行主要是通过设定风险预警指标和预警。风险预警指标分为财务预警定量指标和非财务指标，前者一般是按航空公司财务报表周期定期监测；非财务指标是指管理人员预警、租赁公司与企业关系预警、承租企业生产经营预警、体制变更预警等定性指标，一般是即时监测、随时更新。

7. 完善项目后续管理机制

在操作流程中，航空公司应建立责任机制，尽可能将工作具体化，将每项任务分解到个人，做到权责分明，工作有效衔接，有效防止互相推卸责任的风险。此外，飞机租赁合同应该规范化，所有的文件中的条款，都应符合我国现有的法律法规。在合同中应明确规定诉讼或仲裁的地点或机构，这些做法虽然不能避免风险，但是可以划分责任，保证法律损失补偿的措施顺利执行。

第八章

案例分析

为更好地介绍飞机租赁的实务，便于读者理解前面介绍的相关飞机租赁的业务流程和相关法律、保险、金融和财务知识，本章选择了不同类型的飞机租赁案例，进行详细分析。

案例一　经营租赁飞机

ABC 租赁公司为主流飞机租赁公司之一，新订购的若干 B737–800 飞机将陆续交付。DEF 航空公司处于健康发展之中，为构筑合理的航线网络，需要扩大机队，继续引进 B737–800 飞机。双方经平等友好协商，就租赁一架 B737–800 飞机事宜达成协议，飞机计划于 2015 年 7 月交付给 DEF 公司。租赁协议（简化版）后附，协议内容摘要、协议主要条款和磋商过程分析如下：

一、协议内容摘要

出租人：ABC Leasing Company（ABC 租赁公司）

承租人：DEF 航空公司

飞机：1 架全新 B737–800 飞机，序列号 MSN*****

发动机：CFM56-7B24

交付时间：2015 年 7 月

交付地点：美国西雅图波音公司

租期：8 年

租金：

（1）浮动租金，按月在期前支付，支付日为交付日及每月的该日。

（2）每三个月为一个租金调整期，从第 1 个租金支付日起，到第 4 个租金支付日前结束。

（3）每个租金调整期的前 5 天为租金额调整日。

（4）每个租金调整日对应一个租金调整系数。

（5）租金计算公式：$X = K + [(L-M) \times N] \div 0.0625\%$。

K = 租金基本额，在第一个租金支付日前 5 个工作日确定，为 25 万美元 ×（1+2015 年 1 月至交付日的厂家飞机价格浮动百分比）

L = 租金调整日的实际 Libor 利率

M = 0.04（租金的假设 Libor 利率）

N = 当期租金调整日的租金调整系数

保证金：每架飞机的保证金相当于 3 个月的租金

第 1 期：意向书签署后支付

第 2 期：22.05 万美元，合同签署 3 个工作日内支付

第 3 期：余额在飞机交付前支付

维修储备金：飞机退机时应支付出租人自前一次飞机大修起计算的维修储备金，按飞行小时循环比 1.6：1 计算，退机时维修储备金费率如下：

（1）机身：56 美元 / 飞行小时

（2）发动机：88 美元 / 飞行小时

（3）发动机 LLP：厂家目录价 ×110%× 循环 /100%

（4）APU：11 美元 /APU 小时

（5）起落架：9 美元 / 飞行循环

以上费率基于 2015 年 1 月美元，每年上调 2.5%。

保险：责任险 5 亿美元。

退机条件：退机前出租人将对飞机进行检查，退机时飞机应达到合同规定的安全标准和技术状态。

退机地点：双方协商同意的维修厂。

适用法律：英国法律。

二、协议主要条款和简要分析

（一）定义与释义

本条款明确涉及飞机租赁双方的所有术语的定义和解释，一般没有大的争议。

（二）飞机租赁

本条款明确本租赁协议所涉及的飞机租赁双方的意愿，规定了飞机交付的地点、时间、交付状态、前提条件及双方同意在飞机交付当天签署飞机接收文件。

本条款还规定了交付时承租人的接收人员参加飞机试飞的时间和试飞程序、技术检查地点、发现问题的处置办法和时间要求。

考虑到检查中可能发现飞机技术故障而导致飞机不能在约定的日期交付，本条款中还规定了新的交付日期的确定办法。

（三）租期、租金和付款

本条款规定租赁的期限、租金及支付方式。在飞机租赁实践中，一般租期越长，则租金越低；同时租期也应与未来的飞机机身或发动机大修时间相吻合。对承租人而言，租期应尽可能选择在完成机身或发动机大修时结束。针对 B737 飞机，业界通常采用的租期为 8 年或一个 D 检，以先到者为准。

租金的高低主要取决于国际市场的供求关系、出租人落实飞机机位的压力和紧迫性、承租人的实力和信誉及需求的紧迫性。不同的航空公司、不同的出租人，在同一时间针对相同的飞机的租赁条件有所不同，主要反映在租金上。

除规定租金及其支付条件之外，本条款还规定补充租金的计算方式和支付条件，在实际操作中可能还规定承租人未按上述支付要求完成支付而应承担的滞纳金及其计算方式，一般以天为单位累计计算，直至应付款项到账。

（四）保证金

本条款为保护出租人的利益而设定。在漫长的租期中，由于市场剧烈变化，承租人可能会陷入经营困难，无力支付租金甚至破产。为保护出租人的利益，合同一般规定承租人支付相当于数期租金的保证金，万一发生承租人无力支付租金、中途提出终止租赁、可能申请破产保护等情况时，可以减少出租人重新处置飞机可能蒙受的损失。

另外出租人也需要确保在租期结束时承租人能够使飞机达到约定的技术状况，如果在约定的退租时间飞机没有达到退租的技术状况，则出租人将有权扣留部分保证金，以弥补使飞机达到规定的技术状况可能发生的费用。

作为合同义务履行的保证形式，保证金可以使用现金，也可以约定使用银行信用证或银行担保，可根据出租人的要求及承租人的自身情况协商确定。国内多使用支付现金的方式，但银行信用证、银行担保的形式也正在逐渐得到采用。

本条款还规定了在租期结束后保证金的退还方式和退还时间。

（五）声明和保证

本条款规定，作为重大资产交易的双方，必须保证并声明各自均为合法注册经营的实体，本飞机租赁交易均得到各自公司管理机构的合法批准和授权，公司经营正常，不存在重大经营风险等。

（六）飞机的产权、注册和其他

本条款规定，在整个租期中，承租人对飞机（含机身、发动机、APU 及全部的部件）仅仅拥有使用权和占有权，而出租人拥有此外的一切权利和权益。同时规定在飞机交付当天承租人必须完成民航管理当局的注册，并将出租人登记为所有人和出租人。

（七）所有权

本条款规定，在不影响出租人／融资方的产权和所有权的前提下，经过承租人书面申请并经过出租人的书面许可，在整个租期中承租人可以把飞机"湿租"或转租第三方经营，但必须履行本合同所规定的一切责任和义务，遵守本合同所规定的运营、维修和维护方面的条件。

（八）赔偿

本条款规定，承租人应保证在整个租期中出租人免于受到由于本飞机租赁和承租人租赁本飞机经营而导致的任何损失，包括保险、税务、汇率等。

（九）损毁、损坏和征用的风险

本条款规定，承租人在整个租期中必须承担全部的飞机（含发动机、部件等）的损毁、损坏和征用的风险。

（十）保险

关于保险的内容前文有单独的论述，本章不再重复。

（十一）违约事件

本条款规定了在租期中如承租人出现以下行为，出租人即可宣布承租人违约，包括租金逾期3天以上，未能维持有效的飞机保险，未能按时退还飞机或按时接机，关于公司情况的声明和保证不实，进入破产、清算或类似程序，发生重大的司法处罚、停业，可能处置重大的资产等。

如出租人认定承租人违约，则有权根据自己的意愿采取下述全部或部分、个别的补救措施。

（十二）补救措施

本条款规定，租期中一旦发生承租人的违约事件且该事件持续存在，则出租人将宣布承租人违约并终止租赁协议，另外出租人无论是否收回飞机，均有权根据自己的意愿决定是否采取以下措施：（1）在出具书面文件的基础上收回（重新占有）飞机，费用由承租人负担；（2）终止租赁协议或强制执行，如通知承租人取消飞机注册并使飞机处于退机状态、把所有的有效的质量保证转移到出租人、取消飞机在民航当局的注册并使之处于承租人国家司法管辖范围之外；（3）扣留保证金或已经收到的款项；（4）承租人除支付全部应支付的款项外，还需负担出租人为纠正承租人所发生的违约行为所产生的全部费用；（5）将飞机出售或者重新出租。

（十三）租赁的转让

本条款规定，在整个租期中，出租人有权不经过承租人的同意就转让、转移飞机的产权，更改协议的出租人；此行为不得影响承租人的正常经营活动，不增加承租人的责任和义务，承租人应该配合并提供协助，承租人由此发生的合理的费用可由出租人承担。

但未经出租人的书面同意，承租人不得转让在飞机租赁协议下的权利、所有权和权益，承租人未经出租人书面同意的上述转让均属于无效。

（十四）保密原则

本条款规定，租赁双方需保守秘密，不得把本协议的内容泄露给任何无关的第三方，但不包括融资方、潜在融资方及其委托的律师等。

（十五）适用法律

本条款规定适用英国法律，如有争端，双方约定在英国的法庭寻求解决，并指定一家英国的律师事务所作为双方的代理。

（十六）其他条款

本条款就后续增加的附件、协议使用的语言、文本的数量和有效性等未尽事宜，均予以明确。

三、协商中的若干细节

（一）关于"赔偿条款"

合同原文："对飞机的设计、物件和材料；发动机和其他部件的运行、使用造成的知识产权、版权、商标和其他所有权的侵犯，由承租人承担赔偿责任。"

Original Provision: "any design, article or material in the Aircraft, any Engine or any Part or its operation or use constituting an infringement of patent, copyright, trademark, design or other proprietary right or a breach of any obligation of confidentiality owed to any person."

为了维护承租人利益，删除了该条。

（二）关于"赔偿条款"

合同原文："承租人不可撤销并无条件确认这样的索赔适用于第9条规定及责任险范围之内。"

Original Provision: "Lessee shall have irrevocably and unconditionally confirmed that such claim is covered by the terms of this Section 9 and by the terms of Lessee' liability insurance coverage."

为了降低承租人风险，减小承担赔偿的可能性，将上述改为"承租人确认关于索赔的赔偿，如果败诉，则适用于第9条规定"。

"Lessee shall have confirmed that such any amounts payable in relation to such claim, in the event Lessee's defense is unsuccessful, are covered by the terms of this Section 9."

（三）关于"保险"

合同原文："在租期结束后两年内，由承租人付费，按照第11条中规定的种类和金额，继续承保。"

Original Provision: "After the last day of the Lease Term, and at Lessee's cost, Lessee shall carry, at its own expense, liability insurance of the types and in the amounts required under this Section 11 and each Insured Party shall be named as an additional insured thereunder, for a period ending two years from the last day of the Lease Term."

为了减少承租人所承担的责任，降低所承担的费用，将上述改为"在租期结束后两年内或完成下一个 C 检（以较早发生的为准），由承租人付费，按照第11.1条中规定的种类和金额，继续承保"。

"After the last day of the Lease Term, and at Lessee's cost, Lessee shall carry, at its own expense, liability insurance of the types and in the amounts required under this Section 11.1 and each Insured Party shall be named as an additional insured thereunder, for a period ending at the earlier of (1)two years from the last day of the Lease Term or (2) completion of the next 'C' check."

（四）关于"违约事件"

合同原文："如果承租人未能使清单 6 中列明的先决条件（除了清单 6 中的 1.1，1.2，1.5，1.10，1.11，或 7，8 条）在飞机交付时或交付后 5 天内满足出租人要求，则视为承租人违约。"

Original Provision: "Lessee shall have failed to procure that the conditions precedent specified in Schedule 6 (other than sections 1.1,1.2,1.5,1.10,1.11, or Sections 7 or 8, of Schedule6) shall have been satisfied on or within five days after the date Lessee would otherwise be obliged to accept delivery of the Aircraft under Section 2."

为了维护承租人的权益，对该条进行删除。

（五）关于进度表 0 的"定义"

合同原文："租期——基本到期日"为飞机交付日的第 8 个周年日。

Original Provision: "Lease Term——Basic Expiry Date" means the eighth anniversary of the Delivery Date or, if such date is not a Business Day, the immediately succeeding Business Day.

为了承租人的权益，以便在承租人完成 D 检后立刻退机，对"Lease Term—Basic Expiry Date"的定义进行了修改。改为：除租期为 8 年外，如果承租人希望在非 8 周年时间完成机身 D 检，那么承租人提前 12 个月告知出租人，承租人可以将"租期—基本到期日"的含义改为完成 D 检的时间。但是修改后的租期时间应发生在以下时间内：（1）不早于 7 年；（2）不晚于 9 年；（3）限定在 2、3、4、5、

6月。

"Lease Term——Basic Expiry Date" means the eighth anniversary of the Delivery Date or, if such date is not a Business Day, the immediately succeeding Business Day; provided that if Lessee wishes to complete the Airframe D Check on a day which is not the eighth anniversary of the Delivery Date, then upon not less than 12 months advance notice to Lessor, Lessee may elect to amend the definition of "Lease Term——Basic Expiry Date" to the date on which it then plans to complete the Airframe D Check, but the Lease Term——Basic Expiry Date, as so amended, shall occur（1）not earlier than the seventh anniversary of the Delivery Date;（2）not later than the ninth anniversary of the Delivery Date and;（3）in February, March, April, May or June only of the relevant year.

（六）关于"退机条款1"

合同原文：关于"构型恢复"事宜，在"租期到期前，出租人提前60个工作日通知承租人，承租人在租期结束前，自行承担费用，将构型恢复（除FAA颁布的AD和SB）"。

Original Provision: "Upon the written request of Lessor, to be given at least 60 Business Days prior to the scheduled expiration of the Lease Term, Lessee shall, on or before the last day of the Lease Term and at its own expense, reverse any Modification (other than FAA AD modifications or alert SB modifications)."

为了明确因需要而做的维修工作不在构型恢复范围之内，在原文中应添加：除FAA颁布的AD和SB，同时为了避免产生疑问，不包括根据清单2的需要而做的维修工作。

"and for the avoidance of doubt not including any repairs which were performed in accordance with the requirements of this Schedule 2"。

（七）关于"退机条款 2"

1. 关于维修储备金费率

维修储备金费率合同原文如表 8-1 所示。

表 8-1 维修储备金费率

	1.2	1.4	1.6	1.8	2.0	2.5	3.0
Airframe（机身）	56	56	56	56	56	56	56
Engine O/H（发动机）	112	100	92	85	81	74	61
APU（辅助动力装置）	17	14	13	11	14	8	7
Landing Gear（起落架）	13	11	10	9	9	9	9

为了降低承租人租机费用成本，将有关费率调整为表 8-2。

表 8-2 调整后的维修储备金费率

	1.2	1.4	1.6	1.8	2.0	2.5	3.0
Airframe（机身）	56	56	56	56	56	56	56
Engine O/H（发动机）	107	96	88	82	78	71	60
APU（辅助动力装置）	15	13	11	10	9	7	6
Landing Gear（起落架）	13	11	9	8	8	8	8

2. 关于发动机 LLP 的维修储备金计算方法

合同原文："厂家目录价 ×115%× 循环 ÷95%"

Original Provision: The original calculation of Engine LLP's Return Amount is "an amount equal to the result of（1）115% of the then-current price for such part listed in the manufacturer's parts catalogue,

multiplied by（2）the quotient of (y) the number of cycles since new for
such part divided by (z) 95% of the approved cycle life of such part as
listed in the Engine Manufacturer's manual."

改为"厂家目录价 ×110%× 循环 ÷100%"

"an amount equal to the result of（1）110% of the then-current
price for such part listed in the manufacturer's parts catalogue, multiplied
by（2）the quotient of (y) the number of cycles since new for such part
divided by (z) 100% of the approved cycle life of such part as listed in the
Engine Manufacturer's manual."

3. 关于发动机减推力起飞

合同原文"降 10%"调整为"降 5%"。

4. 关于价格浮动幅度

合同原文："按照 2015 年 1 月美元计算，每年上调 3%。"

调整为："按照 2015 年 1 月美元计算，每年上调 2.5%。"

5. 为了减少承租人承担的费用，加入"AD 费用共摊"内容

"一方面是在租期内颁布的每一个 FAA 的 AD，另一方面是在租
期内或在租期结束后 9 个月内，2 200 机身飞行小时或 1 400 机身飞
行循环需要强制执行的 FAA 的 AD，如果费用超过 3.5 万美元，出
租人需补偿承租人部分费用。"计算公式如下：

$$R=\frac{84-M}{84} \times （C-75\,000\,美元）$$

其中：

R ＝出租人补偿承租人的费用

M ＝"该改装的实际完成日"和"原强制执行日"中较早的一
个与租期结束日之间剩下的月数

C ＝在通常的人工费率下，双方同意的维修厂实施该改装所产

生的费用（不包括由承租人或其成员公司实施该工作去盈利而造成的涨价），加上合理的材料费，减去给承租人提供的任何津贴、担保和其他收益（但无论如何不包括由于承租人无法运行飞机而造成的损失）。

承租人向出租人提供相关发票，出租人在租期结束最后一天支付，或在收到发票后立即支付。费用的支付不对退机工作造成影响或延误退机工作。

With respect to each FAA AD modification（excluding, for the avoidance of doubt, any Aviation Authority AD which is not also an FAA AD）issued during the Lease Term and with a mandatory compliance date during the Lease Term or within 9 months, 2 200 Airframe Flight Hours or 1 400 Airframe Flight Cycles after the Return, complied with during the Lease Term and having a cost of compliance（determined as provided below）in excess of $75 000, Lessor shall reimburse Lessee, subject to the following provisions, on the last day of the Lease Term, for a portion of the cost of compliance with such modification as follows:

$$R=\frac{84-M}{84} \times （C-75\,000\text{ 美元}）$$

where

"R" means the portion of the cost of compliance with such modification to be reimbursed to Lessee.

"M" means the number of calendar months（including parts thereof）between（1）the earlier of (a) the date of actual completion of such modification and (b) the originally required date of mandatory compliance and（2）the scheduled end of the Lease Term.

"C" means the cost of compliance with such modification at the normal commercial labour charge rates（but without mark-up for profit if Lessee or any Affiliate of Lessee performs the work）of the Agreed Maintenance Performer(s) performing such modification, plus reasonable cost of materials, less any subsidy, warranty payment or other benefit provided to Lessee（but in any case not including loss or expenses incurred because of inability to operate the Aircraft）.

Lessee shall submit to Lessor detailed and substantiated labour and material invoices for all such costs for which reimbursement are sought under this Section 3.10. Lessor shall pay to Lessee all amounts reimbursable hereunder on the last day of the Lease Term, or if later, promptly following Lessor's receipt of such detailed and substantiated labour and material invoices provided that any such amounts owing by Lessor to Lessee shall not in any way affect or delay the redelivery of the Aircraft to Lessor in accordance with Section 3 of Schedule 2 to the Lease Agreement.

（八）关于"退机条件3"

1. 对于 AD

合同原文："租期内需要完成的 AD 或在租期结束后 16 个月内，4 000 机身飞行小时或 2 800 机身飞行循环需要完成的 FAA 的 AD。"

Original Provision: "in the case of ADs, the mandatory compliance date for which action on such basis falls during the Lease Term or, for FAA ADs only, 16 months, 4 000 Airframe Flight Hours or 2 800 Airframe Flight Cycles after the Return."

调整为："租期内需要完成的 AD 或在租期结束后 9 个月内，2 200 机身飞行小时或 1 400 机身飞行循环需要完成的 FAA 的 AD。"

"in the case of ADs, the mandatory compliance date for which action on such basis falls during the Lease Term or, for FAA ADs only, 9 months, 2 200 Airframe Flight Hours or 1 400 Airframe Flight Cycles after the Return."

2. 对于 SB

合同原文："租期内颁布的 SB，和租期内或在租期结束后 16 个月内，4 000 机身飞行小时或 2 800 机身飞行循环需要完成的 SB。"

Original Provision: "in the case of alert SBs, the issuance date thereof is during the Lease Term and the recommended incorporation date falls during the Lease Term or 16 months, 4 000 Airframe Flight Hours or 2 800 Airframe Flight Cycles after the Return."

调整为："租期内颁布的 SB，和租期内或在租期结束后 9 个月内，2 200 机身飞行小时或 1 400 机身飞行循环需要完成的 SB。"

"in the case of alert SBs, the issuance date thereof is during the Lease Term and the recommended incorporation date falls during the Lease Term or 9 months, 2 200 Airframe Flight Hours or 1 400 Airframe Flight Cycles after the Return."

3. 对于发动机条件

合同原文："自上次大修每台发动机不超过 3 000 发动机飞行小时。"

Original Provision: "Each Engine shall have no more than 3 000 Engine Flight Hours since its last Engine Basic Shop Visit."

调整为："至下次大修每台发动机至少剩余有 4 000 发动机飞行小时和 3 000 发动机循环。"

"each Engine shall have at least 4 000 Engine Flight Hours and

3 000 Engine Cycles remaining until its next Engine Basic Shop Visit."

4. 对于 APU

合同原文："自上次大修不超过 1 500APU 小时。"

Original Provision: "With respect to the APU, have not more than 1 500 APU Hours since its last removal and APU Basic Shop Visit."

调整为："自上次大修不超过 3 500APU 小时。"

"With respect to the APU, have not more than 3 500 APU Hours since its last removal and APU Basic Shop Visit."

5. 对于起落架条件

合同原文："每台起落架至下次大修剩余 24 个月和 4 000 机身飞行循环。"

Original Provision: "With respect to each Landing Gear, have at least 24 months and 4 000 Airframe Flight Cycles remaining until its next scheduled removal or Landing Gear Overhaul."

调整为："每台起落架至下次大修剩余 24 个月和 2 500 机身飞行循环。"

"With respect to each Landing Gear, have at least 24 months and 2 500 Airframe Flight Cycles remaining until its next scheduled removal or Landing Gear Overhaul."

6. 对于发动机和 APU 时寿件

合同原文："至下次移除或更换的剩余寿命不少于 5 000 发动机循环。"

Original Provision: "No Engine or APU life-limited Parts shall have less than 5 000 Engine Cycles remaining until the next scheduled removal or replacement."

调整为："至下次移除或更换的剩余寿命不少于 3 000 发动机循环。"

"No Engine or APU life-limited Parts shall have less than 3 000 Engine Cycles remaining until the next scheduled removal or replacement."

7. 关于 ETOPS

合同原文："带有 180 分钟 ETOPS 能力。"

Original Provision: "With 180 minuteETOPs capability"

调整为："带有 180 分钟 ETOPS 及所有必需的设备。"

"With all equipment necessary for 180-minute ETOPs operation."

案例二　美国出口信贷飞机融资

2013 年 10 月，ABC 航空公司与美国波音公司签订购买两架 B737–800 飞机的合同，根据合同约定，两架飞机分别计划在 2015 年 7 月和 12 月交付。同时，按照购买合同中预付款条款的要求，ABC 航空公司必须在交付前支付相当于 30% 飞机价款的预付款。ABC 航空公司与 D 银行一直存在良好的信贷合作关系，而且飞机融资业务是 D 银行一项传统业务，因此 ABC 航空公司便通过使用在 D 银行的授信额度获得了上述两架飞机预付款贷款，同时将飞机购买合同中的相关权益（主要是飞机购机权）质押给了银行，也就是说在之后的飞机交付日，如果不能获得 D 银行的书面许可，波音公司将不会把飞机交付给 ABC 航空公司。在此融资租赁案例中各方关系如图 8–1 所示。

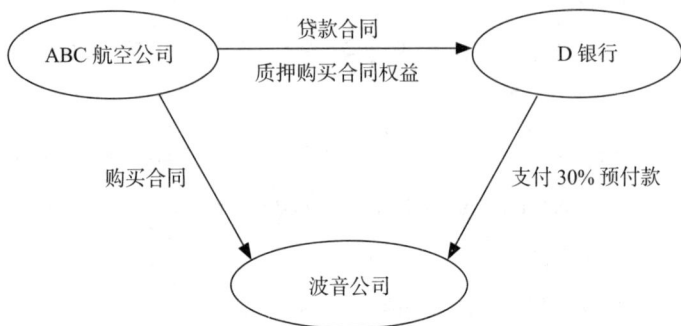

图 8-1　美国出口信贷飞机融资案例中各方关系

一、融资方式的选择

在开始操作全部飞机价款的融资时，根据第四章中有关飞机融资的内容，并结合当时的情况来看，ABC 航空公司有几种选择：（1）国内银行贷款购买；（2）国内租赁公司直租融资租赁；（3）国外租赁公司经营租赁；（4）美国进出口银行出口信贷。这几种方式各有利弊：前两种本质上是一样的，资金来源都是国内银行，而且第二种方式因为经过租赁公司，成本还会增加，因此第二种方式基本不考虑。若通过国内银行贷款购买就必须一次性支付飞机关税和进口环节增值税，因此第一种方式也不予考虑。第三种方式能享受分期支付关税和租金增值税的好处（两税是按照每期租金乘以税率来计算支付的），但是租赁结束后飞机产权将归属出租人，而 B737–800 飞机是一种非常经济的机型，增值潜力很高，ABC 航空公司需要持有这种飞机资产，因此第三种方式也排除。这样就只剩下第四种方式美国进出口银行出口信贷。根据第四章中的介绍我们了解到，美国进出口银行属于美国国家政策性银行，通常为促进美国的进出口业务向国内外的进出口商提供不同期限的融资方式，其中促进飞机出口属于其业务重点之一。一般情况下进出口银行以出口信贷或担保的方式向国外飞机进口商或航空公司提供融资，且与国际上流行的租赁方式紧密结合，因此，美国进出口银行出口信贷的融资方式成为本案例中融资方式的最终选择。具体的融资方式比较如表8–3所示。

表8–3　融资方式比较

融资方式	比较结论	选择结果
国内银行贷款购买	资金来源于国内银行，但税负较高	不予考虑
国内租赁公司直租融资租赁	资金来源于国内银行，因通过租赁公司导致成本增加	不予考虑
国外租赁公司经营租赁	能享受分期支付关税和增值税的优惠，但租赁结束后飞机产权将归属出租人，不符合航空公司持有增值潜力飞机资产的需要	予以排除
美国进出口银行出口信贷	以出口信贷或担保的方式向国外飞机进口商或航空公司提供融资，且与国际上流行的租赁方式紧密结合	选择此种方式

二、融资的具体程序

在本案例中，根据前述分析，采用了美国进出口银行出口信贷融资的模式，融资的具体程序如下：

（1）经国家民航局与国家发改委批准，国内航空公司协同中国航空器材进出口总公司与美国飞机制造商，如波音公司签订飞机购买合同（如航空公司有进出口权则可直接签署购买合同）。通常买方可委托卖方寻求融资途径，也可自行对外招标。一般情况下，卖方可代表买方事先向进出口银行提出融资意向。同时国内航空公司按照购买合同向飞机制造商分期支付飞机价值30%的预付款以保留机位，直至飞机交付。

（2）按照惯例，国内航空公司在向国外融资时需要寻求国内银行的担保，通常是由中国国内银行总行提供担保。国内航空公司在向进出口银行提出申请的同时向中国国内银行总行提出担保申请。

（3）国内航空公司（通常可由波音公司代理）正式向进出口银行提出申请，同时附上飞机购买合同、可行性报告及所需的各种资料（主要以财务报表为主）。

（4）进出口银行审阅合同及可行性报告，经过多次函件往来，进出口银行通知中国国内银行及国内航空公司批准情况，三方签订初步承诺文件，初步确定融资及担保额度。

（5）国内航空公司和进出口银行商讨并正式确定融资方和融资额度，通常进出口银行的担保融资额度最高为飞机价值的85%，同时还可将融资过程中发生的贷款风险承担费（此项费用为融资额的3%左右，视航空公司的信誉而定）一并列入融资额度；融资信贷可分为两部分，一是进出口银行提供融资担保（国内银行再对进出口银行提供反担保）的，由商业银团或者进出口银行直接下属信贷机构〔如私人出口金融公司（PEFCO）〕提供的直接信贷，该部分信贷占飞机价款的85%，利率较低，期限较长，融资额大；二是国内银行担保的商业银团贷款，占飞机价款的15%，该部分信贷利率稍高，期限较短，融资额小，但仍比通常银团贷款条件优惠。

（6）进出口银行、商业银团与国内航空公司谈判确定贷款利率还款方式并正式签订贷款合同和其他一系列的担保、转让、抵押、租赁合同。

（7）如果进出口银行部分融资金额一次性超过1亿美元，进出口银行将贷款合同提交国会审核，经批准后各种合同正式生效并执行。

（8）经国内航空公司核对后，进出口银行将飞机价款直接支付给飞机出口商，飞机按照购买合同正式交付国内航空公司，此时购买合同终止。

（9）国内航空公司按照贷款（或租赁）合同偿还贷款。一般情况下按照半年等额年金的方式分别向进出口银行和商业银团支付贷款。

（10）通常进出口银行担保融资是以融资租赁的方式进行操作的，因此还存在一个非常重要的第三方，该第三方通常是由律师事务所在一些国际上的著名免税或低税率国家（如开曼群岛、维京群岛或百慕大群岛）设立的SPV，该SPV的名义股东是航空公司，且只需支付很少的注册费和年费就可成立并维持，而飞机的贷款通常是以该SPV的名义承贷并购买飞机，然后由该SPV再将飞机租赁给国内航空公司。设立空壳公司的目的在于根据美国的税法、投资法和其他法律的规定，美国银行可以通过这种融资结构获得一些税收优惠。

（11）贷款或租金偿还完毕，空壳公司撤销，飞机所有权归属航空公司，贷款或租赁等一系列合同终止。

三、融资过程中需要关注的几个问题

采用美国进出口银行出口贷款融资租赁飞机的过程，涉及较为复杂的融资程序，因此，在融资过程中需要注意如下问题。

（1）进出口银行担保融资的85%部分并非完全等同于飞机价款，因为美国法律严格规定，只能对在美国本土生产的设备才能纳入计算的基数，如果飞机价值构成中有来源于国外的部分，则必

须相应剔除。ABC 航空公司的这次融资除包括两架 B737-800 飞机外，还包括一架备用发动机，而这台备用发动机有一部分是在加拿大生产的，因此进出口银行将这部分（ABC 公司这台备用发动机是52.23%）剔除出 85% 担保额度的基数；

（2）进出口银行担保融资相关的费用。一般有风险承担费（exposure fee），可以纳入 85% 融资额部分，这是直接支付给进出口银行的；承诺费（commitment fee），这项费用不可融资，其含义是航空公司获得了进出口银行的担保额度，但是由于交付时间进度，没有一次性提取贷款资金，因此必须针对未提款部分支付承担费，这是支付给进出口银行的；贷款费用（arrangement fee）或者签约前的费用（upfront fee），可纳入 15% 融资额部分，这是支付给融资银行的；律师费（legal fee），可纳入 15% 融资额部分，顾名思义是支付给律师事务所的。事实上各种费用的费率完全取决于航空公司的信誉和谈判能力，本案例中 ABC 航空公司的融资费率情况如表 8-4所示。

表 8-4　ABC 航空公司的融资费用一览表

	进出口银行部分及其担保的商业银团（85% 部分）	商业银团部分（15% 部分）
风险承担费	3%	—
承诺费	0.125%	—
贷款费用		
签约前的费用		1.25%
律师费		0.25%

注：律师费用必须在交易完成后才能核定。

（3）考虑到法律、税收、合同权益管理等各方面因素，整个融资结构中涉及的合同方非常复杂，除了航空公司、进出口银行、商业银团、国内担保银行和 SPV 之外，还有专门的权益受托公司（security trustee）担当一个极为重要的角色，这个公司全权负责保护和管理进出口银行、提供融资的商业银团的所有权益。也正由于这个公司的参与，整个融资结构中涉及的合同和文件非常之多，至少有 50 份以上的文本和各类文件需要各方签署，其中最重要的有 3 份：①贷款合同，由商业银团和 SPV 签署，其他各方副署；②赔偿和补偿协议（indemnity and reimbursement agreement），由担保受托方（security trustee）和 SPV、航空公司、进出口银行、商业银团签署；③飞机租赁合同，由航空公司和 SPV 签署。当然，还有一些类似股份抵押协议（share mortgage agreement）、担保转让协议（security assignment agreement）等，这些都是为了将有关权益转移给担保受托方而由律师专门起草的。

整个融资结构虽然复杂，但是也非常清晰，如图 8-2 所示。

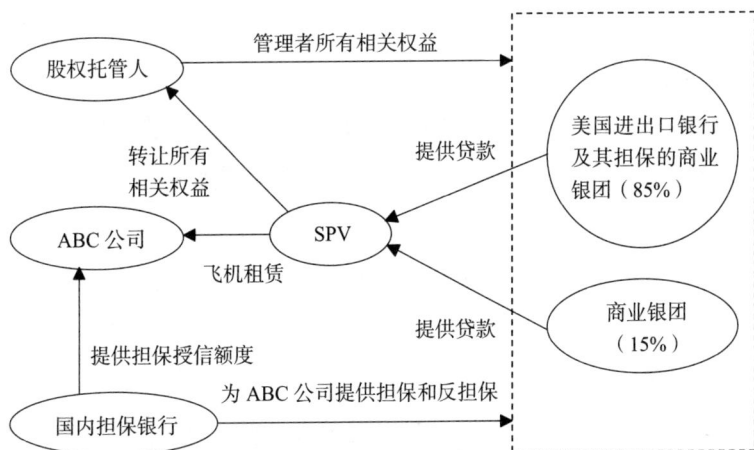

图 8-2 美国出口信贷飞机融资结构

在这次融资过程中，ABC 航空公司总共融资额度达到 1.16 亿美元（含 2 架飞机和 1 台备用发动机），其中美国 J 银行担保融资的 85% 部分选择的商业银行是（摩根大通银行）J. P. Morgan Chase，15% 部分选择的商业银行是 D 银行纽约分行，提供全额反担保（85%）和担保（15%）的是 D 银行总行。

案例三　二手公务机境外融资

一、航空公司需求分析

航空公司 A 运营公务机业务，为满足公务市场需求，计划在二手航空市场购买一架合适的二手公务飞机，以增加运力。另外一家航空公司 B 持有公务机引进批文，但不计划发展自己的公务机市场。航空公司 A 通过同航空公司 B 协商，由航空公司 B 引进该架飞机并转租给航空公司 A。航空公司 B 与飞机卖方签署飞机购销意向书，并支付了飞机购买保证金。购机合同要求在飞机交付时，航空公司 B 一次性支付飞机的全额价款。

航空公司 B 选择从境外融资机构解决飞机购买的融资问题，具体要求为：（1）融资币种为美元；（2）融资不增加航空公司 B 的外债规模；（3）航空公司 A 最后实现购得飞机的目的；（4）航空公司 A 规模小，信用水平低，也不可能得到任何形式担保。

二、融资结构设计

根据航空公司的需求，最后设计的融资租赁结构如图 8-3 所示。

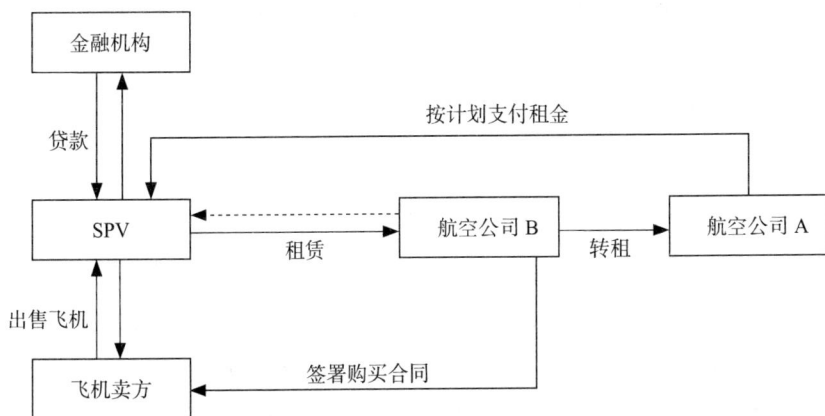

图 8-3 二手公务机境外融资租赁结构

三、交易实现的目标

在这个结构中，SPV 受让飞机购买权，并作为借款人购买飞机出租给航空公司 B。航空公司 B 承租飞机并通过与 SPV、航空公司 A 签署三方租赁协议，将飞机转租给航空公司 A，满足了航空公司 A 的运力需求。飞机租赁期末，航空公司 A 支付飞机购买 15% 的价款，可取得飞机产权。

整个飞机引进过程未增加航空公司境外负债。同时，飞机通过租赁引进，避免了飞机进口一次性支付关税和增值税。由于在租赁结构中，信用等级较好的航空公司 B 是飞机租赁合同的直接承租人，在航空公司 A 违约的情况下，承担租赁合同义务，保证银行贷款的按时偿还，因此，在整个贷款和租赁结构中，免除了航空公司 B 的担保。

通过向金融机构融资，SPV 从境外金融机构获得飞机购买价款的 80% 贷款，利率为 Libor+X%。

案例四 巴西航空工业公司飞机出口信贷（ECA 贷款）融资

中国航空公司 A 于 2014 年 7 月与巴西航空工业公司（EMBRAER）签署一份 40 架 E190 系列飞机的购机协议。2015 年 5 月，中国租赁公司 B 与巴西国家经济社会发展银行（BNDES）、中国进出口银行和 EMBRAER 共同签署融资框架协议，通过这次信贷合作，共同支持中国租赁公司 B 进口 EMBRAER 系列飞机。中国航空公司 A 将上述飞机购机权转让给中国租赁公司 B，由中国租赁公司 B 直接向 EMBRAER 购买上述飞机并租赁给中国航空公司 A 使用。

ECA 贷款融资结构如图 8-4 所示。

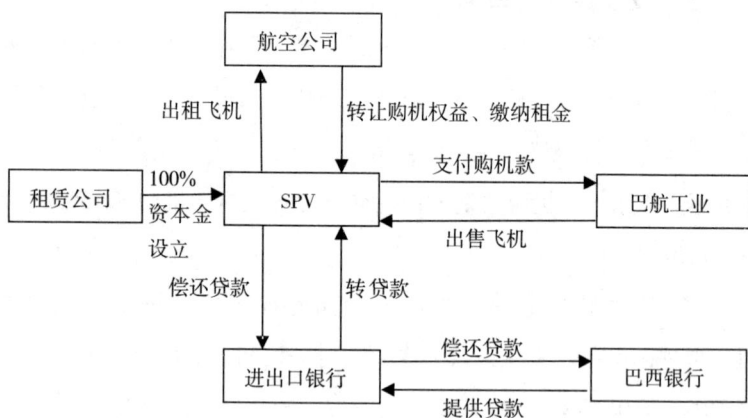

图 8-4　ECA 贷款融资交易结构

一、项目涉及要素

（1）资金方：巴西国家经济社会发展银行。

（2）转贷方：中国进出口银行。

（3）贷款利率：3-MLibor（3 个月的 Libor）+X%。

（4）期限：12 年。

（5）币种：美元。

（6）还款方式：等额本息，按季还款。

二、项目主要合同

（1）租赁协议，航空公司同 SPV 签订租赁协议，约定 SPV 向航空公司出租飞机，并按期收取租金。

（2）巴西国家经济社会发展银行同中国进出口银行签署借款协议，约定巴西国家经济社会发展银行向中国进出口银行提供出口信贷。

（3）中国进出口银行同 SPV 签署《进口信贷境内固定资产类贷款合同》，约定中国进出口银行向 SPV 提供贷款，SPV 按约定偿还贷款。

（4）中国进出口银行同 SPV 签署《飞机抵押协议》，约定 SPV 将飞机抵押至中国进出口银行。

（5）中国进出口银行同 SPV 签署《保险权益转让担保协议》，将 SPV 享有的保险权益转让至中国进出口银行。

（6）中国进出口银行同 SPV 签署《租赁合同权益转让协议》，约定 SPV 将租赁合同项下的相关权益转让至中国进出口银行。

（7）中国进出口银行同 SPV 签署《账户托管协议》，约定中国进出口银行对租金账户进行托管。

三、总结

（1）在此融资项目中，各相关方就项目结构、担保增信措施、融资期限成本、提款条件、飞机交付条件、飞机国际利益登记等一系列内容。经过一年多的谈判达成共识，于 2016 年 8 月正式签订项目所涉的各项协议，并在当月顺利交付飞机。

（2）与以往在国内银行操作飞机融资相比，此次 EMBRAER 飞机出口信贷的融资模式在结构上更加复杂，项目融资的时效性要求更高，涉及的环节及谈判的不确定因素更多，但是有效地降低了融资成本。尽管在此结构下 SPV 需承担额外的税费，但项目综合融资成本依然低于当时国内同期美元贷款利率。

（3）此项目是中巴两国官方出口信贷在航空领域达成的首次合作，也是金砖国家在航空器出口信贷领域首次成功合作，为后续双边出口和共同开拓第三方市场起到良好的示范作用，标志着中国租赁公司成功完成利用境外出口支持信贷资金引进飞机的重大融资模式创新，进一步拓宽了国际融资渠道。

案例五　空客飞机预付款融资

ABC 航空公司于 2013 年 8 月与空客公司签署两架 A320 飞机采购合同，这两架飞机计划于 2016 年 7 月和 8 月交付。合同规定，在飞机交付前航空公司需支付约为飞机目录价格 30% 的预付款。

航空公司希望通过以预付款融资的方式解决飞机预付款支付需求。具体的要求如下：（1）融资的金额为飞机目录价格的 30%；（2）融资的币种为人民币，以规避汇率风险。

根据这些条件，航空公司融资人员设计的交易结构如图 8-5 所示。

图 8-5 飞机预付款融资交易结构

一、项目涉及要素

（1）资金方：A 银行。

（2）贷款方：ABC 航空公司。

（3）贷款利率：基准利率。

（4）贷款期限：3 年。

（5）还款方式：按季付息，到期还本。

二、项目主要合同

（1）银行同航空公司签订购机权益转让协议，航空公司转让购机权益至银行，该合同同时需要空客公司出具确认文件。

（2）航空公司同银行签订贷款合同，约定银行借款给航空公司，航空公司按期履行还款义务。

三、总结

（1）飞机预付款融资解决了在飞机交付前，航空公司需要支付大量飞机预付款的资金需求问题，可以缓解航空公司飞机交付前，没有相关运营收入时的资金压力。

（2）飞机预付款融资可以融美元，也可以融人民币，由于汇率波动将产生一定的汇率风险，故优先人民币融资。

（3）飞机预付款融资一般期限较短，在 3 年左右，在飞机交付前需要协调厂商，沟通预付款退还时间，以缓解到期偿还银行预付款融资的压力。

案例六　飞机租赁应收租金保理案例

2016 年 2 月 4 日，A 租赁公司同 B 银行合作操作了一架 A330 飞机应收租金保理业务，交易结构如图 8-6 所示。

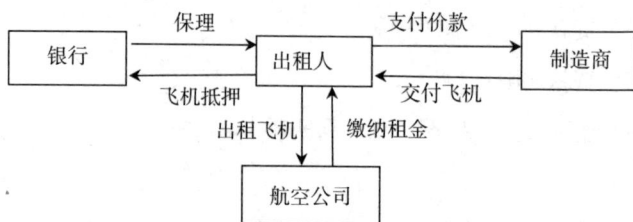

图 8-6　飞机保理融资交易结构

一、项目涉及要素

（1）资金方：B 银行。

（2）出租人/贷款方：A 租赁公司，是 C 租赁公司的全资 SPV 公司。

（3）承租人：D 航空公司。

（4）贷款利率：基准下浮 10%。

（5）保理手续费：基准利率 ×5%。

（6）贷款期限：12 年。

（7）还款方式：等额本息，按季支付。

二、项目主要合同

（1）租赁协议。航空公司同出租人签订租赁协议，约定出租人向航空公司出租飞机，并按期收取租金。

（2）应收租赁款保理业务协议。银行同出租人签订应收租赁款保理业务协议，约定以应收飞机租赁款为标的，开展保理业务。

（3）飞机抵押合同。银行同出租人签订飞机抵押合同，约定以飞机资产为该笔保理业务担保。

（4）应收租赁款保理业务手续费收费协议。银行同出租人签订应收租赁款保理业务手续费收费协议，约定出租人按期缴纳保理手续费。

（5）账户监管协议，银行同出租人签订账户监管协议，约定对收取租金账户进行监管。

三、总结

（1）本项目的成功操作，证明以未来预计产生的应收款进行保理融资购买飞机是切实可行的，为后续操作类似业务打下了良好基础。

（2）利用保理模式进行飞机融资，以应收账款（即应收承租人租金）作为保理标的，融资额度可以达到飞机总价款的80%~90%，而传统贷款的融资额度仅能达到飞机总价款的50%~70%，因此保理融资对于出租人而言，具有放大融资比率，增加自有资金收益的作用。

（3）由于该模式是以未来预计产生的应收款为标的，所以银行一般要求在飞机交付的当天对应收款进行确权，需要提前做好承租人的协调工作。

案例七　法国税务租赁交易案例

ABC 航空公司于 2006 年 4 月与法国的 D 银行、E 银行和 F 银行达成协议，同意以法国税务租赁的模式为 ABC 航空公司提供 6 架 A320 飞机和 4 架 B737 飞机的融资。在本案例中，以 ABC 航空公司 10 架窄体客机的法国税务租赁方案为例说明法国税务租赁的主要结构安排。

一、项目涉及要素

（1）租赁安排人：法国的 D 银行、E 银行、F 银行。

（2）出租人：租赁安排人分别在法国设立 SPV，每个 SPV 只能有一个租赁安排人设立，租赁安排人为 SPV 注入占飞机价款 9.05% 的股本（等值美元的欧元）用于购买飞机。

（3）承租人：ABC 航空公司，在飞机交付前向出租人支付预付租金，金额占飞机价款的 10.95%。

（4）贷款人：法国银行牵头组成的国际银团，中资银行是银团中的成员，向出租人提供飞机价款 80% 的有限追索权贷款。

（5）贷款利率：贷款利率为固定利率。

（6）SPV 的资金代理人（facility agency）和担保受托人（security trustee）：SPV 的母公司（租赁安排人）。

（7）贷款时间：（飞机交付后）10 年。

（8）租赁类型：10 年期的融资租赁。

（9）租赁标的物：若干架飞机。

（10）制造厂商：空中客车公司和波音公司。

（11）购买选择权：承租人在租赁期满拥有以飞机价款1%的资金购买飞机的权利。

（12）退租：租期前5年不允许承租人退租，5年以后按照合同约定承租人有退租权利。

（13）法国税务租赁在飞机交机时（承租人选择固定利率的风险暴露方式）的现金流情况如图8-7所示。

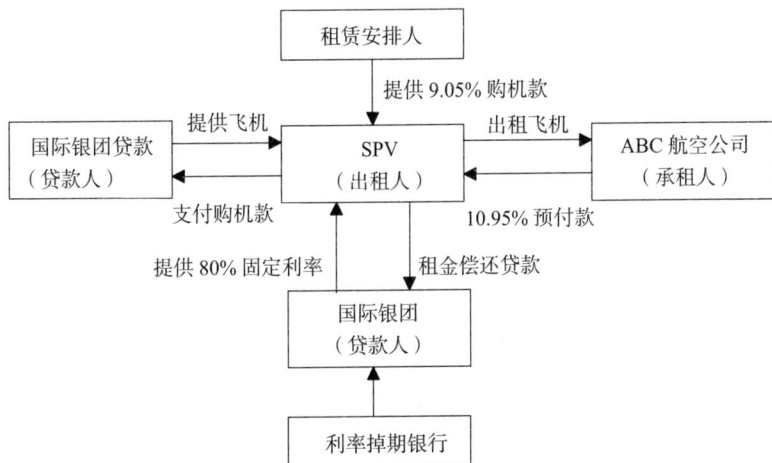

图8-7 法国税务租赁飞机交机现金流情况

二、项目主要合同

（一）飞机购买转让协议

承租人将与飞机制造商签订的《飞机购买协议》转让给出租人，由出租人向飞机制造商购买飞机，并在飞机交付日将飞机租赁给承租人。

（二）飞机租赁合同

出租人（由租赁安排人在法国设立的 SPV）与承租人签订《飞机租赁合同》。

（三）贷款协议

出租人、担保受托方、资金担保受托方和国际银团签订贷款协议。

（四）利率交换协议和利率掉期协议

在贷款协议中，贷款利率按照固定利率计算，但是承租人可以通过利率互换协议选择使用固定利率或者浮动利率。

如果承租人最终选择浮动利率，那么贷款人将与承租人签订《利率交换协议》，贷款协议中的固定利率值由该协议中的固定利率水平确定。

如果承租人最终选择固定利率，那么贷款人将与租赁安排人签订《利率掉期协议》，贷款协议中的固定利率值由该协议中的固定利率水平确定。

承租人有一次转换浮动 / 固定风险暴露方式的选择权。

三、总结

通过该案例的分析，可以得到税务租赁的主要优势。

（1）根据中法两国避免重复征税的税收协定，税务租赁具有抵扣或者免除预提所得税的成本优势。

（2）对于出租人，具有加速折旧带来的利益。

（3）对于承租人，具有低成本、低租金的优点。

（4）贷款期限较长，一般为 10 年以上。

（5）贷款额度较高，银行贷款比例最高可以达到80%。

（6）承租人具有名义上的成本购买选择权。

（7）通过法国税务租赁交易安排，出租人可以利用飞机价款9.05%的资金获得飞机的所有权，以较大的财务杠杆完成租赁结构，承租人可以利用少量的资金取得飞机的使用权。与贷款及传统的融资租赁方式相比税务租赁节约了大量的财务费用，并且增强了灵活性。

案例八　飞机租赁资产ABS案例

2017年1月，A租赁公司、B租赁公司、C租赁公司（A、B、C租赁公司均为同一租赁公司下设的SPV公司）作为原始权益人，成功发行以D资产管理有限公司作为计划管理人/推广机构的资产支持专项计划，总规模为1.713 3亿美元。作为中国首单外币计价资产证券化产品及首单公募市场飞机租赁ABS，它不仅丰富了中国资产市场的金融产品，也弥补了ABS产品以外币计价、外币结算的空白，还为境内投资者增加了重要的投资和避险工具，吸引美元在中国境内投资，可有效缓解境内美元资金外流，因此具有重大意义。本案例融资交易的主要结构如图8-8所示。

一、项目涉及的主要法律关系

（1）原始权益人同承租人签订《飞机租赁协议》，约定承租人租赁原始权益人所有的飞机，并按期支付租金。

（2）A租赁公司（原始权益人的母公司）同原始权益人签署《飞机残值购买协议》，约定项目到期后按照一定价格购买飞机。

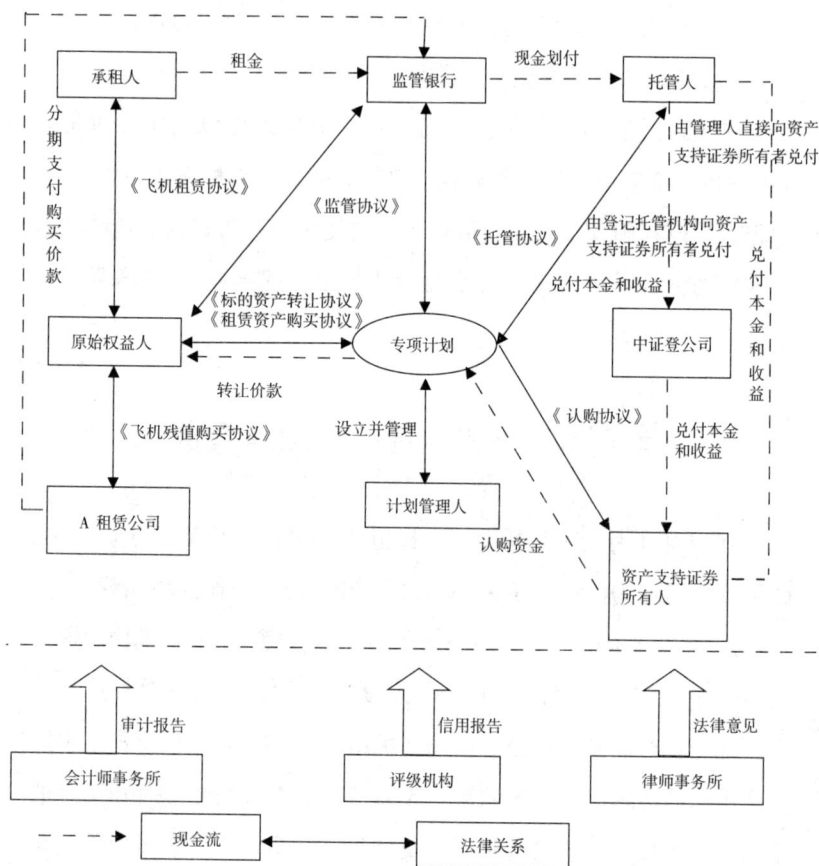

图 8-8 飞机 ABS 融资交易结构

（3）计划管理人设立并管理专项计划。

（4）原始权益人同专项计划签订《标的资产转让协议》《租赁资产购买协议》，约定租赁资产收益权转让至专项计划。

（5）监管银行同专项计划签订《监管协议》对专项计划资金进行监管。

（6）托管银行同专项计划签订《托管协议》，约定账户托管。

（7）资产支持证券所有人同专项计划签订《认购协议》，约定认购若干份额，支付认购资金。

二、项目资金流向

（1）资产支持证券所有人支付认购资金至专项计划，专项计划将认购资金支付至原始权益人。

（2）承租人将租金、A租赁公司将残值购买价款支付至监管银行，经监管银行支付至托管账户，通过中国证券登记结算有限公司或直接向资产支持证券所有人兑付本息。

三、该案例主要优势

（1）作为中国首单外币计价资产证券化产品及首单公募市场飞机租赁ABS，该ABS的发行为飞机租赁融资开拓了新的融资渠道。

（2）飞机抵押给专项计划，且资产支持证券发行规模租金收入＋飞机残值评估价的50%为基础测算，可以超过传统的60%~80%的抵押率，极大地缓解出租人的自有资金压力。

（3）项目底层资产为飞机租赁资产，飞机租赁资产具有稳定连续可预测的现金流，优质的现金流为项目的还本付息提供了强有力的保障。

（4）在我国现有外汇管制的情况下，资金跨境投资受到诸多限制。目前国内美元类固定收益类产品投资标的稀缺，本专项计划发行资产支持证券以美元计价，对于投资人来说是非常优质的美元投资标的。

（5）项目通过设立专项计划操作，并通过监管银行及托管人进行资金流转，将原始权益人的经营风险进行了有效的隔离，有利于项目的未来资金偿付，有利于增强项目评级。

案例九 飞机退租转购买案例

某航空集团境内航空公司采用经营租赁方式，引进 A319 飞机 4 架，租期 8 年。在租赁过程中，原出租人将 4 架飞机分成两个资产包分别转卖给境外、境内两家租赁公司。境外租赁公司的 2 架飞机顺利退租，境内租赁公司的 2 架飞机退租时，航空公司与租赁公司因技术问题重大争议无法完成退租，且该飞机在航空集团内多家公司有运营历史，在飞机调配、发动机更换等问题上存在违约事实，强行退租成本过高，且通过仲裁或法律诉讼胜诉的可能性较小，因此，航空公司从战略发展和投资需求角度，最终由退租转为购买，但也造成较大的经济损失。

一、案例基本情况

某航空集团境内航空公司采用经营租赁方式，引进 A319 飞机 4 架（B-001、B-002、B-003、B-004），由集团旗下 A 航空公司和 B 航空公司以共同承租人的名义与 X 租赁公司签署租赁合同，飞机于 2006—2007 年陆续交付，租期 8 年。根据运营需求，此 4 架飞机均转到集团旗下 C 航空公司运营。

在租赁过程中，X 租赁公司将 4 架 A319 飞机中的前两架飞机（B-001、B-002）资产包转卖给了国外 Y 租赁公司，飞机最终于 2015 年 2 月 13 日完成退租，共计耗时 6 个月，平均每架飞机支出约 1 300 万美元（包括退租定检费用、合同内约定的维修补偿金、退租延误期间租金、不满足合同要求产生的赔偿款等）；而后两架飞机（B-003、B-004）资产包于 2012 年被转卖给了国内 Z 租赁公司，其中 B-003 飞机协议约定租赁到期时间为 2015 年 1 月 12 日、B-004 飞机协议规定退租时间为 2015 年 10 月 16 日。

B-003 飞机在该航空集团内运营期间，在飞机调配、发动机更换等问题上未获得出租人书面同意，违反了合同相关规定，存在违约事实。退租过程中，C 航空公司与 Z 租赁公司就发动机、起落架等技术问题产生重大争议，该飞机从 2014 年 11 月开始停场，耗时近一年仍未能完成退租；B-004 飞机由于批文到期，同时又没有有效的租赁合同，因此飞机从 2015 年 10 月也开始停场。

二、双方争议问题

（一）B-003 退租争议

1. 起落架剩余寿命是否满足合同约定退租条件

在 B-003 飞机退租过程中，C 航空公司与 Z 租赁公司存在最大的争议是起落架的剩余寿命是否满足退租条件。结合租赁合同文本及已完成的 Y 租赁公司两架 A319 飞机退租的情况，C 航空公司认为，起落架仅需满足剩余寿命不低于 4 000 循环、18 个月即可。而 Z 租赁公司认为，起落架属于机身的一部分，需要满足空客最新维修计划文件（MPD）的要求，即剩余寿命不低于 4 000 循环、24 个月。双方就起落架剩余寿命的条款理解存在 6 个月的差异。

2. 发动机

左发动机翻修时存在 CDR（原厂批准修理），属行业内通行做法，出租人不接受；右发动机使用超过 13 000 循环，出租人认为剩余寿命不满足 4 000 循环的合同要求，但无法提供直接证据。

3. 其他技术细节

上述问题在同一文本合同下的 B–001、B–002 飞机上也同样存在，但在 C 航空公司与出租人 Y 租赁公司进行退租时，对方并未提出异议。B–003 飞机退租时 Z 租赁公司提出异议，并且拒绝一切形式的补偿，坚持要求 C 航空公司对起落架、发动机进行大修。

（二）C 航空公司违约情况

（1）在租赁协议中，承租人为 A 航空公司和 B 航空公司，但实际运营人为 C 航空公司，内部转租协议未取得出租人书面认可。

（2）租赁期间有 1 台发动机未征得出租人书面同意，安装在集团内部 D 航空公司飞机上使用。

（3）因存在纠纷，自原租赁截止期 2015 年 1 月 12 日后所有租金未支付。

三、项目解决方案

结合承租人与出租人在租赁标的退租存在争议的现实情况，C 航空公司基于投资目的要求购买此两架飞机。两架飞机于 2016 年 4 月完成购买意向书谈判，根据当时 Acsend、AVTAS、IBA 三家专业评估机构给出两架飞机平均全寿命价格为 ×××× 万美元，实际成交价格为 ×××× 万美元，低于平均全寿命价格 450 万美元，但 C 航空公司意向书保证金于 2016 年 9 月才完成支付，飞机购买合同随后才得以签署。两架飞机最终于 2017 年 1 月完成产权交割并重新投入运营（B–003 累计停场 24 个月，B–004 累计停场 14 个月，租金损失共计 ×××× 万美元，租金罚款及罚息等通过谈判免除）。此外，在飞机退租过程中，还有一些用于飞机状态恢复的退租支出，无法估算损失。

四、总结

此次 A319 飞机退租事件致使 C 航空公司遭受了巨大的经济损失，究其原因，一方面是 C 航空公司合同违约行为的客观存在，另一方面是 X 租赁公司飞机资产交易的接手方 Z 租赁公司对 A319 这种机型再处置的能力差，同时还是内部费用分摊争议和退租、续租及购买等决定反复及付款不及时等种种因素，导致耗时更长。因此，为了避免此类事件再次发生，航空公司作为承租人，在租赁合同中要对出租人飞机资产交易尽量设置限制条件，同时也需要完善和提高租赁飞机工程管理体系及法律意识和文件，最后对重大争议解决和执行需要有更加有力的管理和控制。

附　录

附录一　经营性租赁合同样本

LEASE AGREEMENT

LEASE AGREEMENT, dated December____, 2001 (this "Lease Agreement") , between ABC LEASING COMPANY, ("Lessor") , and DEF AIRLINES, ("Lessee").

RECITALS

Lessee desires, upon the terms and conditions hereof, to lease the Aircraft from Lessor, and Lessor is willing, upon the terms and conditions hereof, to lease the Aircraft to Lessee.

AGREEMENT

In consideration of the foregoing premise, and for other good and valuable consideration the adequacy and receipt of which are hereby acknowledged, the parties hereto agree as follows:

Definitions; Construction and Interpretation

The capitalized terms used in this Lease Agreement shall have the respective meanings ascribed thereto in Schedule 0 (Omitted).

Lease of Aircraft

Agreement to Lease

Lessor hereby agrees to deliver the Aircraft to Lessee at the Delivery Location and to lease the Aircraft to Lessee, and Lessee hereby agrees to accept the Aircraft at the Delivery Location and to lease the Aircraft from Lessor, in each case, on the Scheduled Delivery Date and in the condition specified in Schedule 3, subject to the satisfaction or waiver of the conditions precedent set out in Schedule 6 and Schedule 7 and otherwise subject to the terms and conditions of the Operative Documents. Lessor and Lessee shall execute and deliver the Acceptance Certificate on the Delivery Date.

Inspections

Inspection Process

Lessor shall cause Airframe Manufacturer to allow Lessee to participate in the final inspections and allow Lessee to assign representatives to participate as observers in the test flight of the Aircraft, all to the extent permitted under the Airframe Manufacturer Purchase Agreement, provided that Lessee shall not interfere with or hinder the work to be carried out on the Aircraft or the proper performance of the Airframe Manufacturer Purchase Agreement and Lessee shall have no right to direct Airframe Manufacturer. Lessee shall participate in such inspections and test flight and shall give Lessor prompt notice of any potential discrepancies from the condition of the Aircraft as described in Schedule 3.

Discrepancies

Any discrepancies from the condition of the Aircraft as described in Schedule 3 which are observed during the final inspection or test flight and identified in writing to Lessor by Lessee on or prior to the Delivery Date and which are not corrected by Lessor or Airframe Manufacturer on or prior to the Delivery Date shall be corrected by Airframe Manufacturer or its designee, at Airframe Manufacturer's cost and expense, after the Delivery Date pursuant to a commitment letter procured from Airframe Manufacturer by Lessor or, if Lessor is unable to procure such a commitment letter, shall be corrected by Lessee or its designee and Lessor shall reimburse Lessee at 100% of Lessee's reasonable actual cost for such correction, payable promptly following demand. Any such claim for reimbursement shall be Lessee's sole remedy for noncompliance, and Lessee shall not have the right to refuse acceptance of the Aircraft because of such discrepancies unless the existence of such discrepancies would prevent the issuance on the Delivery Date of an Airworthiness Certificate, in which event Lessor and Lessee shall negotiate in good faith a fair and equitable procedure by which Lessor shall correct such discrepancies and the Delivery Date shall be delayed until such discrepancies are corrected subject to Section 2.3.

Changes in Delivery Date

If on the Scheduled Delivery Date (1) Lessor has not acquired the Aircraft from Airframe Manufacturer for any reason whatsoever or (2) any of the conditions precedent specified in Schedules 6 or 7 has not been met or waived in accordance with such Schedules, the delivery of the Aircraft under this Lease Agreement shall be delayed beyond the Scheduled Delivery Date and Lessee shall accept delivery of the Aircraft on the first Business Day after the Scheduled Delivery Date on which Lessor has acquired the Aircraft from Airframe Manufacturer and all of such conditions precedent have been so satisfied or waived. Notwithstanding the foregoing, if Airframe Manufacturer notifies Lessor that delivery of the Aircraft under the Airframe Manufacturer Purchase Agreement is delayed or is likely to be delayed significantly, and if as a consequence Lessor or Airframe Manufacturer shall have the right to terminate the Airframe Manufacturer Purchase Agreement, then Lessor and Lessee shall consult with one another concerning such delay or likely delay and then, in the event of any such termination, either party hereto may, by written notice to the other, terminate this Lease Agreement and each other Operative Document, whereupon, except as otherwise expressly provided herein, Lessor shall return to Lessee the Security Deposit and any amounts of Rent-Basic paid by Lessee prior to such termination and neither Lessor nor Lessee shall have any further obligation to the other hereunder or thereunder.

In the event of any such delay or any eventual termination of this Lease Agreement, neither Lessor nor Lessee shall be responsible for any losses, including loss of profit, costs or expenses arising therefrom suffered or incurred by the other except as otherwise expressly provided herein.

Lease Term; Rent; Payments

Lease Term—Basic

Lessee shall lease the Aircraft hereunder for the Lease Term—Basic, which shall commence on the Delivery Date and, unless earlier terminated pursuant to the provisions of any Operative Document, shall end on the Lease Term-Basic Expiry Date.

Rent—Basic

Lessee shall pay rent in monthly instalments, in advance, on each Rent Payment Date, in an amount equal to the Rent-Basic Amount, as reset on each Rent—Reset Date pursuant to clauses (2) of this Section 3.3.

If, on any Rent-Reset Date, the Rent—Actual LIBOR Rate is not equal to the Rent-Assumed LIBOR Rate, then the Rent—Basic Amount shall be reset, according to the following formula:

$$X=A+ [(B–C) \times D] \ 0.062 \ 5\%$$

where:

"X" means the reset Rent—Basic Amount, payable by Lessee on the three Rent Payment Dates next following such Rent—Reset Date.

"A" means the Rent—Basic Amount set out in the definition of

"Rent—Basic Amount" in Schedule 1.

"B" means the Rent—Actual LIBOR Rate as determined on such Rent—Reset Date and expressed as a percentage.

"C" means the Rent—Assumed LIBOR Rate, expressed as a percentage, being 0.040.

"D" means the Rent—Adjustment Factor for such Rent—Reset Date.

Rent-Supplemental

Lessee shall pay promptly to Lessor, any and all Rent—Supplemental and Rent—Supplemental interest at the Past Due Rate on any Rent not paid when due for any period for which the same shall remain unpaid.

Payments in General

Timing and Place of Payment

All payments of Rent shall be made in Dollars by wire transfer on the required date of payment, to the account for Lessor specified in Schedule 4. Lessor shall provide an invoice for each payment of Rent—Basic on each Rent—Reset Date.

Expenses

Whether or not the Aircraft is delivered to Lessee pursuant to this Lease Agreement, Lessee will pay to Lessor on demand:

All reasonable expenses (including reasonable legal, professional, and out-of-pocket expenses);

All expenses (including reasonable legal, survey and other costs).

Calculations

All interest shall be calculated on the basis of the actual number of days elapsed in the relevant period assuming a 360 day year.

Any determination by Lessor of Rent—Actual LIBOR Rate and Rent—Basic Amount, and any adjustment to or reset will be conclusive and binding on both parties.

SECURITY DEPOSIT

Payment of the Security Deposit

Lessor acknowledges that Security Deposit Instalment—1 has been paid. Lessee shall pay to Lessor:

Within three business days following the execution and delivery of this Lease Agreement the Security Deposit Instalment—2 and on or before the Delivery Date, the Security Deposit Instalment—3.

Lessor's Interest in Security Deposit

Lessee agrees not to grant, assign, transfer or pledge to any other Person any right, title or interest in or to the Security Deposit. The Security Deposit may be assigned, charged or pledged by Lessor. If an Event of Default shall occur, Lessor may apply or retain Security Deposit and/or exercise any rights of set-off against the liabilities of Lessor in respect of the Security Deposit. If Lessor applies or retains the Security Deposit or exercises any right of set-off, Lessee shall restore the Security Deposit to its required total sum.

Return of Security Deposit

That portion of the Security Deposit that has not previously been applied or retained shall be returned to Lessee, without interest, seven Business Days after the return date and all of the Secured Obligations have been satisfied in full.

Representations and Warranties

Lessor's Representations and Warranties

Lessor hereby represents and warrants to Lessee that it (a) is a corporation duly organized under the laws of the Lessor Jurisdiction and (b) has the corporate power and authority to enter into and perform its obligations under each Operative Document. The execution, delivery and performance by Lessor of its obligations under each Operative Document to which it is a party have been duly authorized by all necessary corporate action on the part of Lessor. The Operative Documents each have been (as and when delivered by Lessor) duly executed and delivered by Lessor and each constitutes the legal, valid and binding obligation of Lessor, enforceable against Lessor in accordance with its terms. The representations and warranties contained in this Section 5.1.2 shall be deemed made and given on the Delivery Date and each Rent Payment Date-Basic, with reference to the facts and circumstances then existing.

Lessee's Representations and Warranties

Lessee hereby represents and warrants to Lessor that:

Lessee (a) is a company duly organized under the laws of the Lessee Jurisdiction and (b) has the corporate power and authority to

own its assets wherever located or used and to carry on its business as it is now being conducted and to enter into and perform its obligations under each Operative Document to which it is a party. The execution and delivery by Lessee of the Operative Documents to which it is a party, and the performance of its obligations thereunder, have been duly authorized by all necessary corporate action on its part. Such Operative Documents have been duly executed and delivered by it and each constitutes legal, valid and binding obligations, enforceable against it in accordance with its terms;

Lessee holds all Authorizations necessary to (a) permit it to engage in air transport and to carry on passenger service in each case as presently conducted, (b) permit its execution and delivery of each Operative Document to which it is a party and the performance of its obligations thereunder and (c) permit it to operate the Aircraft in compliance with applicable law;

Neither the execution and delivery of any Operative Document by Lessee, nor the performance by Lessee of its obligations thereunder contravenes any of the provisions of its constitutional documents or any law applicable to it or to the Aircraft or any of its assets or conflicts with or results in a default under any document which is binding on Lessee or any of its assets;

It is subject to civil and commercial law with respect to its obligations under each Operative Document to which it is a party and neither it nor any of its assets is entitled to any right of immunity and the entry into and performance of each such Operative Document constitutes its private and commercial acts;

There are no pending or, to Lessee's knowledge, threatened

actions or proceedings before any court, arbitration or administrative agency (a) in respect of this Agreement or any other Operative Document or the Aircraft or the performance by Lessee of its obligations hereunder or under any other Operative Document to which it is a party or (b) which might, if adversely determined, have a Material Adverse Effect;

Except for the registrations, recordations and filings described in Section 7, each of which will be duly made and effected by Lessee as and when required, no further action, including the registration, recordation or filing of any instrument or document is necessary under the laws of the Lessee Jurisdiction (a) in order for this Lease Agreement to constitute a valid and enforceable lease of record relating to the Aircraft, (b) to authorize or permit Lessee to perform its obligations under each Operative Document to which it is a party or (c) fully to protect, establish, perfect and preserve Lessor's title to, and Lessor's rights and interests in, the Aircraft and the Operative Documents as against Lessee and otherwise, except that the filing of an executed copy of this Lease Agreement with the State Administration of Foreign Exchange ("SAFE") will be required in order for SAFE to issue a Foreign Debt Certificate with respect to this Lease Agreement; the audited accounts of Lessee for the periods ended December 31, 2000, in each case, a copy of which has been furnished to Lessor in the form provided to the Aviation Authority, fairly present the financial condition of Lessee as at such dates and the results of operations of Lessee for the periods ended on such dates, all in accordance with Applicable Accounting Principles, consistently applied;

Lessee is the sole beneficial owner of the Security Deposit, and both the Security Deposit and the debt represented by the Security Deposit are free from (a) any Lien and (b) any other interests or claims of third parties;

Each Operative Document and the financial and other information furnished by Lessee in connection with this Lease Agreement or any other Operative Document does not contain any untrue statement or omit to state facts, the omission of which makes the statements therein, in the light of the circumstances under which they were made, misleading in any material respect, nor omits to disclose any material matter to Lessor, and all expressions of expectation, impression, belief and opinion contained therein were honestly made on reasonable grounds after due and careful inquiry by Lessee;

(a) no Default has occurred and is continuing or might result from the entry into or performance of this Lease Agreement; and (b) no other event has occurred and is continuing which constitutes (or with the giving of notice, lapse of time, determination of materiality or the fulfilment of any other applicable condition or any combination of the foregoing, might constitute) a material default under any document which is binding on Lessee or any assets of Lessee; and the obligations of Lessee under the Operative Documents to which it is party rank at least pari passu with all other present and future unsecured and unsubordinated obligations (including contingent obligations) of Lessee, with the exception of such obligations as are mandatorily preferred by law and not by virtue of any contract.

The representations and warranties above will survive execution of the Lease Agreement and those contained in clauses (1) through (4), inclusive, (6), (8) and (11) of this Section 5.2 are continuing representations, warranties and covenants and shall be deemed made and given on each Rent Payment Date—Basic, with reference to the facts and circumstances then existing.

The rights and remedies of Lessor or Lessee, as the case may be, in relation to any misrepresentation or breach of warranty on the part of the other party shall not be prejudiced by any investigation by or on behalf of Lessor or Lessee, as the case may be, into the affairs of the other party, by the performance of any Operative Document or by any other act or thing which may be done or omitted to be done by Lessor or Lessee, as the case may be, under any Operative Document or any related document and which would or might, but for this provision, prejudice such rights and remedies.

General Covenants

(Omitted)

Title; Registration and Filings; Etc.

Title to the Aircraft

Lessee acknowledges that title to the Aircraft shall at all times be and remain solely and exclusively vested in Lessor and that the Operative Documents constitute for all purposes, including tax purposes, an agreement to lease the Aircraft to Lessee and, accordingly, Lessee shall have no right, title or interest in the Aircraft except the right to possess and use the Aircraft during the Lease Term as provided herein. Lessee will not at any time represent or hold out Lessor or any Financing Party as carrying goods or passengers on the Aircraft or as being in any way connected or associated with any operation of the Aircraft or pledge the credit of Lessor or any Financing Party or, except as expressly provided herein, attempt, or hold itself out as having any power, to sell, charge, lease or otherwise dispose of or encumber the Aircraft, the Engines or any Part and shall, at all times make clear that title to the Aircraft is held by Lessor.

Registration, Recordation, Filings, Etc.
Register Aircraft

Lessee shall, at Lessee's expense and for the duration of the Lease Term, procure that:

On the Delivery Date, the Aircraft is duly registered with the Aviation Authority in the name of Lessee as operator, and as soon as practicable after the Delivery Date, the interests of Lessor as owner and lessor, and (if requested by Lessor) one or more of the Financing Parties as mortgagee, shall be registered with the Aviation Authority, and thereafter shall maintain, or procure the maintenance of, such registration throughout the Lease Term.

Recordation of Lease

If permitted under applicable law, Lessee shall, at Lessee's expense and for the duration of the Lease Term, cause the recordation of this Lease Agreement with the Aviation Authority. Lessee shall, at Lessee's expense, cause such recordation to be maintained in good standing at all times during the Lease Term.

Other Registration, Recordation and Filing

Lessee shall, at Lessee's expense and for the duration of the Lease Term, take, or cause to be taken, such action with respect to the registration, recording, filing, reregistering, rerecording and refiling of any Operative Document, any Financing Security Document or other documents or instruments as necessary or advisable under the laws of the State of Registration, the Lessee Jurisdiction, under any jurisdiction in which the Aircraft will be operated by Lessee, or under any international treaty, convention or protocol, fully to protect, establish, perfect and preserve Lessor's title to, and Lessor's and each Financing Party's rights and interests in, the Aircraft and the other Operative Documents as against Lessee and any other Person.

Possession

Lessee may operate the Aircraft for the benefit of a third party under a "wet lease" arrangement.

Except as expressly permitted pursuant to Section 8.1(1), Lessee shall not wet lease and shall not sublease the aircraft at any time without the prior written consent of lessor which consent shall not be unreasonably withheld.

Indemnities

General Indemnity

Subject only to the exceptions set forth in Section 9.2, Lessee hereby assumes liability for and hereby agrees on demand to indemnify and keep indemnified each Indemnified Party against, and agrees to protect, save and keep harmless each Indemnified Party from, any and all Expenses from time to time imposed on, incurred by or asserted against any Indemnified Party.

Risk of Loss, Destruction and Requisition, Etc.

Risk of Loss

Throughout the Lease Term and until the Return, Lessee shall bear all risk of loss, damage, theft or destruction of, or any other Event of Loss with respect to, the Aircraft, the Airframe, each Engine and each Part.

Notice of Damage or Event of Loss

Lessee shall notify Lessor promptly of any loss or damage and shall provide a proposal for carrying out the correction or repair.

Upon the occurrence of (a) an event or circumstance which may result in an Event of Loss of the Aircraft or any Engine, Lessee shall promptly notify Lessor of such event or circumstance and of the steps being taken (or proposed to be taken) with respect thereto and (b) an Event of Loss with respect to the Aircraft or any Engine, Lessee shall forthwith (and, in any event, within 15 days after such occurrence) give Lessor written notice of such Event of Loss.

Insurance

At all times during the Lease Term, and until the Aircraft is returned to Lessor in the condition and manner required by each Operative Document, Lessee shall maintain or cause to be maintained with respect to the Aircraft, at its own expense, the following described insurances:

Liability: US $ 500 000 000

Hull Value: US $ 50 000 000

Application of Proceeds of Hull Insurance

Event of Loss-Aircraft

All proceeds of hull and hull war insurance as the result of the occurrence of an Event of Loss shall be applied (1) first, to pay all Secured Obligations owing by Lessee under the Operative Documents (other than Stipulated Loss Value), including all expenses and costs of Lessor due under Section 9 to Lessor in connection with such Event of Loss, (2) second, in reduction of the Stipulated Loss Value payable by Lessee (to the extent not already paid by Lessee) and (3) third, with the remaining amount, if any, to be paid to and retained by Lessee.

Event of Loss-Engine

All proceeds of casualty insurance maintained by Lessee in compliance with this Section 11 and received by Lessor with respect to an Event of Loss with respect to an Engine under the circumstances contemplated by Section 10.4 shall be applied (1) first, to pay all Secured Obligations owing by Lessee under the Operative Documents, including all expenses and costs of Lessor due under Section 9 to Lessor or otherwise incurred by Lessor in connection with such Event of Loss or collection of such proceeds, and (2) second, with the remaining amount, if any, to be paid to and retained by Lessee, provided that Lessee shall have replaced such Engine with a Replacement Engine and otherwise complied with all of the terms of Section 10.4.

Damage Not Constituting an Event of Loss

All proceeds of casualty insurance maintained in compliance with this Section 11 and received with respect to damage to or loss of any part of the Aircraft in circumstances not constituting an Event of Loss and of an amount exceeding the Damage Notice Threshold shall be retained by Lessor until such time as the related repair or replacement shall have been completed, at which time, so long as no Default shall have occurred and be continuing, such amounts not applied as otherwise permitted hereunder shall be paid over to and retained by Lessee.

Liability Insurance
Liability Proceeds

All insurance proceeds in respect of third party liability will, except to the extent paid by the insurers to the relevant third party, be paid to the relevant Person in reimbursement of any payment so made.

Continuation of Liability Insurance

After the last day of the Lease Term, and at Lessee's cost, Lessee shall carry, at its own expense, liability insurance of the types and in the amounts required under this Section 11.1 and each Insured Party shall be named as an additional insured thereunder, for a period ending at the earlier of (1) two years from the last day of the Lease Term or (2) completion of the next "C" check. This obligation shall survive and remain in full force and effect, notwithstanding the expiration or termination of the Lease Term or of any Operative Documents.

Events of Default

Payments

Lessee shall have failed to make any periodic or scheduled payment in accordance with any Operative Document (including any payment of Rent-Basic, Return Compensation Payments or Stipulated Loss Value) within three Business Days after the date the same shall have become due.

Lessee shall have failed to make any other payment in accordance with the Operative Documents when the same shall have become due and such failure shall continue for five Business Days.

Covenants; Representations and Warranties

Lessee shall have failed to carry and maintain any insurance required to be maintained under Section 11, the Aircraft shall be operated in contravention of the requirements of the conditions of any such insurance, or Lessee shall breach any warranty or condition of any such insurance.

Lessee shall have failed to return the Aircraft at the end of the Lease Term as and in the condition required by Section 3 of Schedule 2.

Lessee shall have failed to (a) accept delivery of the Aircraft when obliged to do so under Section 2 or (b) Lessee shall have failed to comply with its obligations under Section 4, 6.2.1, 6.2.4, 7 or 8.

Lessee shall have failed to comply with, observe or perform, and shall fail to cause to be complied with, observed and performed, any of its covenants, agreements or obligations under any Operative Document and, except to the extent provided above in this Section 12, if such failure is capable of remedy, such failure shall continue for 30 days after written notice thereof to Lessee.

Any representation or warranty made by Lessee in any Operative Document shall have proven to have been incorrect, inaccurate or untrue in any material respect as of the time made or repeated and, only if the same is capable of cure, such incorrectness, inaccuracy or untruth shall have continued for a period of 30 days after written notice thereof to Lessee.

Insolvency

Lessee is, or is deemed for the purposes of any relevant law to be, unable to pay its debts as they fall due or to be insolvent, or admits inability to pay its debts as they fall due; or

Lessee suspends making payments on all or any class of its debts or announces an intention to do so, or a moratorium is declared in respect of any of its indebtedness.

Liquidation and Similar Proceedings, Receiver, Authorisations, Etc., Indebtedness or Lease Default, Judgments, Suspension of Business, Disposal, and Adverse Change (Omitted).

Remedies

Upon the occurrence of any Event of Default and so long as the same shall be continuing, Lessor shall have the right to (1) accept such Event of Default as a repudiation of this Lease Agreement and terminate the Lease Term and/or terminate this Lease Agreement and each other Operative Document and (2) whether or not Lessor exercises its rights under clause (1), do all or any of the following, at its option and in its sole discretion whereupon all rights of Lessee under this Agreement and the Operative Documents shall cease forthwith, (but without prejudice to the continuing obligations of Lessee thereunder), in addition to such other rights and remedies which Lessor may have under applicable law:

Retake Possession

Upon the written demand of Lessor and at Lessee's expense, cause Lessee to return promptly, and Lessee shall return promptly, the Airframe and Engines or such Part of the Aircraft as Lessor may so demand to Lessor or its order in the manner and condition required by, and otherwise in accordance with all the provisions of, this Agreement as if such Airframe and Engines or such Part of the Aircraft were being returned at the expiration of the Lease Term, or Lessor at its option, may enter upon the premises where the Airframe or an Engine or such Part of the Aircraft is located and take immediate possession of and remove the same (together with any engine which is not an Engine but which is installed on the Airframe, subject to all the rights of the owner, lessor, lienor or secured party of such engine, and such engine shall be held for the account of any such owner, lessor, lienor or secured party or, if owned by Lessee, may, at the option of Lessor, be exchanged with Lessee for an Engine as if the original Engine had suffered an Event of Loss) by summary proceedings or otherwise, and Lessee waives any right it may have under applicable law to a hearing prior to repossession of the Aircraft, Airframe or any Engine or Part (and/or, at Lessor's option, store the same at Lessee's premises until disposal thereof by Lessor), all without liability accruing to Lessor for or by reason of such entry or taking of possession or removing whether for the restoration of damage to property caused by such action or otherwise, and Lessor is hereby irrevocably by way of security for Lessee's obligations under this Lease Agreement appointed attorney for Lessee in causing the redelivery and will have all the powers and authorizations necessary for taking that action.

Termination or Enforcement

Terminate this Lease Agreement and any other Operative Document, terminate the leasing of the Aircraft hereunder by Lessee (whereupon all of Lessee's rights in relation to the Aircraft shall cease forthwith) and/ or exercise any other right or remedy which may be available to it under applicable law or proceed by appropriate court action to enforce the terms hereof and/or exercise any other power, right or remedy which may be available to Lessor hereunder or under applicable law. Without limiting the generality of the foregoing Lessor shall have the right:

To require Lessee, and Lessee will, at request of Lessor, take all steps necessary to effect (if applicable) deregistration of the Aircraft and its export from the country where the Aircraft is for the time being situated and any other steps necessary to enable the Aircraft to be redelivered to Lessor in accordance with this Lease Agreement;

To require Lessee and Lessee will, at request of Lessor and at Lessee's expense, take all steps necessary to ensure all rights under any warranty from any manufacturer, vendor, sub-contractor or

supplier with respect to the Aircraft are assigned, including the obtaining of any such party's consent to such assignment, to Lessor to the extent such warranties have not expired otherwise than through the assignment itself; and without need of any consent, authorization or action of Lessee, to cause the Aircraft to be deregistered by the Aviation Authority, and to be made ready for export and to be exported out of the Lessee Jurisdiction, and to cause all rights of Lessee in respect of the Aircraft and this Lease Agreement and each other Operative Document under or in connection with or resulting from the registration of the Aircraft or the recordation of the Operative Documents with the Aviation Authority or otherwise under or in connection with or resulting from any law in the Lessee Jurisdiction, to be terminated and extinguished. In furtherance of the foregoing, Lessor shall be entitled and empowered to act in the name and in the place of Lessee as may be necessary or desirable, in Lessor's sole discretion, including with respect to the execution of documents and instruments, to effect such deregistration, derecordation, exportation, termination and extinguishment. Lessee hereby irrevocably and by way of security for its obligations under this Lease Agreement appoints Lessor as its attorney to execute and deliver any documentation and to do any act or thing required in connection with the foregoing.

Application of Funds, Etc.

Without limiting any other provision of this Lease Agreement or of any other Operative Document, Lessor shall have the right to continue to hold the Security Deposit and any other amounts received or held in respect of any Secured Obligations, and to withhold or set off against all amounts otherwise payable to Lessee hereunder or under any other Operative Document, and to use and apply in whole or in part any or all of such amounts, withholdings and setoffs to and against the Secured Obligations (in whatever order and according to whatever priority Lessor may choose), and any such use, application or setoff shall be absolute, final and irrevocable.

If any sum paid or recovered in respect of the liabilities of Lessee under this Agreement or any other Operative Document is less than the amount then due, Lessor may apply that sum to amounts due from Lessee under this Agreement or any other Operative Document in such proportions and order and generally in such manner as Lessor may determine.

Lessor may set off any matured obligation owed by Lessee under any Operative Document against any matured obligation owed by Lessor to Lessee, regardless of the place of payment or currency. If the obligations are in different currencies, Lessor may convert either obligation at the market rate of exchange available in London or, at its option, New York, for the purpose of the set-off. Amounts which would otherwise be due to Lessee from Lessor will fall due only if and when Lessee has paid all sums owing to any Indemnified Party, except only to the extent Lessor otherwise agrees or sets off such amounts against payments owing to it pursuant to the foregoing provisions of this clause (3).

Damages

In addition to Lessor's rights under Section 9.1, recover from Lessee, and Lessee shall on demand indemnify Lessor for:

All accrued and unpaid Rent-Basic payable hereunder in respect of any period prior to Return of the Aircraft to Lessor in the condition and otherwise in the manner required under this Agreement and all Expenses incurred, directly or indirectly, by Lessor in connection with such Event of Default or the exercise of Lessor's remedies with respect to such Event of Default, including (a) all reasonable costs and expenses incurred in connection with recovering possession, deregistration, exportation of the Airframe or any Engine and/or all reasonable costs and expenses in placing such Airframe or Engine in the configuration, condition and repair required by Section 3 to Schedule 2 and the other provisions of this Lease Agreement and all lost Rent-Basic payments during such recovery and reconditioning, and in addition all Return Compensation Payments which would be due under Section 3.9 of Schedule 2 to this Lease Agreement, and (b) all damages incurred by Lessor in connection with such Event of Default, including all losses suffered by Lessor because of Lessor's inability to place the Aircraft on lease with another lessee on terms as favorable to Lessor as this Lease Agreement or because whatever use, if any, to which Lessor is able to put the Aircraft upon its return to Lessor, or the amount received by Lessor upon a sale or other disposal of the Aircraft, is not as profitable to Lessor as leasing the Aircraft in accordance with the terms of this Lease Agreement would have been, including in each case, amounts corresponding to the payments of Rent-Basic which would have been due from the Return of the Aircraft to Lessor until the Aircraft is placed on lease or otherwise disposed of by Lessor.

Lessor will use reasonable endeavours to mitigate any losses, costs, damages or Expenses for which Lessee is responsible under clause (2) (b) above, but Lessor shall not be obliged to consult with Lessee concerning any proposed course of action or to notify Lessee in advance of the taking of any particular action. Lessor shall provide a statement, with reasonable details, of any loss, cost, damage or Expense claimed under this Section 13.4.

Sale or Re-lease of Aircraft

If an Event of Default occurs, Lessor may sell or re-lease or otherwise deal with the Aircraft at such time and in such manner and on such terms as Lessor considers appropriate in its absolute discretion, free and clear of any interest of Lessee, as if this Lease Agreement had never been entered into.

Assignment of Lease

Assignment by Lessor

Generally

Lessor may, without the consent of Lessee, at any time:

sell, transfer, assign absolutely or otherwise dispose of its right, title and interest in and to this Agreement, any other Operative Document and the Aircraft, to any Person, including pursuant to a sale and leaseback or a novation of this Lease Agreement together with a sale of the Aircraft (any such transaction, an "Absolute Transfer") ; or mortgage, assign or otherwise grant an interest or transfer as security all or any portion of its right, title and interest in and to this Lease Agreement, any Operative

Document and/or the Aircraft, to any Person, including pursuant to a secured loan financing (any such transaction, a "Security Transfer").

Lessor will promptly notify Lessee of any transfer and Lessee agrees promptly to execute and deliver in connection with any transfer such documents and assurances (including executing a consent to the assignment, transfer or a novation agreement, as applicable, and procuring the reissuance of insurance certificate(s) to reflect such transaction) and to take such further action as Lessor may reasonably request to establish or protect the rights and remedies created or intended to be created in favour of the transferees in connection with any transfer, provided that any such transfer shall comply with the conditions specified in Section 14.1(2), in the case of an Absolute Transfer, or with the conditions specified in Section 14.1(3), in the case of a Security Transfer.

Conditions-Absolute Transfer

As conditions precedent to any Absolute Transfer by Lessor becoming effective:

Quiet Enjoyment: Lessor will procure that the transferee (save where such transferee is also the "Lessor" hereunder, and therefore is bound by Section 6.1.1) shall have executed and delivered to Lessee a letter of quiet enjoyment in respect of Lessee's use and possession of the Aircraft which shall contain a covenant substantially in the form of Section 6.1.1;

Costs: Lessor shall have reimbursed to Lessee (or following such transfer shall promptly reimburse to Lessee) its reasonable out-of-pocket expenses (including, without limitation, legal expenses) actually incurred in

No Increase in Obligations: Lessee's obligations under the Operative Documents shall not, as measured at the time of the completion of such transfer, increase as a consequence of such transfer;

Without prejudice to any rights of any Indemnified Party under any Operative Document in effect on or after the occurrence of an Absolute Transfer, after such Absolute Transfer and at Lessee's cost, if any, Lessee shall comply with the terms and conditions of Section 11.3 with respect to "Lessor" and each other Indemnified Party (as determined immediately prior to such Absolute Transfer) as if the effective date of such Absolute Transfer were the last day of the Lease Term.

Assignment by Lessee

Lessee may not, without the prior written consent of Lessor, assign (except by merger or consolidation permitted under Section 6.2.1) any of its right, title or interest in, or delegate any of its obligations under, any Operative Document, and any such assignment or delegation without the prior written consent of Lessor shall be null and void.

Confidentiality

Each of Lessee and Lessor shall keep each Operative Document (and all terms and provisions hereof and thereof) confidential and shall not disclose, or cause to be disclosed, the same (except to the extent that the same is already in the public domain other than by breach of this Section 17) to any Person, without the prior written consent of the other, except (1) to prospective and permitted transferees of Lessor or any Financing Party or to any prospective Financing Party, and their respective legal counsel, accountants, insurance brokers and other advisers, (2) in connection with any enforcement of any Operative Document by Lessor or any Financing Party, (3) to its Affiliates or the Affiliates of any Financing Party, or to their respective actual or prospective transferees, (4) as may be required by law or (5) to its professional advisers, provided that any and all disclosures of all or any part of such documents and/or information which are permitted by this Section 17 shall be made only to the extent necessary to meet the specific requirements or needs of the Persons to whom such disclosures are hereby permitted and the disclosing party shall inform such Persons of the confidential nature of such documents and/or information.

Governing Law and Jurisdiction

English Law

This lease agreement and each other operative document, unless otherwise expressly provided therein, shall be governed by and construed in accordance with the laws of england and wales.

Jurisdiction

Each of Lessor and Lessee hereby agrees that the English courts are to have non-exclusive jurisdiction to settle any disputes which may arise in connection with this Lease Agreement or any other Operative Document, and by execution and delivery of this Lease Agreement each of Lessor and Lessee hereby irrevocably submits to and accepts with regard to any such action or proceeding, for itself and in respect of its assets, generally and unconditionally, the jurisdiction of the aforesaid courts. Each of Lessor and Lessee waives objection to the English courts on grounds of inconvenient forum or otherwise as regards proceedings in connection with the Operative Documents and agrees that a judgment or order of an English court in connection with an Operative Document is conclusive and binding on it and may be enforced against it in the courts of any other jurisdiction. Nothing herein shall limit the right of either Lessor or Lessee from bringing any legal action or proceeding or obtaining execution of judgment against the other in any other appropriate jurisdiction or concurrently in more than one jurisdiction. Each of Lessor and Lessee further agrees that, subject to applicable law, a final judgment in any action or proceeding arising out of or relating to this Lease Agreement or any other Operative Document shall be conclusive and may be enforced in any other jurisdiction outside England by suit on the judgment, a certified or exemplified copy of which shall be conclusive evidence of the fact and the amount of the indebtedness or liability therein described, or in any other manner provided by law.

Lessee's Process Agent

Lessee hereby irrevocably designates, appoints and empowers Law Debenture Corporate Services Limited, Fifth Floor, 100 Wood Street, London EC2V 7EX, United Kingdom, as its authorized agent to receive on its behalf and on behalf of its property service of copies of the summons and complaint and any other process which may be served in any action or proceeding arising out of or relating to any Operative Document. Such service may be made by mailing or delivering a copy of such process in care of the appropriate process agent described in this Section 18.3 and Lessee hereby irrevocably authorizes and directs its designated process agent to accept such service on its behalf. Lessee further agrees that failure by a process agent appointed in accordance with the foregoing terms to notify Lessee of the process shall not invalidate the proceeding concerned. Notwithstanding the foregoing, nothing herein shall affect the rights of either party to serve process in any other manner permitted by Law. Lessee shall maintain such process agent, or such other Person located within England as may be acceptable to Lessor, as its agent for service of process in England during the Lease Term and six months thereafter, at Lessee's sole cost and expense.

Lessor's Process Agent

Lessor hereby irrevocably designates, appoints and empowers Law Debenture Corporate Services Limited, Fifth Floor, 100 Wood Street, London EC2V 7EX, United Kingdom, as its authorized agent to receive on its behalf and on behalf of its property service of copies of the summons and complaint and any other process which may be served in any action or proceeding arising out of or relating to any Operative Document. Such service may be made by mailing or delivering a copy of such process in care of the appropriate process agent described in this Section 18.3 and Lessor hereby irrevocably authorizes and directs its designated process agent to accept such service on its behalf. Lessor further agrees that failure by a process agent appointed in accordance with the foregoing terms to notify Lessor of the process shall not invalidate the proceeding concerned. Notwithstanding the foregoing, nothing herein shall affect the rights of either party to serve process in any other manner permitted by Law. Lessor shall maintain such process agent, or such other Person located within England as may be acceptable to Lessee, as its agent for service of process in England during the Lease Term and six months thereafter, at Lessor's sole cost and expense.

Miscellaneous

Amendments

No provision of any Operative Document may be amended, changed, waived or discharged orally, and no provision of any Operative Document shall be varied, contradicted or explained by any oral agreement.

Counterparts

Any Operative Document and any amendments, waivers, consents or supplements hereto or thereto may be executed in any number of counterparts, each of which when so executed shall be deemed to be an original, and all of which counterparts, taken together, shall constitute one and the same instrument.

Notices

All notices, requests and other communications to Lessee, Lessor or any other Person under any Operative Document shall be in writing.

Language

All notices to be given under each Operative Document shall be in English.

Entire Agreement

This Lease Agreement and the other Operative Documents constitute the entire agreement between the parties concerning the subject matter hereof, and supersede all previous proposals, agreements, understandings, negotiations and other written and oral communications in relation hereto. The parties acknowledge that there have been no representations, warranties, promises, guarantees or agreements, express or implied, except as set forth herein or in the other Operative Documents.

Lessee and Lessor have caused this Lease Agreement to be executed as a deed by their respective officers on the day and year first above written.

ABC COMPANY

By: ———————————

    Title:

DEF COMPANY

By: ———————————

    Title:

SCHEDULE 1

RETURN CONDITIONS

Condition of Airframe and Engines

On the last day of the Lease Term, the Aircraft (1) shall conform to the configuration of the Aircraft on the Delivery Date, except as changed in a manner either required or permitted pursuant to any Operative Document (including having the modifications described in Section 1.4.4 of Schedule 2 reversed by Lessee) and (2) shall:

General Requirements

Have been operated, maintained and repaired in accordance with the Lease Agreement, have all the same capabilities as on the Delivery Date, have no deferred maintenance, have all of its components and systems functioning in accordance with relevant manufacturer's specifications, within applicable limits and showing no signs of incipient fault, and be substantially free of corrosion, and shall be in good condition, normal wear and tear accepted.

Condition Permitting Commercial Operation

Be in FAA Condition and in a condition suitable for commercial passenger operation by a U.S. Part 121 carrier.

Airworthiness, Deregistration and Export Matters

(1) Have been deregistered from all relevant aircraft registries and notice of deregistration by the Aviation Authority shall have been sent to an aviation authority designated by Lessor, (2) have, and be in compliance with, at Lessor's option, (a) a valid export certificate of airworthiness (or its equivalent) or (b) a valid certificate of airworthiness (or its equivalent), in either case, issued by the Aviation Authority and (3) have and be in compliance with all necessary export certificates and other documents and requirements allowing for immediate export of the Aircraft from the State of Registration.

Final Airframe Check

With respect to the Airframe, (1) have accomplished immediately after removal from service and immediately prior to delivery to Lessor an Airframe D Check and (2) have accomplished all systems/zonal and structures/corrosion checks, CPCP checks and inspections and equivalent maintenance or inspections that fall within the next 16 months, 4 000 Airframe Flight Hours or 2 800 Airframe Flight Cycles.

Have, as a part of the final "C" Check, completed a refurbishment and cleaning of the flight deck and cabin and other portions of the interior and corrosion inspections, such refurbishment, cleaning and inspections to be performed to the standard which Lessee would use for an aircraft being placed in service in its fleet, which shall include inspection and repair of all seats, replacement of damaged, discolored or severely worn seat covers and cushions and other work to insure that such seats are in good operating condition. The Aircraft carpeting shall be replaced.

ADs, Service Bulletins, Etc.

Be in compliance on a terminating basis with all Aviation Authority and FAA AD modifications, and all alert SB modifications, where (a) in the case of ADs, the mandatory compliance date for which action on such basis falls during the Lease Term or, for FAA ADs only, 9 months, 2 200 Airframe Flight Hours or 1 400 Airframe Flight Cycles after the Return and (b) in the case of alert SBs, the issuance date thereof is during the Lease Term and the recommended incorporation date falls during the Lease Term or 9 months, 2 000 Airframe Flight Hours or 1 400 Airframe Flight Cycles after the Return.

Engine Condition

Have neither Engine on watch for any reason whatsoever, and (1) each Engine shall have at least 4 000 Engine Flight Hours and 3 000 Engine Cycles remaining until its next Engine Basic Shop Visit, and (2) the Engine operational and performance parameters shall be sufficiently within limits specified by Engine Manufacturer and the condition of the Engine shall otherwise be such to permit full take-off power to manufacturer's specification (as determined by, inter alia, an examination of the last six months of trend monitoring). If Lessor and Lessee are unable to agree whether any of the foregoing conditions have been met, Lessor and Lessee shall consult a qualified Engine Manufacturer engineer and agree to be bound by the determination of such engineer (the cost of such engineer to be shared equally by Lessor and Lessee). Lessee shall correct any discrepancies outside of manufacturer-approved limits.

Engine Borescope

For each Engine, a complete (100% of all accessible stages) video borescope inspection for such Engine shall have been performed by an inspector selected, and paid for, by Lessor, and Lessee shall correct any discrepancies outside of manufacturer-approved limits found during such inspection.

Full-Rated Performance

Be capable of certificated, full-rated performance without limitations throughout the operating envelope as defined in the airplane flight manual; performance compliance will be demonstrated by one or more of the following, at Lessor's option: (1) at the time of the acceptance flight test, (2) by on-wing static inspection and testing of the powerplants in accordance with the engine maintenance manual, (3) by review of historical maintenance records, including trend monitoring and EGT/test cell data (in the event an Engine is just out of test cell) or (4) by power assurance conditional checks in accordance with Lessee's Maintenance Program and Engine Manufacturer's recommendations.

APU Condition

With respect to the APU, have not more than 3 500 APU Hours since its last removal and APU Basic Shop Visit, and the APU shall have had a complete (100% of all accessible stages) video borescope inspection shall have been performed by an inspector selected, and paid for, by Lessor. Lessee shall correct any discrepancies outside of manufacturer-approved limits found during such inspection.

Landing Gear Condition

With respect to each Landing Gear, have at least 24 months and 2 500 Airframe Flight Cycles remaining until its next scheduled removal or Landing Gear Overhaul.

General

The Aircraft shall (a) be clean, (b) have no excessive, multiple or overlaid external repairs, (c) have no loose, missing or pulled fasteners, and (d) be free of scratches, buckles and damage exceeding manufacturer tolerances.

The Aircraft shall be free of fuel leaks, and the fuel, hydraulic and oil systems of the Aircraft, including the Engines and the fuel tanks, shall have been tested and free of any contaminants and corrosion and Lessee shall provide to Lessor the results of laboratory tests of all such systems.

All decals and required notices shall be installed and shall be clean, secure and legible.

All doors shall be free moving, correctly rigged and be fitted with serviceable seals, and free of any air noise or leaks.

All panels and other surfaces shall be secure, properly sealed and free of excessive cracks, stains and other disfigurement.

Windows shall be free of excessive delamination, blemishes, crazing, and shall be properly sealed and free of any air leaks.

All control surfaces, unpainted cowlings and fairings shall be waxed and polished.

All seats shall be serviceable and in good condition.

[Intentionally omitted]

All galley areas shall be free from contamination and meet safety and health standards.

Floor coverings shall be effectively sealed.

All cargo nets shall be in good condition.

Landing gear and doors shall be free of leaks and properly

rigged.

Wheel wells shall be free of leaks.

Aircraft Documentation

At Return, Lessee shall deliver to Lessor at the Return Location the Aircraft Documentation. All Aircraft Documentation provided to Lessor at time of Return shall be listed and included as an attachment to the Return Acceptance Certificate. Lessee shall ensure that all Aircraft Documentation provided to Lessor shall be in good condition, readable and capable of being reproduced using standard reproduction processes and otherwise shall have been maintained in accordance with the requirements of the FAA and of the Operative Documents. All Aircraft Documentation shall be in printed form (except only those documents which Lessee has received only in non-printed form). Such sets of aircraft, engine and seat and galley vendor manuals and technical documents as were delivered, for this Aircraft, to Lessee by Lessor, Airframe Manufacturer or Engine Manufacturer shall be returned with the Aircraft.

Assignment of Warranties

At Return, Lessee shall assign to Lessor any remaining Airframe, Engine, Part or other warranties with respect to the Aircraft pursuant to a written agreement in form and substance satisfactory to Lessor, and Lessee shall procure all necessary manufacturer and other vendor consents to such assignment.

SCHEDULE 2

DELIVERY CONDITIONS

A. New from the Airframe Manufacturer (1) with an MTOW of 155 500 lbs., (2) in a 164-dual class (8 B/C, 156 E/C) configuration, similar to LOPA-378-1132, (3) with all equipment necessary for 180-minute ETOPs operations, (4) with each engine having a maximum rated takeoff thrust of 24 200 lbs., (5) painted in a reasonable external livery as specified by Lessee, (6) with the following Airframe Manufacturer master changes incorporated:

M/C No.	Description

0252A888A35 English/metric units–

1110A079N80 Apply exterior paint–airplanes without winglets–

1130A079N85 Lower lobe placards–

1130A079N87 Bilingual placards–

1130A079N88 Lighted signs–

2130A541C36 Cabin pressure–

2311B182A04 Add 2nd HF system–

2334A857E67 Revise audio part–

2351B182A01 Change microphone–

2520A079N92 Revise interior–

2844B182A02 Fuel sticks–

3162A637F09 PFD/ND display–

3446A636C96 GPWS–

3461A636D73 Modify FMCS–

2312A637D95 Change VHF–

2331A857E62 Change PA–

2560A150E04 Change PBE's

3430A637D98 Change MMR–

3433A572C51 Change Radio Alt–

3443A637F10 Change Radar–

3445A572C50 Change TCAS–

3451A637E00 Change VOR–

3453A572C53 Change ATC–

3455A637D99 Change DME–

3457A637E01 Change ADF–

2331A857E63 Change PRAM–

and (7) otherwise in compliance with Detail Specification D109AOO1BOU38P-1, Revision B, dated April 15 2001. Lessor shall bear the cost of MP's 2311B182A04 ($43 000) and 2520A079N92 ($28 800–1997 STE).

B. With the documents and manuals listed in Annex 2 to the Acceptance Certificate.

SCHEDULE 3

LESSOR'S CONDITONS PRECEDENT

The obligation of Lessor to deliver and lease the Aircraft to Lessee under the Lease Agreement is subject to the fulfilment to the satisfaction of Lessor, and Lessee shall procure such fulfilment, to the satisfaction of Lessor, on the Delivery Date (or, if another date is specified below, on or prior to such date) of the following conditions precedent:

Agreements and Documents

The following documents, agreements, instruments or certificates shall have been duly authorized, executed and delivered by the respective party or parties thereto (other than Lessor), shall each be satisfactory in form and substance to Lessor and shall be in full force and effect (unless expressly provided otherwise) and in the English language, where appropriate, shall have been duly notarised and legalised and executed counterparts thereof shall have been delivered to Lessor:

Lease Agreement

Acceptance Certificate
Insurance Documents
(1) A certificate of insurance to the Lease Agreement.
(2) A certificate of insurance if required by Airframe Manufacturer.

Legal Opinion

Constitutional Document

A copy of the business license of Lessee.

Resolutions

A copy of a resolution of the board of directors of Lessee.

[Intentionally Omitted]

Lessee's Maintenance Program

A copy of Lessee's Maintenance Program.

First Rent Payment Made

Lessee shall have paid the first instalment of Rent-Basic.

Security Deposit Paid

Lessee shall have paid the Security Deposit instalments due on or before the Delivery Date.

Registration of Aircraft

The Aircraft shall have been duly registered with the Aviation Authority and a certificate of airworthiness shall have been issued by the Aviation Authority.

Filings, Etc.

Lessor shall have received evidence that on the Delivery Date all filings, registrations, recordings and other actions have been or will be taken.

Authorizations

Lessor shall have received evidence of the issuance of SDRC and Aviation Authority approval for the leasing of the Aircraft.

No Default, No Event of Loss
No Default, Event of Loss
Delivery from Airframe Manufacturer

The Aircraft shall have been delivered to Lessor at the Delivery Location, new from Airframe Manufacturer.

Other Matters

All other matters incident to the Operative Documents and the lease of the Aircraft shall be reasonably satisfactory to Lessor and Lessor shall have received all such other documents in form and substance satisfactory to it as it may reasonably require.

SCHEDULE 4

LESSEE'S CONDITIONS PRECEDENT

The obligation of Lessee to lease the Aircraft from Lessor under the Lease Agreement is subject to the fulfilment to the satisfaction of Lessee, and Lessor shall procure such fulfilment (other than with respect to the absence of an Event of Loss or incipient Event of Loss as provided in Section 4 of this Schedule 7), to the satisfaction of Lessee, on the Delivery Date (or, if another date is specified below, on or prior to such date) of the following conditions precedent:

Agreements and Documents

The following documents, agreements, instruments or certificates shall have been duly authorized, executed and delivered by the respective party or parties thereto (other than Lessee), shall each be satisfactory in form and substance to Lessee and shall be in full force and effect (unless expressly provided otherwise) and in the English language, and executed counterparts shall have been delivered to Lessee:

Lease Agreement

Acceptance Certificate

Airframe Warranty Assignment

Engine Warranty Assignment

Secretary's Certificate of Lessor

Condition of Aircraft

The Aircraft shall be in the condition specified in Schedule 2 to the Lease Agreement.

Lessor's Representation and Warranties

Lessor's representations and warranties contained in Section 5 of the Lease Agreement shall be true and correct on the Delivery Date.

No Default or Event of Loss

Lessor shall not be in default of any of its obligations under the Operative Documents (including Lessor's obligation to tender the Aircraft under Section 2 of the Lease Agreement) and no Event of Loss, or event, condition or circumstance that would with the giving of notice or passage of time become or give rise to an Event of Loss, shall have occurred.

SCHEDULE 5

ACCEPTANCE CERTIFICATE

ACCEPTANCE CERTIFICATE (MSN *****), dated [_____] ,
2001 (this "Acceptance Certificate"), by DEF AIRLINES ("Lessee").

Reference is made to Lease Agreement (MSN *****) dated
December ____, 2001 (the "Lease Agreement"), between Lessee and
ABC LEASING COMPANY ("Lessor"). Capitalized terms used but not
defined herein shall have the respective meanings ascribed thereto in the
Lease Agreement.

1. Except as provided in paragraph 4 below, Lessee hereby
irrevocably and unconditionally accepts and leases from Lessor, under
and for all purposes of the Operative Documents, the Aircraft, as more
particularly defined in the Lease Agreement, but including the following:

One Boeing Model 737-86Q airframe bearing manufacturer's
serial number ***** (including the loose equipment listed on Annex
1 hereto), together with (a) two CFM Model CFM56-7B24 engines
bearing manufacturer's serial numbers [_____] and [_____] ,
respectively, (b) APU bearing manufacturer's serial number [_____] ,
(c) three landing gear assemblies bearing manufacturer's serial numbers
[_____] (LM), [_____] (RM) and [_____] (N) and (d) the Aircraft
Documentation listed on Annex 2 hereto.

2. Lessee confirms that the "Delivery Date" for all purposes of the
Lease Agreement is the date set forth in the opening paragraph of this

Acceptance Certificate and confirms that the Lease Term shall commence on the Delivery Date.

3. Lessee hereby confirms its agreement to pay Rent throughout the Lease Term in the amounts, to the Persons and otherwise in accordance with the provisions of Section 3 of the Lease Agreement and in accordance with the other provisions of the Operative Documents.

4. [If applicable, list discrepancies and commitments in Schedule to the Acceptance Certificate.] [If none, or if covered by Boeing commitment letter to Lessee and Lessor, then: [Intentionally Omitted]

5. THIS ACCEPTANCE CERTIFICATE SHALL IN ALL RESPECTS, INCLUDING ALL MATTERS OF CONSTRUCTION, VALIDITY AND PERFORMANCE, BE GOVERNED BY AND CONSTRUED AND ENFORCED IN ACCORDANCE WITH THE LAWS OF ENGLAND.

Lessee has caused this Acceptance Certificate to be executed by its duly authorized officer on the day and year first above written.

DEF AIRLINES

By: ————————————

    Title:

Confirmed:

ABC LEASING COMPANY, INC.

By: ————————————

    Title:

EXHIBIT D

AIRCRAFT STATUS REPORT

(MSN 32885)

MONTH ENDING:

AIRFRAME

AIRCRAFT S/N [ ] TYPE [ ] REG. [ ]

TOTAL FLIGHT HOURS	
FLT. HOURS FOR MONTH	

DATE AND TIMELAST "C" CHECK

TOTAL CYCLES	
CYCLES FOR MONTH	

APPROX. DATE AND TIME NEXT "C" CHECK

ENGINES

	ENGINE 1	ENGINE 2
S/N		
TOTAL FLIGHT HRS		
TOTAL CYCLES		
FLIGHT HRS FOR MONTH		
CYCLES FOR MONTH		
TIME/CYCLES SLSV		
CURRENT LOCATION		

Technical Activity during relevant period

1. Major Maintenance (including C-Check or Structural check)

2. Engine, APU or Landing Gear Maintenance-indicate cause

3. ADs complied with

4. Other significant Damages, Repairs or Modifications-indicate cause and attach any copies of repair or Modification drawings or data in respect of unique or nonstandard repair of Modification to the Aircraft or any Part.

附录二 《中华人民共和国民用航空法》（节选）

（1995 年 10 月 30 日第八届全国人民代表大会常务委员会第十六次会议通过，1995 年 10 月 30 日中华人民共和国主席令第五十六号公布。根据 2018 年 12 月 29 日第十三届全国人民代表大会常务委员会第七次会议修正）

第一章　总则

第一条　为了维护国家的领空主权和民用航空权利，保障民用航空活动安全和有秩序地进行，保护民用航空活动当事人各方的合法权益，促进民用航空事业的发展，制定本法。

第二条　中华人民共和国的领陆和领水之上的空域为中华人民共和国领空。中华人民共和国对领空享有完全的、排他的主权。

第三条　国务院民用航空主管部门对全国民用航空活动实施统一监督管理；根据法律和国务院的决定，在本部门的权限内，发布有关民用航空活动的规定、决定。

国务院民用航空主管部门设立的地区民用航空管理机构依照国务院民用航空主管部门的授权，监督管理各该地区的民用航空活动。

第四条　国家扶持民用航空事业的发展，鼓励和支持发展民用航空的科学研究和教育事业，提高民用航空科学技术水平。

国家扶持民用航空器制造业的发展，为民用航空活动提供安全、先进、经济、适用的民用航空器。

第二章　民用航空器国籍

第五条　本法所称民用航空器，是指除用于执行军事、海关、警察飞行任务外的航空器。

第六条　经中华人民共和国国务院民用航空主管部门依法进行国籍登记的民用航空器，具有中华人民共和国国籍，由国务院民用航空主管部门发给国籍登记证书。

国务院民用航空主管部门设立中华人民共和国民用航空器国籍登记簿，统一记载民用航空器的国籍登记事项。

第七条　下列民用航空器应当进行中华人民共和国国籍登记：

（一）中华人民共和国国家机构的民用航空器；

（二）依照中华人民共和国法律设立的企业法人的民用航空器；企业法人的注册资本中有外商出资的，其机构设置、人员组成和中方投资人的出资比例，应当符合行政法规的规定；

（三）国务院民用航空主管部门准予登记的其他民用航空器。

自境外租赁的民用航空器，承租人符合前款规定，该民用航空器的机组人员由承租人配备的，可以申请登记中华人民共和国国籍，但是必须先予注销该民用航空器原国籍登记。

第八条　依法取得中华人民共和国国籍的民用航空器，应当标明规定的国籍标志和登记标志。

第九条　民用航空器不得具有双重国籍。未注销外国国籍的民用航空器不得在中华人民共和国申请国籍登记。

第三章　民用航空器权利

第一节　一般规定

第十条　本章规定的对民用航空器的权利，包括对民用航空器构架、发动机、螺旋桨、无线电设备和其他一切为了在民用航空器上使用的，无论安装其上或者暂时拆离的物品的权利。

第十一条　民用航空器权利人应当就下列权利分别向国务院民用航空主管部门办理权利登记：

（一）民用航空器所有权；

（二）通过购买行为取得并占有民用航空器的权利；

（三）根据租赁期限为六个月以上的租赁合同占有民用航空器的权利；

（四）民用航空器抵押权。

第十二条　国务院民用航空主管部门设立民用航空器权利登记簿。同一民用航空器的权利登记事项应当记载于同一权利登记簿中。

民用航空器权利登记事项，可以供公众查询、复制或者摘录。

第十三条　除民用航空器经依法强制拍卖外，在已经登记的民用航空器权利得到补偿或者民用航空器权利人同意之前，民用航空器的国籍登记或者权利登记不得转移至国外。

第二节　民用航空器所有权和抵押权

第十四条　民用航空器所有权的取得、转让和消灭，应当向国务院民用航空主管部门登记；未经登记的，不得对抗第三人。

民用航空器所有权的转让，应当签订书面合同。

第十五条 国家所有的民用航空器，由国家授予法人经营管理或者使用的，本法有关民用航空器所有人的规定适用于该法人。

第十六条 设定民用航空器抵押权，由抵押权人和抵押人共同向国务院民用航空主管部门办理抵押权登记；未经登记的，不得对抗第三人。

第十七条 民用航空器抵押权设定后，未经抵押权人同意，抵押人不得将被抵押民用航空器转让他人。

第三节 民用航空器优先权

第十八条 民用航空器优先权，是指债权人依照本法第十九条规定，向民用航空器所有人、承租人提出赔偿请求，对产生该赔偿请求的民用航空器具有优先受偿的权利。

第十九条 下列各项债权具有民用航空器优先权：

（一）援救该民用航空器的报酬；

（二）保管维护该民用航空器的必需费用。

前款规定的各项债权，后发生的先受偿。

第二十条 本法第十九条规定的民用航空器优先权，其债权人应当自援救或者保管维护工作终了之日起三个月内，就其债权向国务院民用航空主管部门登记。

第二十一条 为了债权人的共同利益，在执行人民法院判决以及拍卖过程中产生的费用，应当从民用航空器拍卖所得价款中先行拨付。

第二十二条 民用航空器优先权先于民用航空器抵押权受偿。

第二十三条 本法第十九条规定的债权转移的，其民用航空器优先权随之转移。

第二十四条 民用航空器优先权应当通过人民法院扣押产生优

先权的民用航空器行使。

　　第二十五条　民用航空器优先权自援救或者保管维护工作终了之日起满三个月时终止；但是，债权人就其债权已经依照本法第二十条规定登记，并具有下列情形之一的除外：

　　（一）债权人、债务人已经就此项债权的金额达成协议；

　　（二）有关此项债权的诉讼已经开始。

　　民用航空器优先权不因民用航空器所有权的转让而消灭；但是，民用航空器经依法强制拍卖的除外。

第四节　民用航空器租赁

　　第二十六条　民用航空器租赁合同，包括融资租赁合同和其他租赁合同，应当以书面形式订立。

　　第二十七条　民用航空器的融资租赁，是指出租人按照承租人对供货方和民用航空器的选择，购得民用航空器，出租给承租人使用，由承租人定期交纳租金。

　　第二十八条　融资租赁期间，出租人依法享有民用航空器所有权，承租人依法享有民用航空器的占有、使用、收益权。

　　第二十九条　融资租赁期间，出租人不得干扰承租人依法占有、使用民用航空器；承租人应当适当地保管民用航空器，使之处于原交付时的状态，但是合理损耗和经出租人同意的对民用航空器的改变除外。

　　第三十条　融资租赁期满，承租人应当将符合本法第二十九条规定状态的民用航空器退还出租人；但是，承租人依照合同行使购买民用航空器的权利或者为继续租赁而占有民用航空器的除外。

　　第三十一条　民用航空器融资租赁中的供货方，不就同一损害同时对出租人和承租人承担责任。

第三十二条　融资租赁期间，经出租人同意，在不损害第三人利益的情况下，承租人可以转让其对民用航空器的占有权或者租赁合同约定的其他权利。

第三十三条　民用航空器的融资租赁和租赁期限为六个月以上的其他租赁，承租人应当就其对民用航空器的占有权向国务院民用航空主管部门办理登记；未经登记的，不得对抗第三人。

第四章　民用航空器适航管理

第三十四条　设计民用航空器及其发动机、螺旋桨和民用航空器上设备，应当向国务院民用航空主管部门申请领取型号合格证书。经审查合格的，发给型号合格证书。

第三十五条　生产、维修民用航空器及其发动机、螺旋桨和民用航空器上设备，应当向国务院民用航空主管部门申请领取生产许可证书、维修许可证书。经审查合格的，发给相应的证书。

第三十六条　外国制造人生产的任何型号的民用航空器及其发动机、螺旋桨和民用航空器上设备，首次进口中国的，该外国制造人应当向国务院民用航空主管部门申请领取型号认可证书。经审查合格的，发给型号认可证书。

已取得外国颁发的型号合格证书的民用航空器及其发动机、螺旋桨和民用航空器上设备，首次在中国境内生产的，该型号合格证书的持有人应当向国务院民用航空主管部门申请领取型号认可证书。经审查合格的，发给型号认可证书。

第三十七条　具有中华人民共和国国籍的民用航空器，应当持有国务院民用航空主管部门颁发的适航证书，方可飞行。

出口民用航空器及其发动机、螺旋桨和民用航空器上设备，制造人应当向国务院民用航空主管部门申请领取出口适航证书。经审查合格的，发给出口适航证书。

租用的外国民用航空器，应当经国务院民用航空主管部门对其原国籍登记国发给的适航证书审查认可或者另发适航证书，方可飞行。

民用航空器适航管理规定，由国务院制定。

第三十八条　民用航空器的所有人或者承租人应当按照适航证书规定的使用范围使用民用航空器，做好民用航空器的维修保养工作，保证民用航空器处于适航状态。

……

附录三 《中华人民共和国民用航空器
权利登记条例》

（中华人民共和国国务院令第 233 号，1997 年 10 月 21 日）

第一条 根据《中华人民共和国民用航空法》，制定本条例。

第二条 在中华人民共和国办理民用航空器权利登记，应当遵守本条例。

第三条 国务院民用航空主管部门主管民用航空器权利登记工作，设立民用航空器权利登记簿，统一记载民用航空器权利登记事项。

同一民用航空器的权利登记事项应当记载于同一权利登记簿中。

第四条 办理民用航空器所有权、占有权或者抵押权登记的，民用航空器权利人应当按照国务院民用航空主管部门的规定，分别填写民用航空器所有权、占有权或者抵押权登记申请书，并向国务院民用航空主管部门提交本条例第五条至第七条规定的相应文件。

办理民用航空器优先权登记的，民用航空器优先权的债权人应当自援救或者保管维护工作终了之日起 3 个月内，按照国务院民用航空主管部门的规定，填写民用航空器优先权登记申请书，并向国务院民用航空主管部门提交足以证明其合法身份的文件和有关债权证明。

第五条　办理民用航空器所有权登记的，民用航空器的所有人应当提交下列文件或者经核对无误的复印件：

（一）民用航空器国籍登记证书；

（二）民用航空器所有权取得的证明文件；

（三）国务院民用航空主管部门要求提交的其他必要的有关文件。

第六条　办理民用航空器占有权登记的，民用航空器的占有人应当提交下列文件或者经核对无误的复印件：

（一）民用航空器国籍登记证书；

（二）民用航空器所有权登记证书或者相应的所有权证明文件；民用航空器设定抵押的，还应当提供有关证明文件；

（三）符合《中华人民共和国民用航空法》第十一条第（二）项或者第（三）项规定的民用航空器买卖合同或者租赁合同；

（四）国务院民用航空主管部门要求提交的其他必要的有关文件。

第七条　办理民用航空器抵押权登记的，民用航空器的抵押权人和抵押人应当提交下列文件或者经核对无误的复印件：

（一）民用航空器国籍登记证书；

（二）民用航空器所有权登记证书或者相应的所有权证明文件；

（三）民用航空器抵押合同；

（四）国务院民用航空主管部门要求提交的其他必要的有关文件。

第八条　就两架以上民用航空器设定一项抵押权或者就同一民用航空器设定两项以上抵押权时，民用航空器的抵押权人和抵押人应当就每一架民用航空器或者每一项抵押权分别办理抵押权登记。

第九条 国务院民用航空主管部门应当自收到民用航空器权利登记申请之日起 7 个工作日内，对申请的权利登记事项进行审查。经审查符合本条例规定的，应当向民用航空器权利人颁发相应的民用航空器权利登记证书，并区别情况在民用航空器权利登记簿上载明本条例第十条至第十三条规定的相应事项；经审查不符合本条例规定的，应当书面通知民用航空器权利人。

第十条 国务院民用航空主管部门向民用航空器所有人颁发民用航空器所有权登记证书时，应当在民用航空器权利登记簿上载明下列事项：

（一）民用航空器国籍、国籍标志和登记标志；

（二）民用航空器所有人的姓名或者名称、地址及其法定代表人的姓名；

（三）民用航空器为数人共有的，载明民用航空器共有人的共有情况；

（四）民用航空器所有权的取得方式和取得日期；

（五）民用航空器制造人名称、制造日期和制造地点；

（六）民用航空器价值、机体材料和主要技术数据；

（七）民用航空器已设定抵押的，载明其抵押权的设定情况；

（八）民用航空器所有权登记日期；

（九）国务院民用航空主管部门规定的其他事项。

第十一条 国务院民用航空主管部门向民用航空器占有人颁发民用航空器占有权登记证书时，应当在民用航空器权利登记簿上载明下列事项：

（一）民用航空器的国籍、国籍标志和登记标志；

（二）民用航空器占有人、所有人或者出租人的姓名或者名称、地址及其法定代表人的姓名；

（三）民用航空器占有权的取得方式、取得日期和约定的占有条件；

（四）民用航空器占有权登记日期；

（五）国务院民用航空主管部门规定的其他事项。

第十二条 国务院民用航空主管部门向民用航空器抵押权人颁发民用航空器抵押权登记证书时，应当在民用航空器权利登记簿上载明下列事项：

（一）被抵押的民用航空器的国籍、国籍标志和登记标志；

（二）抵押权人和抵押人的姓名或者名称、地址及其法定代表人的姓名；

（三）民用航空器抵押所担保的债权数额、利息率、受偿期限；

（四）民用航空器抵押权登记日期；

（五）国务院民用航空主管部门规定的其他事项。

第十三条 国务院民用航空主管部门向民用航空器优先权的债权人颁发民用航空器优先权登记证书时，应当在民用航空器权利登记簿上载明下列事项：

（一）发生债权的民用航空器的国籍、国籍标志和登记标志；

（二）民用航空器优先权的债权人的姓名或者名称、地址及其法定代表人的姓名；

（三）发生债权的民用航空器的所有人、经营人或者承租人的姓名或者名称、地址及其法定代表人的姓名；

（四）民用航空器优先权的债权人主张的债权数额和债权发生的时间、原因；

（五）民用航空器优先权登记日期；

（六）国务院民用航空主管部门规定的其他事项。

第十四条 同一民用航空器设定两项以上抵押权的，国务院民用航空主管部门应当按照抵押权登记申请日期的先后顺序进行登记。

第十五条 民用航空器权利登记事项发生变更时，民用航空器权利人应当持有关的民用航空器权利登记证书和变更证明文件，向国务院民用航空主管部门办理变更登记。

民用航空器抵押合同变更时，由抵押权人和抵押人共同向国务院民用航空主管部门办理变更登记。

第十六条 国务院民用航空主管部门应当自收到民用航空器权利变更登记申请之日起7个工作日内，对申请的权利变更登记事项进行审查。经审查符合本条例规定的，在有关权利登记证书和民用航空器权利登记簿上注明变更事项；经审查不符合本条例规定的，应当书面通知民用航空器权利人。

第十七条 遇有下列情形之一时，民用航空器权利人应当持有关的民用航空器权利登记证书和证明文件，向国务院民用航空主管部门办理注销登记：

（一）民用航空器所有权转移；

（二）民用航空器灭失或者失踪；

（三）民用航空器租赁关系终止或者民用航空器占有人停止占有；

（四）民用航空器抵押权所担保的债权消灭；

（五）民用航空器优先权消灭；

（六）国务院民用航空主管部门规定的其他情形。

第十八条 国务院民用航空主管部门应当自收到民用航空器注销登记申请之日起7个工作日内，对申请的注销登记事项进行审查。

经审查符合本条例规定的，收回有关的民用航空器权利登记证书，相应地注销民用航空器权利登记簿上的权利登记，并根据具体情况向民用航空器权利人出具民用航空器权利登记注销证明书；经审查不符合本条例规定的，应当书面通知民用航空器权利人。

第十九条　申请人办理民用航空器权利登记，应当缴纳登记费。登记费的收费标准由国务院民用航空主管部门会同国务院价格主管部门制定。

第二十条　本条例自发布之日起施行。

附录四 《中华人民共和国合同法》(节选)

(《中华人民共和国合同法》已由中华人民共和国第九届全国人民代表大会第二次会议于 1999 年 3 月 15 日通过，自 1999 年 10 月 1 日起施行)

第十三章　租赁合同

第二百一十二条　租赁合同是出租人将租赁物交付承租人使用、收益，承租人支付租金的合同。

第二百一十三条　租赁合同的内容包括租赁物的名称、数量、用途、租赁期限、租金及其支付期限和方式、租赁物维修等条款。

第二百一十四条　租赁期限不得超过二十年。超过二十年的，超过部分无效。

租赁期间届满，当事人可以续订租赁合同，但约定的租赁期限自续订之日起不得超过二十年。

第二百一十五条　租赁期限六个月以上的，应当采用书面形式。当事人未采用书面形式的，视为不定期租赁。

第二百一十六条　出租人应当按照约定将租赁物交付承租人，并在租赁期间保持租赁物符合约定的用途。

第二百一十七条　承租人应当按照约定的方法使用租赁物。对租赁物的使用方法没有约定或者约定不明确，依照本法第六十一条的规定仍不能确定的，应当按照租赁物的性质使用。

第二百一十八条　承租人按照约定的方法或者租赁物的性质使用租赁物，致使租赁物受到损耗的，不承担损害赔偿责任。

第二百一十九条　承租人未按照约定的方法或者租赁物的性质使用租赁物，致使租赁物受到损失的，出租人可以解除合同并要求赔偿损失。

第二百二十条　出租人应当履行租赁物的维修义务，但当事人另有约定的除外。

第二百二十一条　承租人在租赁物需要维修时可以要求出租人在合理期限内维修。出租人未履行维修义务的，承租人可以自行维修，维修费用由出租人负担。因维修租赁物影响承租人使用的，应当相应减少租金或者延长租期。

第二百二十二条　承租人应当妥善保管租赁物，因保管不善造成租赁物毁损、灭失的，应当承担损害赔偿责任。

第二百二十三条　承租人经出租人同意，可以对租赁物进行改善或者增设他物。

承租人未经出租人同意，对租赁物进行改善或者增设他物的，出租人可以要求承租人恢复原状或者赔偿损失。

第二百二十四条　承租人经出租人同意，可以将租赁物转租给第三人。承租人转租的，承租人与出租人之间的租赁合同继续有效，第三人对租赁物造成损失的，承租人应当赔偿损失。

承租人未经出租人同意转租的，出租人可以解除合同。

第二百二十五条　在租赁期间因占有、使用租赁物获得的收益，归承租人所有，但当事人另有约定的除外。

第二百二十六条 承租人应当按照约定的期限支付租金。对支付期限没有约定或者约定不明确，依照本法第六十一条的规定仍不能确定，租赁期间不满一年的，应当在租赁期间届满时支付；租赁期间一年以上的，应当在每届满一年时支付，剩余期间不满一年的，应当在租赁期间届满时支付。

第二百二十七条 承租人无正当理由未支付或者迟延支付租金的，出租人可以要求承租人在合理期限内支付。承租人逾期不支付的，出租人可以解除合同。

第二百二十八条 因第三人主张权利，致使承租人不能对租赁物使用、收益的，承租人可以要求减少租金或者不支付租金。

第三人主张权利的，承租人应当及时通知出租人。

第二百二十九条 租赁物在租赁期间发生所有权变动的，不影响租赁合同的效力。

第二百三十条 出租人出卖租赁房屋的，应当在出卖之前的合理期限内通知承租人，承租人享有以同等条件优先购买的权利。

第二百三十一条 因不可归责于承租人的事由，致使租赁物部分或者全部毁损、灭失的，承租人可以要求减少租金或者不支付租金；因租赁物部分或者全部毁损、灭失，致使不能实现合同目的的，承租人可以解除合同。

第二百三十二条 当事人对租赁期限没有约定或者约定不明确，依照本法第六十一条的规定仍不能确定的，视为不定期租赁。当事人可以随时解除合同，但出租人解除合同应当在合理期限之前通知承租人。

第二百三十三条 租赁物危及承租人的安全或者健康的，即使承租人订立合同时明知该租赁物质量不合格，承租人仍然可以随时解除合同。

第二百三十四条　承租人在房屋租赁期间死亡的，与其生前共同居住的人可以按照原租赁合同租赁该房屋。

第二百三十五条　租赁期间届满，承租人应当返还租赁物。返还的租赁物应当符合按照约定或者租赁物的性质使用后的状态。

第二百三十六条　租赁期间届满，承租人继续使用租赁物，出租人没有提出异议的，原租赁合同继续有效，但租赁期限为不定期。

第十四章　融资租赁合同

第二百三十七条　融资租赁合同是出租人根据承租人对出卖人、租赁物的选择，向出卖人购买租赁物，提供给承租人使用，承租人支付租金的合同。

第二百三十八条　融资租赁合同的内容包括租赁物名称、数量、规格、技术性能、检验方法、租赁期限、租金构成及其支付期限和方式、币种、租赁期间届满租赁物的归属等条款。

融资租赁合同应当采用书面形式。

第二百三十九条　出租人根据承租人对出卖人、租赁物的选择订立的买卖合同，出卖人应当按照约定向承租人交付标的物，承租人享有与受领标的物有关的买受人的权利。

第二百四十条　出租人、出卖人、承租人可以约定，出卖人不履行买卖合同义务的，由承租人行使索赔的权利。承租人行使索赔权利的，出租人应当协助。

第二百四十一条　出租人根据承租人对出卖人、租赁物的选择订立的买卖合同，未经承租人同意，出租人不得变更与承租人有关的合同内容。

第二百四十二条　出租人享有租赁物的所有权。承租人破产的，租赁物不属于破产财产。

第二百四十三条　融资租赁合同的租金，除当事人另有约定的以外，应当根据购买租赁物的大部分或者全部成本以及出租人的合理利润确定。

第二百四十四条　租赁物不符合约定或者不符合使用目的的，出租人不承担责任，但承租人依赖出租人的技能确定租赁物或者出租人干预选择租赁物的除外。

第二百四十五条　出租人应当保证承租人对租赁物的占有和使用。

第二百四十六条　承租人占有租赁物期间，租赁物造成第三人的人身伤害或者财产损害的，出租人不承担责任。

第二百四十七条　承租人应当妥善保管、使用租赁物。

承租人应当履行占有租赁物期间的维修义务。

第二百四十八条　承租人应当按照约定支付租金。承租人经催告后在合理期限内仍不支付租金的，出租人可以要求支付全部租金；也可以解除合同，收回租赁物。

第二百四十九条　当事人约定租赁期间届满租赁物归承租人所有，承租人已经支付大部分租金，但无力支付剩余租金，出租人因此解除合同收回租赁物的，收回的租赁物的价值超过承租人欠付的租金以及其他费用的，承租人可以要求部分返还。

第二百五十条　出租人和承租人可以约定租赁期间届满租赁物的归属。对租赁物的归属没有约定或者约定不明确，依照本法第六十一条的规定仍不能确定的，租赁物的所有权归出租人。

附录五 《金融租赁公司管理办法》

（中国银行业监督管理委员会令 2014 年第 3 号）

第一章 总则

第一条 为促进融资租赁业务发展，规范金融租赁公司的经营行为，根据《中华人民共和国银行业监督管理法》、《中华人民共和国公司法》等法律法规，制定本办法。

第二条 本办法所称金融租赁公司，是指经银监会批准，以经营融资租赁业务为主的非银行金融机构。

金融租赁公司名称中应当标明"金融租赁"字样。未经银监会批准，任何单位不得在其名称中使用"金融租赁"字样。

第三条 本办法所称融资租赁，是指出租人根据承租人对租赁物和供货人的选择或认可，将其从供货人处取得的租赁物按合同约定出租给承租人占有、使用，向承租人收取租金的交易活动。

第四条 适用于融资租赁交易的租赁物为固定资产，银监会另有规定的除外。

第五条 本办法所称售后回租业务，是指承租人将自有物件出卖给出租人，同时与出租人签订融资租赁合同，再将该物件从出租人处租回的融资租赁形式。售后回租业务是承租人和供货人为同一人的融资租赁方式。

第六条 银监会及其派出机构依法对金融租赁公司实施监督管理。

第二章 机构设立、变更与终止

第七条 申请设立金融租赁公司，应当具备以下条件：

（一）有符合《中华人民共和国公司法》和银监会规定的公司章程；

（二）有符合规定条件的发起人；

（三）注册资本为一次性实缴货币资本，最低限额为1亿元人民币或等值的可自由兑换货币；

（四）有符合任职资格条件的董事、高级管理人员，并且从业人员中具有金融或融资租赁工作经历3年以上的人员应当不低于总人数的50%；

（五）建立了有效的公司治理、内部控制和风险管理体系；

（六）建立了与业务经营和监管要求相适应的信息科技架构，具有支撑业务经营的必要、安全且合规的信息系统，具备保障业务持续运营的技术与措施；

（七）有与业务经营相适应的营业场所、安全防范措施和其他设施；

（八）银监会规定的其他审慎性条件。

第八条 金融租赁公司的发起人包括在中国境内外注册的具有独立法人资格的商业银行，在中国境内注册的、主营业务为制造适合融资租赁交易产品的大型企业，在中国境外注册的融资租赁公司以及银监会认可的其他发起人。

银监会认可的其他发起人是指除符合本办法第九条至第十一条规定的发起人以外的其他境内法人机构和境外金融机构。

第九条　在中国境内外注册的具有独立法人资格的商业银行作为金融租赁公司发起人，应当具备以下条件：

（一）满足所在国家或地区监管当局的审慎监管要求；

（二）具有良好的公司治理结构、内部控制机制和健全的风险管理体系；

（三）最近 1 年年末总资产不低于 800 亿元人民币或等值的可自由兑换货币；

（四）财务状况良好，最近 2 个会计年度连续盈利；

（五）为拟设金融租赁公司确定了明确的发展战略和清晰的盈利模式；

（六）遵守注册地法律法规，最近 2 年内未发生重大案件或重大违法违规行为；

（七）境外商业银行作为发起人的，其所在国家或地区金融监管当局已经与银监会建立良好的监督管理合作机制；

（八）入股资金为自有资金，不得以委托资金、债务资金等非自有资金入股；

（九）承诺 5 年内不转让所持有的金融租赁公司股权、不将所持有的金融租赁公司股权进行质押或设立信托，并在拟设公司章程中载明；

（十）银监会规定的其他审慎性条件。

第十条　在中国境内注册的、主营业务为制造适合融资租赁交易产品的大型企业作为金融租赁公司发起人，应当具备以下条件：

（一）有良好的公司治理结构或有效的组织管理方式；

（二）最近1年的营业收入不低于50亿元人民币或等值的可自由兑换货币；

（三）财务状况良好，最近2个会计年度连续盈利；

（四）最近1年年末净资产不低于总资产的30%；

（五）最近1年主营业务销售收入占全部营业收入的80%以上；

（六）为拟设金融租赁公司确定了明确的发展战略和清晰的盈利模式；

（七）有良好的社会声誉、诚信记录和纳税记录；

（八）遵守国家法律法规，最近2年内未发生重大案件或重大违法违规行为；

（九）入股资金为自有资金，不得以委托资金、债务资金等非自有资金入股；

（十）承诺5年内不转让所持有的金融租赁公司股权、不将所持有的金融租赁公司股权进行质押或设立信托，并在拟设公司章程中载明；

（十一）银监会规定的其他审慎性条件。

第十一条　在中国境外注册的具有独立法人资格的融资租赁公司作为金融租赁公司发起人，应当具备以下条件：

（一）具有良好的公司治理结构、内部控制机制和健全的风险管理体系；

（二）最近1年年末总资产不低于100亿元人民币或等值的可自由兑换货币；

（三）财务状况良好，最近2个会计年度连续盈利；

（四）遵守注册地法律法规，最近2年内未发生重大案件或重大违法违规行为；

（五）所在国家或地区经济状况良好；

（六）入股资金为自有资金，不得以委托资金、债务资金等非自有资金入股；

（七）承诺 5 年内不转让所持有的金融租赁公司股权、不将所持有的金融租赁公司股权进行质押或设立信托，并在拟设公司章程中载明；

（八）银监会规定的其他审慎性条件。

第十二条　金融租赁公司至少应当有一名符合第九条至第十一条规定的发起人，且其出资比例不低于拟设金融租赁公司全部股本的 30%。

第十三条　其他境内法人机构作为金融租赁公司发起人，应当具备以下条件：

（一）有良好的公司治理结构或有效的组织管理方式；

（二）有良好的社会声誉、诚信记录和纳税记录；

（三）经营管理良好，最近 2 年内无重大违法违规经营记录；

（四）财务状况良好，且最近 2 个会计年度连续盈利；

（五）入股资金为自有资金，不得以委托资金、债务资金等非自有资金入股；

（六）承诺 5 年内不转让所持有的金融租赁公司股权，不将所持有的金融租赁公司股权进行质押或设立信托，并在公司章程中载明；

（七）银监会规定的其他审慎性条件；

其他境内法人机构为非金融机构的，最近 1 年年末净资产不得低于总资产的 30%；

其他境内法人机构为金融机构的，应当符合与该类金融机构有关的法律、法规、相关监管规定要求。

第十四条　其他境外金融机构作为金融租赁公司发起人，应当具备以下条件：

（一）满足所在国家或地区监管当局的审慎监管要求；

（二）具有良好的公司治理结构、内部控制机制和健全的风险管理体系；

（三）最近 1 年年末总资产原则上不低于 10 亿美元或等值的可自由兑换货币；

（四）财务状况良好，最近 2 个会计年度连续盈利；

（五）入股资金为自有资金，不得以委托资金、债务资金等非自有资金入股；

（六）承诺 5 年内不转让所持有的金融租赁公司股权、不将所持有的金融租赁公司股权进行质押或设立信托，并在公司章程中载明；

（七）所在国家或地区金融监管当局已经与银监会建立良好的监督管理合作机制；

（八）具有有效的反洗钱措施；

（九）所在国家或地区经济状况良好；

（十）银监会规定的其他审慎性条件。

第十五条　有以下情形之一的企业不得作为金融租赁公司的发起人：

（一）公司治理结构与机制存在明显缺陷；

（二）关联企业众多、股权关系复杂且不透明、关联交易频繁且异常；

（三）核心主业不突出且其经营范围涉及行业过多；

（四）现金流量波动受经济景气影响较大；

（五）资产负债率、财务杠杆率高于行业平均水平；

（六）其他对金融租赁公司产生重大不利影响的情况。

第十六条　金融租赁公司发起人应当在金融租赁公司章程中约定，在金融租赁公司出现支付困难时，给予流动性支持；当经营损失侵蚀资本时，及时补足资本金。

第十七条　金融租赁公司根据业务发展的需要，经银监会批准，可以设立分公司、子公司。设立分公司、子公司的具体条件由银监会另行制定。

第十八条　金融租赁公司董事和高级管理人员实行任职资格核准制度。

第十九条　金融租赁公司有下列变更事项之一的，须报经银监会或其派出机构批准。

（一）变更公司名称；

（二）变更组织形式；

（三）调整业务范围；

（四）变更注册资本；

（五）变更股权或调整股权结构；

（六）修改公司章程；

（七）变更公司住所或营业场所；

（八）变更董事和高级管理人员；

（九）合并或分立；

（十）银监会规定的其他变更事项。

第二十条　金融租赁公司变更股权及调整股权结构，拟投资入股的出资人需符合本办法第八条至第十六条规定的新设金融租赁公司发起人条件。

第二十一条 金融租赁公司有以下情况之一的，经银监会批准可以解散：

（一）公司章程规定的营业期限届满或者公司章程规定的其他解散事由出现；

（二）股东决定或股东（大）会决议解散；

（三）因公司合并或者分立需要解散；

（四）依法被吊销营业执照、责令关闭或者被撤销；

（五）其他法定事由。

第二十二条 金融租赁公司有以下情形之一的，经银监会批准，可以向法院申请破产：

（一）不能支付到期债务，自愿或债权人要求申请破产的；

（二）因解散或被撤销而清算，清算组发现财产不足以清偿债务，应当申请破产的。

第二十三条 金融租赁公司不能清偿到期债务，并且资产不足以清偿全部债务或者明显缺乏清偿能力的，银监会可以向人民法院提出对该金融租赁公司进行重整或者破产清算的申请。

第二十四条 金融租赁公司因解散、依法被撤销或被宣告破产而终止的，其清算事宜，按照国家有关法律法规办理。

第二十五条 金融租赁公司设立、变更、终止和董事及高管人员任职资格核准的行政许可程序，按照银监会相关规定执行。

第三章 业务范围

第二十六条 经银监会批准，金融租赁公司可以经营下列部分或全部本外币业务：

（一）融资租赁业务；

（二）转让和受让融资租赁资产；

（三）固定收益类证券投资业务；

（四）接受承租人的租赁保证金；

（五）吸收非银行股东3个月（含）以上定期存款；

（六）同业拆借；

（七）向金融机构借款；

（八）境外借款；

（九）租赁物变卖及处理业务；

（十）经济咨询。

第二十七条　经银监会批准，经营状况良好、符合条件的金融租赁公司可以开办下列部分或全部本外币业务：

（一）发行债券；

（二）在境内保税地区设立项目公司开展融资租赁业务；

（三）资产证券化；

（四）为控股子公司、项目公司对外融资提供担保；

（五）银监会批准的其他业务。

金融租赁公司开办前款所列业务的具体条件和程序，按照有关规定执行。

第二十八条　金融租赁公司业务经营中涉及外汇管理事项的，需遵守国家外汇管理有关规定。

第四章　经营规则

第二十九条　金融租赁公司应当建立以股东或股东（大）会、

董事会、监事（会）、高级管理层等为主体的组织架构，明确职责划分，保证相互之间独立运行、有效制衡，形成科学高效的决策、激励和约束机制。

第三十条 金融租赁公司应当按照全面、审慎、有效、独立原则，建立健全内部控制制度，防范、控制和化解风险，保障公司安全稳健运行。

第三十一条 金融租赁公司应当根据其组织架构、业务规模和复杂程度建立全面的风险管理体系，对信用风险、流动性风险、市场风险、操作风险等各类风险进行有效的识别、计量、监测和控制，同时还应当及时识别和管理与融资租赁业务相关的特定风险。

第三十二条 金融租赁公司应当合法取得租赁物的所有权。

第三十三条 租赁物属于国家法律法规规定所有权转移必须到登记部门进行登记的财产类别，金融租赁公司应当进行相关登记。租赁物不属于需要登记的财产类别，金融租赁公司应当采取有效措施保障对租赁物的合法权益。

第三十四条 售后回租业务的租赁物必须由承租人真实拥有并有权处分。金融租赁公司不得接受已设置任何抵押、权属存在争议或已被司法机关查封、扣押的财产或所有权存在瑕疵的财产作为售后回租业务的租赁物。

第三十五条 金融租赁公司应当在签订融资租赁合同或明确融资租赁业务意向的前提下，按照承租人要求购置租赁物。特殊情况下需提前购置租赁物的，应当与自身现有业务领域或业务规划保持一致，且与自身风险管理能力和专业化经营水平相符。

第三十六条 金融租赁公司应当建立健全租赁物价值评估和定价体系，根据租赁物的价值、其他成本和合理利润等确定租金水平。

售后回租业务中，金融租赁公司对租赁物的买入价格应当有合理的、不违反会计准则的定价依据作为参考，不得低值高买。

第三十七条　金融租赁公司应当重视租赁物的风险缓释作用，密切监测租赁物价值对融资租赁债权的风险覆盖水平，制定有效的风险应对措施。

第三十八条　金融租赁公司应当加强租赁物未担保余值的估值管理，定期评估未担保余值，并开展减值测试。当租赁物未担保余值出现减值迹象时，应当按照会计准则要求计提减值准备。

第三十九条　金融租赁公司应当加强未担保余值风险的限额管理，根据业务规模、业务性质、复杂程度和市场状况，对未担保余值比例较高的融资租赁资产设定风险限额。

第四十条　金融租赁公司应当加强对租赁期限届满返还或因承租人违约而取回的租赁物的风险管理，建立完善的租赁物处置制度和程序，降低租赁物持有期风险。

第四十一条　金融租赁公司应当严格按照会计准则等相关规定，真实反映融资租赁资产转让和受让业务的实质和风险状况。

第四十二条　金融租赁公司应当建立健全集中度风险管理体系，有效防范和分散经营风险。

第四十三条　金融租赁公司应当建立严格的关联交易管理制度，其关联交易应当按照商业原则，以不优于非关联方同类交易的条件进行。

第四十四条　金融租赁公司与其设立的控股子公司、项目公司之间的交易，不适用本办法对关联交易的监管要求。

第四十五条　金融租赁公司的重大关联交易应当经董事会批准。重大关联交易是指金融租赁公司与一个关联方之间单笔交易金额占金融租赁公司资本净额 5% 以上，或金融租赁公司与一个关联方发生交易后金融租赁公司与该关联方的交易余额占金融租赁公司资本净额 10% 以上的交易。

第四十六条 金融租赁公司所开展的固定收益类证券投资业务，不得超过资本净额的 20%。

第四十七条 金融租赁公司开办资产证券化业务，可以参照信贷资产证券化相关规定。

第五章 监督管理

第四十八条 金融租赁公司应当遵守以下监管指标的规定：

（一）资本充足率。金融租赁公司资本净额与风险加权资产的比例不得低于银监会的最低监管要求。

（二）单一客户融资集中度。金融租赁公司对单一承租人的全部融资租赁业务余额不得超过资本净额的 30%。

（三）单一集团客户融资集中度。金融租赁公司对单一集团的全部融资租赁业务余额不得超过资本净额的 50%。

（四）单一客户关联度。金融租赁公司对一个关联方的全部融资租赁业务余额不得超过资本净额的 30%。

（五）全部关联度。金融租赁公司对全部关联方的全部融资租赁业务余额不得超过资本净额的 50%。

（六）单一股东关联度。对单一股东及其全部关联方的融资余额不得超过该股东在金融租赁公司的出资额，且应同时满足本办法对单一客户关联度的规定。

（七）同业拆借比例。金融租赁公司同业拆入资金余额不得超过资本净额的 100%。

经银监会认可，特定行业的单一客户融资集中度和单一集团客户融资集中度要求可以适当调整。

银监会根据监管需要可以对上述指标做出适当调整。

第四十九条　金融租赁公司应当按照银监会的相关规定构建资本管理体系，合理评估资本充足状况，建立审慎、规范的资本补充、约束机制。

第五十条　金融租赁公司应当按照监管规定建立资产质量分类制度。

第五十一条　金融租赁公司应当按照相关规定建立准备金制度，在准确分类的基础上及时足额计提资产减值损失准备，增强风险抵御能力。未提足准备的，不得进行利润分配。

第五十二条　金融租赁公司应当建立健全内部审计制度，审查评价并改善经营活动、风险状况、内部控制和公司治理效果，促进合法经营和稳健发展。

第五十三条　金融租赁公司应当执行国家统一的会计准则和制度，真实记录并全面反映财务状况和经营成果等信息。

第五十四条　金融租赁公司应当按规定报送会计报表及银监会及其派出机构要求的其他报表，并对所报报表、资料的真实性、准确性和完整性负责。

第五十五条　金融租赁公司应当建立定期外部审计制度，并在每个会计年度结束后的 4 个月内，将经法定代表人签名确认的年度审计报告报送银监会或其派出机构。

第五十六条　金融租赁公司违反本办法有关规定的，银监会及其派出机构应当依法责令限期整改；逾期未整改的，或者其行为严重危及该金融租赁公司的稳健运行、损害客户合法权益的，可以区别情形，依照《中华人民共和国银行业监督管理法》等法律法规，采取暂停业务、限制股东权利等监管措施。

第五十七条 金融租赁公司已经或者可能发生信用危机，严重影响客户合法权益的，银监会依法对其实行托管或者督促其重组，问题严重的，有权予以撤销。

第五十八条 凡违反本办法有关规定的，银监会及其派出机构依照《中华人民共和国银行业监督管理法》等有关法律法规进行处罚。金融租赁公司对处罚决定不服的，可以依法申请行政复议或者向人民法院提起行政诉讼。

第六章 附则

第五十九条 除特别说明外，本办法中各项财务指标要求均为合并会计报表口径。

第六十条 本办法由银监会负责解释。

第六十一条 本办法自公布之日起施行，原《金融租赁公司管理办法》（中国银行业监督管理委员会令2007年第1号）同时废止。

附录六 《融资租赁企业监督管理办法》

（中华人民共和国商务部 商流通发〔2013〕337号）

第一章 总则

第一条 为促进我国融资租赁业健康发展，规范融资租赁企业的经营行为，防范经营风险，根据《合同法》、《物权法》、《公司法》等法律法规及商务部有关规定，制订本办法。

第二条 本办法所称融资租赁企业是指根据商务部有关规定从事融资租赁业务的企业。

本办法所称融资租赁业务是指出租人根据承租人对出卖人、租赁物的选择，向出卖人购买租赁物，提供给承租人使用，承租人支付租金的交易活动。

融资租赁直接服务于实体经济，在促进装备制造业发展、中小企业融资、企业技术升级改造、设备进出口、商品流通等方面具有重要的作用，是推动产融结合、发展实体经济的重要手段。

第三条 融资租赁企业应具备与其业务规模相适应的资产规模、资金实力和风险管控能力。申请设立融资租赁企业的境外投资者，还须符合外商投资的相关规定。

第四条 融资租赁企业应配备具有金融、贸易、法律、会计等方面专业知识、技能和从业经验并具有良好从业记录的人员，拥有不少于三年融资租赁、租赁业务或金融机构运营管理经验的总经理、副总经理、风险控制主管等高管人员。

第五条 融资租赁企业开展经营活动，应当遵守中华人民共和国法律、法规、规章和本办法的规定，不得损害国家利益和社会公共利益。

第六条 商务部对全国融资租赁企业实施监督管理。省级商务主管部门负责监管本行政区域内的融资租赁企业。

本办法所称省级商务主管部门是指省、自治区、直辖市、计划单列市及新疆生产建设兵团商务主管部门。

第七条 鼓励融资租赁企业通过直接租赁等方式提供租赁服务，增强资产管理综合能力，开展专业化和差异化经营。

第二章　经营规则

第八条 融资租赁企业可以在符合有关法律、法规及规章规定的条件下采取直接租赁、转租赁、售后回租、杠杆租赁、委托租赁、联合租赁等形式开展融资租赁业务。

第九条 融资租赁企业应当以融资租赁等租赁业务为主营业务，开展与融资租赁和租赁业务相关的租赁财产购买、租赁财产残值处理与维修、租赁交易咨询和担保、向第三方机构转让应收账款、接受租赁保证金及经审批部门批准的其他业务。

第十条 融资租赁企业开展融资租赁业务应当以权属清晰、真实存在且能够产生收益权的租赁物为载体。

融资租赁企业不得从事吸收存款、发放贷款、受托发放贷款等金融业务。未经相关部门批准，融资租赁企业不得从事同业拆借等业务。严禁融资租赁企业借融资租赁的名义开展非法集资活动。

第十一条 融资租赁企业进口租赁物涉及配额、许可等管理的，应由购买租赁物方或产权所有方按有关规定办理相关手续。

融资租赁企业经营业务过程中涉及外汇管理事项的，应当遵守国家外汇管理有关规定。

第十二条 融资租赁企业应当按照相关规定，建立健全财务会计制度，真实记录和反映企业的财务状况、经营成果和现金流量。

第十三条 融资租赁企业应当建立完善的内部风险控制体系，形成良好的风险资产分类管理制度、承租人信用评估制度、事后追偿和处置制度以及风险预警机制等。

第十四条 为控制和降低风险，融资租赁企业应当对融资租赁项目进行认真调查，充分考虑和评估承租人持续支付租金的能力，采取多种方式降低违约风险，并加强对融资租赁项目的检查及后期管理。

第十五条 融资租赁企业应当建立关联交易管理制度。融资租赁企业在对承租人为关联企业的交易进行表决或决策时，与该关联交易有关联关系的人员应当回避。

融资租赁企业在向关联生产企业采购设备时，有关设备的结算价格不得明显低于该生产企业向任何第三方销售的价格或同等批量设备的价格。

第十六条 融资租赁企业对委托租赁、转租赁的资产应当分别管理，单独建账。融资租赁企业和承租人应对与融资租赁业务有关的担保、保险等事项进行充分约定，维护交易安全。

第十七条 融资租赁企业应加强对重点承租人的管理，控制单一承租人及承租人为关联方的业务比例，注意防范和分散经营风险。

第十八条　按照国家法律规定租赁物的权属应当登记的，融资租赁企业须依法办理相关登记手续。若租赁物不属于需要登记的财产类别，鼓励融资租赁企业在商务主管部门指定的系统进行登记，明示租赁物所有权。

第十九条　售后回租的标的物应为能发挥经济功能，并能产生持续经济效益的财产。融资租赁企业开展售后回租业务时，应注意加强风险防控。

第二十条　融资租赁企业不应接受承租人无处分权的、已经设立抵押的、已经被司法机关查封扣押的或所有权存在其他瑕疵的财产作为售后回租业务的标的物。

融资租赁企业在签订售后回租协议前，应当审查租赁物发票、采购合同、登记权证、付款凭证、产权转移凭证等证明材料，以确认标的物权属关系。

第二十一条　融资租赁企业应充分考虑并客观评估售后回租资产的价值，对标的物的买入价格应有合理的、不违反会计准则的定价依据作为参考，不得低值高买。

第二十二条　融资租赁企业的风险资产不得超过净资产总额的10倍。

第二十三条　融资租赁企业应严格按照国家有关规定按时缴纳各种税款，严禁偷逃税款或将非融资租赁业务作为融资租赁业务进行纳税。

第三章　监督管理

第二十四条　商务部及省级商务主管部门依照法律、法规、规章和商务部有关规定，依法履行监管职责。

各级商务主管部门在履行监管职责的过程中，应依法加强管理，对所知悉的企业商业秘密应严格保密。

第二十五条　省级商务主管部门应通过多种方式加强对融资租赁企业的监督管理，对企业经营状况及经营风险进行持续监测；加强监管队伍建设，按照监管要求和职责配备相关人员，加强业务培训，提高监管人员监管水平。

第二十六条　省级商务主管部门应当建立重大情况通报机制、风险预警机制和突发事件应急处置机制，及时、有效地处置融资租赁行业突发事件。

第二十七条　在日常监管中，省级商务主管部门应当重点对融资租赁企业是否存在吸收存款、发放贷款、超范围经营等违法行为进行严格监督管理。一旦发现应及时提报相关部门处理并将情况报告商务部。

第二十八条　省级商务主管部门要定期对企业关联交易比例、风险资产比例、单一承租人业务比例、租金逾期率等关键指标进行分析。对于相关指标偏高、潜在经营风险加大的企业应给予重点关注。

商务主管部门可以根据工作需要委托行业协会等中介组织协助了解有关情况。

第二十九条　省级商务主管部门应于每年 6 月 30 日前向商务部书面上报上一年度本行政区域内融资租赁企业发展情况以及监管情况。如发现重大问题应立即上报。

第三十条　商务部建立、完善"全国融资租赁企业管理信息系统"，运用信息化手段对融资租赁企业的业务活动、内部控制和风险状况等情况进行了解和监督管理，提高融资租赁企业经营管理水平和风险控制能力。

第三十一条 融资租赁企业应当按照商务部的要求使用全国融资租赁企业管理信息系统，及时如实填报有关数据。每季度结束后15个工作日内填报上一季度经营情况统计表及简要说明；每年4月30日前填报上一年经营情况统计表、说明，报送经审计机构审计的上一年度财务会计报告（含附注）。

第三十二条 融资租赁企业变更名称、异地迁址、增减注册资本金、改变组织形式、调整股权结构等，应事先通报省级商务主管部门。外商投资企业涉及前述变更事项，应按有关规定履行审批、备案等相关手续。

融资租赁企业应在办理变更工商登记手续后5个工作日内登录全国融资租赁企业管理信息系统修改上述信息。

第三十三条 商务主管部门要重视发挥行业协会作用，鼓励行业协会积极开展行业培训、从业人员资质认定、理论研究、纠纷调解等活动，支持行业协会加强行业自律和依法维护行业权益，配合主管部门进行行业监督管理，维护公平有序的市场竞争环境。

第三十四条 融资租赁企业如违反我国有关法律、法规、规章以及本办法相关规定的，按照有关规定处理。

第四章　附则

第三十五条 本办法由商务部负责解释。

第三十六条 本办法自2013年10月1日起施行。

附录七 《企业会计准则第 21 号——租赁》

（中华人民共和国财政部财会〔2018〕35 号印发）

第一章 总则

第一条 为了规范租赁的确认、计量和相关信息的列报，根据《企业会计准则——基本准则》，制定本准则。

第二条 租赁，是指在一定期间内，出租人将资产的使用权让与承租人以获取对价的合同。

第三条 本准则适用于所有租赁，但下列各项除外：

（一）承租人通过许可使用协议取得的电影、录像、剧本、文稿等版权、专利等项目的权利，以出让、划拨或转让方式取得的土地使用权，适用《企业会计准则第 6 号——无形资产》。

（二）出租人授予的知识产权许可，适用《企业会计准则第 14 号——收入》。

勘探或使用矿产、石油、天然气及类似不可再生资源的租赁，承租人承租生物资产，采用建设经营移交等方式参与公共基础设施建设、运营的特许经营权合同，不适用本准则。

第二章　租赁的识别、分拆和合并

第一节　租赁的识别

第四条　在合同开始日，企业应当评估合同是否为租赁或者包含租赁。如果合同中一方让渡了在一定期间内控制一项或多项已识别资产使用的权利以换取对价，则该合同为租赁或者包含租赁。

除非合同条款和条件发生变化，企业无需重新评估合同是否为租赁或者包含租赁。

第五条　为确定合同是否让渡了在一定期间内控制已识别资产使用的权利，企业应当评估合同中的客户是否有权获得在使用期间内因使用已识别资产所产生的几乎全部经济利益，并有权在该使用期间主导已识别资产的使用。

第六条　已识别资产通常由合同明确指定，也可以在资产可供客户使用时隐性指定。但是，即使合同已对资产进行指定，如果资产的供应方在整个使用期间拥有对该资产的实质性替换权，则该资产不属于已识别资产。

同时符合下列条件时，表明供应方拥有资产的实质性替换权：

（一）资产供应方拥有在整个使用期间替换资产的实际能力；

（二）资产供应方通过行使替换资产的权利将获得经济利益。

企业难以确定供应方是否拥有对该资产的实质性替换权的，应当视为供应方没有对该资产的实质性替换权。

如果资产的某部分产能或其他部分在物理上不可区分，则该部分不属于已识别资产，除非其实质上代表该资产的全部产能，从而使客户获得因使用该资产所产生的几乎全部经济利益。

第七条　在评估是否有权获得因使用已识别资产所产生的几乎

全部经济利益时，企业应当在约定的客户可使用资产的权利范围内考虑其所产生的经济利益。

第八条 存在下列情况之一的，可视为客户有权主导对已识别资产在整个使用期间内的使用：

（一）客户有权在整个使用期间主导已识别资产的使用目的和使用方式。

（二）已识别资产的使用目的和使用方式在使用期开始前已预先确定，并且客户有权在整个使用期间自行或主导他人按照其确定的方式运营该资产，或者客户设计了已识别资产并在设计时已预先确定了该资产在整个使用期间的使用目的和使用方式。

第二节 租赁的分拆和合并

第九条 合同中同时包含多项单独租赁的，承租人和出租人应当将合同予以分拆，并分别各项单独租赁进行会计处理。

合同中同时包含租赁和非租赁部分的，承租人和出租人应当将租赁和非租赁部分进行分拆，除非企业适用本准则第十二条的规定进行会计处理，租赁部分应当分别按照本准则进行会计处理，非租赁部分应当按照其他适用的企业会计准则进行会计处理。

第十条 同时符合下列条件的，使用已识别资产的权利构成合同中的一项单独租赁：

（一）承租人可从单独使用该资产或将其与易于获得的其他资源一起使用中获利；

（二）该资产与合同中的其他资产不存在高度依赖或高度关联关系。

第十一条 在分拆合同包含的租赁和非租赁部分时，承租人应当按照各租赁部分单独价格及非租赁部分的单独价格之和的相对比例分摊合同对价,出租人应当根据《企业会计准则第14号——收入》关于交易价格分摊的规定分摊合同对价。

第十二条 为简化处理,承租人可以按照租赁资产的类别选择是否分拆合同包含的租赁和非租赁部分。承租人选择不分拆的,应当将各租赁部分及与其相关的非租赁部分分别合并为租赁,按照本准则进行会计处理。但是,对于按照《企业会计准则第22号——金融工具确认和计量》应分拆的嵌入衍生工具,承租人不应将其与租赁部分合并进行会计处理。

第十三条 企业与同一交易方或其关联方在同一时间或相近时间订立的两份或多份包含租赁的合同,在符合下列条件之一时,应当合并为一份合同进行会计处理:

(一)该两份或多份合同基于总体商业目的而订立并构成一揽子交易,若不作为整体考虑则无法理解其总体商业目的。

(二)该两份或多份合同中的某份合同的对价金额取决于其他合同的定价或履行情况。

(三)该两份或多份合同让渡的资产使用权合起来构成一项单独租赁。

第三章 承租人的会计处理

第一节 确认和初始计量

第十四条 在租赁期开始日,承租人应当对租赁确认使用权资产和租赁负债,应用本准则第三章第三节进行简化处理的短期租赁和低价值资产租赁除外。

使用权资产,是指承租人可在租赁期内使用租赁资产的权利。

租赁期开始日，是指出租人提供租赁资产使其可供承租人使用的起始日期。

第十五条　租赁期，是指承租人有权使用租赁资产且不可撤销的期间。

承租人有续租选择权，即有权选择续租该资产，且合理确定将行使该选择权的，租赁期还应当包含续租选择权涵盖的期间。

承租人有终止租赁选择权，即有权选择终止租赁该资产，但合理确定将不会行使该选择权的，租赁期应当包含终止租赁选择权涵盖的期间。

发生承租人可控范围内的重大事件或变化，且影响承租人是否合理确定将行使相应选择权的，承租人应当对其是否合理确定将行使续租选择权、购买选择权或不行使终止租赁选择权进行重新评估。

第十六条　使用权资产应当按照成本进行初始计量。该成本包括：

（一）租赁负债的初始计量金额；

（二）在租赁期开始日或之前支付的租赁付款额，存在租赁激励的，扣除已享受的租赁激励相关金额；

（三）承租人发生的初始直接费用；

（四）承租人为拆卸及移除租赁资产、复原租赁资产所在场地或将租赁资产恢复至租赁条款约定状态预计将发生的成本。前述成本属于为生产存货而发生的，适用《企业会计准则第 1 号——存货》。

承租人应当按照《企业会计准则第 13 号——或有事项》对本条第（四）项所述成本进行确认和计量。

租赁激励，是指出租人为达成租赁向承租人提供的优惠，包括出租人向承租人支付的与租赁有关的款项、出租人为承租人偿付或承担的成本等。

初始直接费用，是指为达成租赁所发生的增量成本。增量成本是指若企业不取得该租赁，则不会发生的成本。

第十七条 租赁负债应当按照租赁期开始日尚未支付的租赁付款额的现值进行初始计量。

在计算租赁付款额的现值时，承租人应当采用租赁内含利率作为折现率；无法确定租赁内含利率的，应当采用承租人增量借款利率作为折现率。

租赁内含利率，是指使出租人的租赁收款额的现值与未担保余值的现值之和等于租赁资产公允价值与出租人的初始直接费用之和的利率。

承租人增量借款利率，是指承租人在类似经济环境下为获得与使用权资产价值接近的资产，在类似期间以类似抵押条件借入资金须支付的利率。

第十八条 租赁付款额，是指承租人向出租人支付的与在租赁期内使用租赁资产的权利相关的款项，包括：

（一）固定付款额及实质固定付款额，存在租赁激励的，扣除租赁激励相关金额；

（二）取决于指数或比率的可变租赁付款额，该款项在初始计量时根据租赁期开始日的指数或比率确定；

（三）购买选择权的行权价格，前提是承租人合理确定将行使该选择权；

（四）行使终止租赁选择权需支付的款项，前提是租赁期反映出承租人将行使终止租赁选择权；

（五）根据承租人提供的担保余值预计应支付的款项。

实质固定付款额，是指在形式上可能包含变量但实质上无法避免的付款额。

可变租赁付款额，是指承租人为取得在租赁期内使用租赁资产的权利，向出租人支付的因租赁期开始日后的事实或情况发生变化（而非时间推移）而变动的款项。取决于指数或比率的可变租赁付款额包括与消费者价格指数挂钩的款项、与基准利率挂钩的款项和为反映市场租金费率变化而变动的款项等。

第十九条　担保余值，是指与出租人无关的一方向出租人提供担保，保证在租赁结束时租赁资产的价值至少为某指定的金额。

未担保余值，是指租赁资产余值中，出租人无法保证能够实现或仅由与出租人有关的一方予以担保的部分。

第二节　后续计量

第二十条　在租赁期开始日后，承租人应当按照本准则第二十一条、第二十二条、第二十七条及第二十九条的规定，采用成本模式对使用权资产进行后续计量。

第二十一条　承租人应当参照《企业会计准则第 4 号——固定资产》有关折旧规定，对使用权资产计提折旧。

承租人能够合理确定租赁期届满时取得租赁资产所有权的，应当在租赁资产剩余使用寿命内计提折旧。无法合理确定租赁期届满时能够取得租赁资产所有权的，应当在租赁期与租赁资产剩余使用寿命两者孰短的期间内计提折旧。

第二十二条　承租人应当按照《企业会计准则第 8 号——资产减值》的规定，确定使用权资产是否发生减值，并对已识别的减值损失进行会计处理。

第二十三条　承租人应当按照固定的周期性利率计算租赁负债

在租赁期内各期间的利息费用，并计入当期损益。按照《企业会计准则第17号——借款费用》等其他准则规定应当计入相关资产成本的，从其规定。

该周期性利率，是按照本准则第十七条规定所采用的折现率，或者按照本准则第二十五条、二十六条和二十九条规定所采用的修订后的折现率。

第二十四条 未纳入租赁负债计量的可变租赁付款额应当在实际发生时计入当期损益。按照《企业会计准则第1号——存货》等其他准则规定应当计入相关资产成本的，从其规定。

第二十五条 在租赁期开始日后，发生下列情形的，承租人应当重新确定租赁付款额，并按变动后租赁付款额和修订后的折现率计算的现值重新计量租赁负债：

（一）因依据本准则第十五条第四款规定，续租选择权或终止租赁选择权的评估结果发生变化，或者前述选择权的实际行使情况与原评估结果不一致等导致租赁期变化的，应当根据新的租赁期重新确定租赁付款额；

（二）因依据本准则第十五条第四款规定，购买选择权的评估结果发生变化的，应当根据新的评估结果重新确定租赁付款额。

在计算变动后租赁付款额的现值时，承租人应当采用剩余租赁期间的租赁内含利率作为修订后的折现率；无法确定剩余租赁期间的租赁内含利率的，应当采用重估日的承租人增量借款利率作为修订后的折现率。

第二十六条 在租赁期开始日后，根据担保余值预计的应付金额发生变动，或者因用于确定租赁付款额的指数或比率变动而导致未来租赁付款额发生变动的，承租人应当按照变动后租赁付款额的现值重新计量租赁负债。在这些情形下，承租人采用的折现率不变；但是，租赁付款额的变动源自浮动利率变动的，使用修订后的折现率。

第二十七条　承租人在根据本准则第二十五条、第二十六条或因实质固定付款额变动重新计量租赁负债时，应当相应调整使用权资产的账面价值。使用权资产的账面价值已调减至零，但租赁负债仍需进一步调减的，承租人应当将剩余金额计入当期损益。

第二十八条　租赁发生变更且同时符合下列条件的，承租人应当将该租赁变更作为一项单独租赁进行会计处理：

（一）该租赁变更通过增加一项或多项租赁资产的使用权而扩大了租赁范围；

（二）增加的对价与租赁范围扩大部分的单独价格按该合同情况调整后的金额相当。

租赁变更，是指原合同条款之外的租赁范围、租赁对价、租赁期限的变更，包括增加或终止一项或多项租赁资产的使用权，延长或缩短合同规定的租赁期等。

第二十九条　租赁变更未作为一项单独租赁进行会计处理的，在租赁变更生效日，承租人应当按照本准则第九条至第十二条的规定分摊变更后合同的对价，按照本准则第十五条的规定重新确定租赁期，并按照变更后租赁付款额和修订后的折现率计算的现值重新计量租赁负债。

在计算变更后租赁付款额的现值时，承租人应当采用剩余租赁期间的租赁内含利率作为修订后的折现率；无法确定剩余租赁期间的租赁内含利率的，应当采用租赁变更生效日的承租人增量借款利率作为修订后的折现率。租赁变更生效日，是指双方就租赁变更达成一致的日期。

租赁变更导致租赁范围缩小或租赁期缩短的，承租人应当相应调减使用权资产的账面价值，并将部分终止或完全终止租赁的相关利得或损失计入当期损益。其他租赁变更导致租赁负债重新计量的，承租人应当相应调整使用权资产的账面价值。

第三节 短期租赁和低价值资产租赁

第三十条 短期租赁，是指在租赁期开始日，租赁期不超过 12 个月的租赁。

包含购买选择权的租赁不属于短期租赁。

第三十一条 低价值资产租赁，是指单项租赁资产为全新资产时价值较低的租赁。

低价值资产租赁的判定仅与资产的绝对价值有关，不受承租人规模、性质或其他情况影响。低价值资产租赁还应当符合本准则第十条的规定。

承租人转租或预期转租租赁资产的，原租赁不属于低价值资产租赁。

第三十二条 对于短期租赁和低价值资产租赁，承租人可以选择不确认使用权资产和租赁负债。

做出该选择的，承租人应当将短期租赁和低价值资产租赁的租赁付款额，在租赁期内各个期间按照直线法或其他系统合理的方法计入相关资产成本或当期损益。其他系统合理的方法能够更好地反映承租人的受益模式的，承租人应当采用该方法。

第三十三条 对于短期租赁，承租人应当按照租赁资产的类别做出本准则第三十二条所述的会计处理选择。

对于低价值资产租赁，承租人可根据每项租赁的具体情况做出本准则第三十二条所述的会计处理选择。

第三十四条　按照本准则第三十二条进行简化处理的短期租赁发生租赁变更或者因租赁变更之外的原因导致租赁期发生变化的，承租人应当将其视为一项新租赁进行会计处理。

第四章　出租人的会计处理

第一节　出租人的租赁分类

第三十五条　出租人应当在租赁开始日将租赁分为融资租赁和经营租赁。

租赁开始日，是指租赁合同签署日与租赁各方就主要租赁条款做出承诺日中的较早者。

融资租赁，是指实质上转移了与租赁资产所有权有关的几乎全部风险和报酬的租赁。其所有权最终可能转移，也可能不转移。

经营租赁，是指除融资租赁以外的其他租赁。

在租赁开始日后，出租人无需对租赁的分类进行重新评估，除非发生租赁变更。租赁资产预计使用寿命、预计余值等会计估计变更或发生承租人违约等情况变化的，出租人不对租赁的分类进行重新评估。

第三十六条　一项租赁属于融资租赁还是经营租赁取决于交易的实质，而不是合同的形式。如果一项租赁实质上转移了与租赁资产所有权有关的几乎全部风险和报酬，出租人应当将该项租赁分类为融资租赁。

一项租赁存在下列一种或多种情形的，通常分类为融资租赁：

（一）在租赁期届满时，租赁资产的所有权转移给承租人。

（二）承租人有购买租赁资产的选择权，所订立的购买价款与预计行使选择权时租赁资产的公允价值相比足够低，因而在租赁开始日就可以合理确定承租人将行使该选择权。

（三）资产的所有权虽然不转移，但租赁期占租赁资产使用寿命的大部分。

（四）在租赁开始日，租赁收款额的现值几乎相当于租赁资产的公允价值。

（五）租赁资产性质特殊，如果不作较大改造，只有承租人才能使用。

一项租赁存在下列一项或多项迹象的，也可能分类为融资租赁：

（一）若承租人撤销租赁，撤销租赁对出租人造成的损失由承租人承担。

（二）资产余值的公允价值波动所产生的利得或损失归属于承租人。

（三）承租人有能力以远低于市场水平的租金继续租赁至下一期间。

第三十七条 转租出租人应当基于原租赁产生的使用权资产，而不是原租赁的标的资产，对转租赁进行分类。

但是，原租赁为短期租赁，且转租出租人应用本准则第三十二条对原租赁进行简化处理的，转租出租人应当将该转租赁分类为经营租赁。

第二节　出租人对融资租赁的会计处理

第三十八条 在租赁期开始日，出租人应当对融资租赁确认应收融资租赁款，并终止确认融资租赁资产。

出租人对应收融资租赁款进行初始计量时，应当以租赁投资净额作为应收融资租赁款的入账价值。

租赁投资净额为未担保余值和租赁期开始日尚未收到的租赁收款额按照租赁内含利率折现的现值之和。

租赁收款额，是指出租人因让渡在租赁期内使用租赁资产的权利而应向承租人收取的款项，包括：

（一）承租人需支付的固定付款额及实质固定付款额，存在租赁激励的，扣除租赁激励相关金额；

（二）取决于指数或比率的可变租赁付款额，该款项在初始计量时根据租赁期开始日的指数或比率确定；

（三）购买选择权的行权价格，前提是合理确定承租人将行使该选择权；

（四）承租人行使终止租赁选择权需支付的款项，前提是租赁期反映出承租人将行使终止租赁选择权；

（五）由承租人、与承租人有关的一方以及有经济能力履行担保义务的独立第三方向出租人提供的担保余值。

在转租的情况下，若转租的租赁内含利率无法确定，转租出租人可采用原租赁的折现率（根据与转租有关的初始直接费用进行调整）计量转租投资净额。

第三十九条 出租人应当按照固定的周期性利率计算并确认租赁期内各个期间的利息收入。该周期性利率，是按照本准则第三十八条规定所采用的折现率，或者按照本准则第四十四条规定所采用的修订后的折现率。

第四十条 出租人应当按照《企业会计准则第 22 号——金融工具确认和计量》和《企业会计准则第 23 号——金融资产转移》的规定，对应收融资租赁款的终止确认和减值进行会计处理。

出租人将应收融资租赁款或其所在的处置组划分为持有待售类别的，应当按照《企业会计准则第42号——持有待售的非流动资产、处置组和终止经营》进行会计处理。

第四十一条 出租人取得的未纳入租赁投资净额计量的可变租赁付款额应当在实际发生时计入当期损益。

第四十二条 生产商或经销商作为出租人的融资租赁，在租赁期开始日，该出租人应当按照租赁资产公允价值与租赁收款额按市场利率折现的现值两者孰低确认收入，并按照租赁资产账面价值扣除未担保余值的现值后的余额结转销售成本。

生产商或经销商出租人为取得融资租赁发生的成本，应当在租赁期开始日计入当期损益。

第四十三条 融资租赁发生变更且同时符合下列条件的，出租人应当将该变更作为一项单独租赁进行会计处理：

（一）该变更通过增加一项或多项租赁资产的使用权而扩大了租赁范围；

（二）增加的对价与租赁范围扩大部分的单独价格按该合同情况调整后的金额相当。

第四十四条 融资租赁的变更未作为一项单独租赁进行会计处理的，出租人应当分别下列情形对变更后的租赁进行处理：

（一）假如变更在租赁开始日生效，该租赁会被分类为经营租赁的，出租人应当自租赁变更生效日开始将其作为一项新租赁进行会计处理，并以租赁变更生效日前的租赁投资净额作为租赁资产的账面价值；

（二）假如变更在租赁开始日生效，该租赁会被分类为融资租赁的，出租人应当按照《企业会计准则第22号——金融工具确认和计量》关于修改或重新议定合同的规定进行会计处理。

第三节　出租人对经营租赁的会计处理

第四十五条　在租赁期内各个期间，出租人应当采用直线法或其他系统合理的方法，将经营租赁的租赁收款额确认为租金收入。其他系统合理的方法能够更好地反映因使用租赁资产所产生经济利益的消耗模式的，出租人应当采用该方法。

第四十六条　出租人发生的与经营租赁有关的初始直接费用应当资本化，在租赁期内按照与租金收入确认相同的基础进行分摊，分期计入当期损益。

第四十七条　对于经营租赁资产中的固定资产，出租人应当采用类似资产的折旧政策计提折旧；对于其他经营租赁资产，应当根据该资产适用的企业会计准则，采用系统合理的方法进行摊销。

出租人应当按照《企业会计准则第 8 号——资产减值》的规定，确定经营租赁资产是否发生减值，并进行相应会计处理。

第四十八条　出租人取得的与经营租赁有关的未计入租赁收款额的可变租赁付款额，应当在实际发生时计入当期损益。

第四十九条　经营租赁发生变更的，出租人应当自变更生效日起将其作为一项新租赁进行会计处理，与变更前租赁有关的预收或应收租赁收款额应当视为新租赁的收款额。

第五章　售后租回交易

第五十条　承租人和出租人应当按照《企业会计准则第 14 号——收入》的规定，评估确定售后租回交易中的资产转让是否属于销售。

第五十一条 售后租回交易中的资产转让属于销售的，承租人应当按原资产账面价值中与租回获得的使用权有关的部分，计量售后租回所形成的使用权资产，并仅就转让至出租人的权利确认相关利得或损失；出租人应当根据其他适用的企业会计准则对资产购买进行会计处理，并根据本准则对资产出租进行会计处理。

如果销售对价的公允价值与资产的公允价值不同，或者出租人未按市场价格收取租金，则企业应当将销售对价低于市场价格的款项作为预付租金进行会计处理，将高于市场价格的款项作为出租人向承租人提供的额外融资进行会计处理；同时，承租人按照公允价值调整相关销售利得或损失，出租人按市场价格调整租金收入。

在进行上述调整时，企业应当基于以下两者中更易于确定的项目：销售对价的公允价值与资产公允价值之间的差额、租赁合同中付款额的现值与按租赁市价计算的付款额现值之间的差额。

第五十二条 售后租回交易中的资产转让不属于销售的，承租人应当继续确认被转让资产，同时确认一项与转让收入等额的金融负债，并按照《企业会计准则第 22 号——金融工具确认和计量》对该金融负债进行会计处理；出租人不确认被转让资产，但应当确认一项与转让收入等额的金融资产，并按照《企业会计准则第 22 号——金融工具确认和计量》对该金融资产进行会计处理。

第六章 列报

第一节 承租人的列报

第五十三条 承租人应当在资产负债表中单独列示使用权资产和租赁负债。其中，租赁负债通常分别非流动负债和一年内到期的非流动负债列示。

在利润表中，承租人应当分别列示租赁负债的利息费用与使用权资产的折旧费用。租赁负债的利息费用在财务费用项目列示。

在现金流量表中，偿还租赁负债本金和利息所支付的现金应当计入筹资活动现金流出，支付的按本准则第三十二条简化处理的短期租赁付款额和低价值资产租赁付款额以及未纳入租赁负债计量的可变租赁付款额应当计入经营活动现金流出。

第五十四条　承租人应当在附注中披露与租赁有关的下列信息：

（一）各类使用权资产的期初余额、本期增加额、期末余额以及累计折旧额和减值金额；

（二）租赁负债的利息费用；

（三）计入当期损益的按本准则第三十二条简化处理的短期租赁费用和低价值资产租赁费用；

（四）未纳入租赁负债计量的可变租赁付款额；

（五）转租使用权资产取得的收入；

（六）与租赁相关的总现金流出；

（七）售后租回交易产生的相关损益；

（八）其他按照《企业会计准则第37号——金融工具列报》应当披露的有关租赁负债的信息。

承租人应用本准则第三十二条对短期租赁和低价值资产租赁进行简化处理的，应当披露这一事实。

第五十五条　承租人应当根据理解财务报表的需要，披露有关租赁活动的其他定性和定量信息。此类信息包括：

（一）租赁活动的性质，如对租赁活动基本情况的描述；

（二）未纳入租赁负债计量的未来潜在现金流出；

（三）租赁导致的限制或承诺；

（四）售后租回交易除第五十四条第（七）项之外的其他信息；

（五）其他相关信息。

第二节　出租人的列报

第五十六条　出租人应当根据资产的性质，在资产负债表中列示经营租赁资产。

第五十七条　出租人应当在附注中披露与融资租赁有关的下列信息：

（一）销售损益、租赁投资净额的融资收益以及与未纳入租赁投资净额的可变租赁付款额相关的收入；

（二）资产负债表日后连续五个会计年度每年将收到的未折现租赁收款额，以及剩余年度将收到的未折现租赁收款额总额；

（三）未折现租赁收款额与租赁投资净额的调节表。

第五十八条　出租人应当在附注中披露与经营租赁有关的下列信息：

（一）租赁收入，并单独披露与未计入租赁收款额的可变租赁付款额相关的收入；

（二）将经营租赁固定资产与出租人持有自用的固定资产分开，并按经营租赁固定资产的类别提供《企业会计准则第 4 号——固定资产》要求披露的信息；

（三）资产负债表日后连续五个会计年度每年将收到的未折现租赁收款额，以及剩余年度将收到的未折现租赁收款额总额。

第五十九条　出租人应当根据理解财务报表的需要，披露有关租赁活动的其他定性和定量信息。此类信息包括：

（一）租赁活动的性质，如对租赁活动基本情况的描述；

（二）对其在租赁资产中保留的权利进行风险管理的情况；

（三）其他相关信息。

第七章　衔接规定

第六十条　对于首次执行日前已存在的合同，企业在首次执行日可以选择不重新评估其是否为租赁或者包含租赁。选择不重新评估的，企业应当在财务报表附注中披露这一事实，并一致应用于前述所有合同。

第六十一条　承租人应当选择下列方法之一对租赁进行衔接会计处理，并一致应用于其作为承租人的所有租赁：

（一）按照《企业会计准则第28号——会计政策、会计估计变更和差错更正》的规定采用追溯调整法处理。

（二）根据首次执行本准则的累积影响数，调整首次执行本准则当年年初留存收益及财务报表其他相关项目金额，不调整可比期间信息。采用该方法时，应当按照下列规定进行衔接处理：

1. 对于首次执行日前的融资租赁，承租人在首次执行日应当按照融资租入资产和应付融资租赁款的原账面价值，分别计量使用权资产和租赁负债。

2. 对于首次执行日前的经营租赁，承租人在首次执行日应当根据剩余租赁付款额按首次执行日承租人增量借款利率折现的现值计量租赁负债，并根据每项租赁选择按照下列两者之一计量使用权资产：

（1）假设自租赁期开始日即采用本准则的账面价值（采用首次执行日的承租人增量借款利率作为折现率）；

（2）与租赁负债相等的金额，并根据预付租金进行必要调整。

3. 在首次执行日，承租人应当按照《企业会计准则第8号——资产减值》的规定，对使用权资产进行减值测试并进行相应会计处理。

第六十二条 首次执行日前的经营租赁中，租赁资产属于低价值资产且根据本准则第三十二条的规定选择不确认使用权资产和租赁负债的，承租人无需对该经营租赁按照衔接规定进行调整，应当自首次执行日起按照本准则进行会计处理。

第六十三条 承租人采用本准则第六十一条第（二）项进行衔接会计处理时，对于首次执行日前的经营租赁，可根据每项租赁采用下列一项或多项简化处理：

1. 将于首次执行日后12个月内完成的租赁，可作为短期租赁处理。

2. 计量租赁负债时，具有相似特征的租赁可采用同一折现率；使用权资产的计量可不包含初始直接费用。

3. 存在续租选择权或终止租赁选择权的，承租人可根据首次执行日前选择权的实际行使及其他最新情况确定租赁期，无需对首次执行日前各期间是否合理确定行使续租选择权或终止租赁选择权进行估计。

4. 作为使用权资产减值测试的替代，承租人可根据《企业会计准则第13号——或有事项》评估包含租赁的合同在首次执行日前是否为亏损合同，并根据首次执行日前计入资产负债表的亏损准备金额调整使用权资产。

5. 首次执行本准则当年年初之前发生租赁变更的，承租人无需按照本准则第二十八条、第二十九条的规定对租赁变更进行追溯调整，而是根据租赁变更的最终安排，按照本准则进行会计处理。

第六十四条　承租人采用本准则第六十三条规定的简化处理方法的，应当在财务报表附注中披露所采用的简化处理方法以及在合理可能的范围内对采用每项简化处理方法的估计影响所作的定性分析。

第六十五条　对于首次执行日前划分为经营租赁且在首次执行日后仍存续的转租赁，转租出租人在首次执行日应当基于原租赁和转租赁的剩余合同期限和条款进行重新评估，并按照本准则的规定进行分类。按照本准则重分类为融资租赁的，应当将其作为一项新的融资租赁进行会计处理。

除前款所述情形外，出租人无需对其作为出租人的租赁按照衔接规定进行调整，而应当自首次执行日起按照本准则进行会计处理。

第六十六条　对于首次执行日前已存在的售后租回交易，企业在首次执行日不重新评估资产转让是否符合《企业会计准则第14号——收入》作为销售进行会计处理的规定。

对于首次执行日前应当作为销售和融资租赁进行会计处理的售后租回交易，卖方（承租人）应当按照与首次执行日存在的其他融资租赁相同的方法对租回进行会计处理，并继续在租赁期内摊销相关递延收益或损失。

对于首次执行日前应当作为销售和经营租赁进行会计处理的售后租回交易，卖方（承租人）应当按照与首次执行日存在的其他经营租赁相同的方法对租回进行会计处理，并根据首次执行日前计入资产负债表的相关递延收益或损失调整使用权资产。

第六十七条　承租人选择按照本准则第六十一条第（二）项规定对租赁进行衔接会计处理的，还应当在首次执行日披露以下信息：

（一）首次执行日计入资产负债表的租赁负债所采用的承租人增量借款利率的加权平均值；

（二）首次执行日前一年度报告期末披露的重大经营租赁的尚未支付的最低租赁付款额按首次执行日承租人增量借款利率折现的现值，与计入首次执行日资产负债表的租赁负债的差额。

第八章　附则

第六十八条　本准则自 2019 年 1 月 1 日起施行。

附录八 《关于飞机租赁中相关费用海关税收问题》

（海关总署公告 2010 年第 47 号）

为进一步规范飞机租赁中的大修储备金、赔偿金和企业所得税等费用的海关税收问题，便利企业通关和海关管理，根据《海关审定进出口货物完税价格办法》（海关总署令第 148 号，以下简称《审价办法》）及其他有关规定，现就有关事宜公告如下：

一、维修费用

（一）在飞机租赁合同中约定的由承租人承担的维修检修（即通常所称的大修），无论发生在境内或境外，其费用均按租金计入完税价格。

（二）在飞机租赁合同约定范围外，由承租人自行从事的维修，其费用发生在境内的不征税；发生在境外的，按照《审价办法》第 31 条的规定审价征税。

（三）飞机租赁结束时未退还承租人的维修保证金，按租金计入完税价格。

（四）对飞机租赁结束时，承租人因未符合交还飞机条件而向出租人支付的赔偿费用，按租金计入完税价格。

二、国内税收

对于出租人为纳税义务人，而由承租人依照合同约定，在合同规定的租金之外另行为出租人承担的国内税收（包括企业所得税、营业税等），视为间接支付的租金，计入完税价格。

三、保险费用

在飞机租赁合同中约定的由承租方支付的机身、零备件一切险，不管发生在国外还是国内，视为间接支付的租金，应计入租金的完税价格；承租人为飞机租赁期间保持正常营运投保，如旅客意外伤害险等，不计入完税价格。

在航空保单无法区分飞机的机身、零备件一切险、第三者责任险、运营险等险种保费的情况下，有关航空保费不计入租金的完税价格。

四、溯及力

本公告发布以前，租赁合同已经履行完毕的，原征税款不再依据本公告进行调整；租赁合同未履行完毕的，应依据本公告做出相应的税款调整。

本公告内容自发布之日起实施。

特此公告。

二〇一〇年七月十九日

附录九 《关于进一步明确飞机租赁中相关费用税收问题》

（海关总署公告 2011 年第 55 号）

为规范飞机租赁的海关税收管理，海关总署发布了 2010 年第 47 号公告（以下简称 47 号公告）对有关问题予以明确。根据 47 号公告的执行情况，现将有关问题进一步明确如下：

一、47 号公告中所称"租赁"是指经营性租赁。

二、47 号公告中所称"在飞机租赁合同中约定的由承租人承担的维修检修（即通常所称的大修）"，是指在飞机租赁合同中约定的针对机身、起落架、辅助动力装置（APU）、发动机、发动机时寿件等 5 部分进行的检修（以下简称飞机大修），即承租方在租赁期内根据飞机生产厂商维修方案的要求定期进行的飞机机身结构检修、发动机核心机深度维修、发动机时寿件更换、辅助动力装置性能恢复、起落架翻修等。

三、飞机大修在境内进行的，承租人所支付费用发票中单独列明的增值税等国内税收、境内生产的零部件和材料费用及已征税的进口零部件和材料费用不计入完税价格。

四、承租人应在支付大修费用后30日内向其所在地海关（以下简称主管海关）申报办理纳税手续。

五、按照47号公告第二条规定，承租人因对外支付租金而代出租人缴纳的企业所得税、营业税等国内税收，视为间接支付的租金计入完税价格的，应随下一次支付的租金一同向主管海关申报办理纳税手续；对于为支付最末一期租金而代缴的上述国内税收，承租人应在代缴国内税款后30日内向主管海关申报办理纳税手续。

六、承租人在实际送大修前对外支付飞机大修储备金的，海关暂不征收税款或保证金。

七、在租赁合同期满承租人退租时，海关审核飞机大修费用的最终实际结算情况，根据实际结算费用调整的情况征税或退税。经审核需要退税的，海关按承租人此前最后一次申报租金征税时适用的税率、汇率计算应退税款。

八、飞机大修在境外进行的，承租人应在出、进境的报关单备注栏注明"租赁合同规定的大修货物"。进境时海关按照"修理物品"监管方式、"一般征税"征免性质、"全免"征免方式办理进境手续。承租人在主管海关集中办理大修费用纳税手续时，应在报关单备注栏注明此前飞机在境外大修后进境申报时的报关单编号。

九、送往境外进行维修检修的飞机及其零部件，进境时不能证明属于租赁合同规定的大修的，海关按"修理物品"的相关规定办理征税进口手续。

　　十、对于租赁合同在 47 号公告发布之日尚未完全履行完毕的，海关对已履行部分所征税款不再调整，对未履行部分依照 47 号公告的规定计征税款。

　　特此公告。

海关总署

二〇一一年八月三十一日

附录十 《国务院办公厅关于加快
飞机租赁业发展的意见》

（国务院办公厅 2013 年第 108 号）

各省、自治区、直辖市人民政府，国务院各部委、各直属机构：

飞机租赁作为支撑航空业发展的生产性服务业，是航空制造、运输、通用航空及金融业的重要关联产业。进入新世纪以来，我国飞机租赁业发展迅速，成效显著。但由于起步晚、内外部条件不完善，我国飞机租赁业与发达国家相比还存在较大差距，企业核心竞争力不足、政策措施不完善、产业联动不强等问题突出。随着我国全面建成小康社会事业的推进，飞机租赁业发展潜力巨大。为进一步推动实施"大飞机"战略和制造业转型升级，提升航空服务能力，优化资源配置，经国务院同意，现就加快发展我国飞机租赁业提出以下意见：

一、抓住有利时机加快发展飞机租赁业

加快发展飞机租赁业有利于扩大机队规模，提升航空服务能力和国家综合应急能力，有利于优化金融资源配置，促进金融业务多元化和国际收支平衡，具有重要的现实意义和深远的战略意义。近年来，我国航空市场发展迅猛，逐步成为全球最重要的新兴航空市场。今后十年到二十年是我国大飞机市场开拓和航空制造业转型升级的关键时期，也是我国飞机租赁业发展的黄金时期。当前，我国正处在经济发展方式转型、培育发展战略性新兴产业的攻坚阶段，应抓住有利时机，加快发展飞机租赁业。

二、全面实施"三步走"战略

贯彻落实党的十八大和十八届三中全会精神，深化改革开放，面向国内国际两个市场，综合利用各方面资源；发挥企业主体作用，加大政策扶持力度；鼓励各类企业和资金进入飞机租赁领域，逐步提高我国飞机租赁企业核心竞争力，促进飞机租赁业与航空制造业、航空运输业等协调发展，全面实施"三步走"战略。

2015年前，立足国情，尊重市场规律，借鉴国际经验，着力营造有利于飞机租赁业发展的政策环境。

2015年至2020年，进一步优化发展环境，加强政府引导，培育龙头企业。支持飞机租赁企业巩固和扩大国内市场，积极开拓国际市场。

2020年至2030年，打造飞机租赁产业集群。形成若干具有国际竞争力的飞机租赁企业，使我国成为全球飞机租赁业的重要聚集地。

三、促进飞机租赁业健康发展的政策措施

（一）改进购租管理。尊重企业决策自主权，允许飞机租赁企业直接订购进口飞机。有关部门按照职能分工，依照有关规定对飞机租赁企业订购和进口国外飞机进行独立审查并办理相关手续。

（二）加大融资力度。支持符合条件的飞机租赁企业拓宽融资渠道，通过发行金融债券、企业债券、短期融资券、中期票据以及资产证券化等措施筹集资金。鼓励股权投资基金、创业投资基金和保险资金等各类资金进入飞机租赁业。

（三）完善财税政策。租赁企业一般贸易项下进口飞机并租给国内航空公司使用的，享受与航空公司进口飞机同等税收优惠政策。

暂定五年内免征飞机租赁企业购机环节购销合同印花税。

（四）开拓国际市场。支持飞机租赁企业通过境外投资、兼并重组等方式拓展全球业务。发挥香港国际金融、贸易、航运中心优势，鼓励飞机租赁企业在香港设立专项公司，拓展海外市场，提高国际化水平。

（五）加强风险防控。构建适度审慎、联动协调、科学有效的监管机制。在企业自主决策、自担风险的基础上，督促飞机租赁企业深化改革，完善治理结构，提高专业技术能力，强化内部管控，及时掌握有关法规、政策，准确研判市场形势，防范重大决策失误和系统性风险。

（六）完善配套条件。大力发展会计、审计、税务、保险、评估、咨询、代理、报关、律师、仲裁、机务维修等配套专业服务。完善飞机出入境、国籍登记和适航管理，探索创新海关特殊监管区域相关支持政策。推动健全飞机资产登记、托管、交易、处置等方面法律法规。加快建立和拓展飞机交易市场。鼓励飞机租赁企业开展国产飞机租赁业务。发挥行业组织桥梁纽带作用，强化行业自律。

（七）支持先行先试。充分发挥天津滨海新区、上海浦东新区和深圳前海深港现代服务业合作区初步形成的产业优势，研究探索三地飞机租赁企业提取风险准备金等多方面政策措施，并鼓励在风险可控前提下先行先试。

各地区、各有关部门要充分认识加快发展飞机租赁业的重要意义，解放思想，统一认识，增强大局观念，加强组织领导，积极沟通协调，依法审慎监管，形成工作合力，推动我国飞机租赁业持续健康发展。

国务院办公厅秘书局

二〇一三年十二月二十日

附录十一 《国务院办公厅关于加快融资租赁业发展的指导意见》

（国务院办公厅 2015 年第 68 号）

各省、自治区、直辖市人民政府，国务院各部委、各直属机构：

近年来，我国融资租赁业取得长足发展，市场规模和企业竞争力显著提高，在推动产业创新升级、拓宽中小微企业融资渠道、带动新兴产业发展和促进经济结构调整等方面发挥着重要作用。但总体上看，融资租赁对国民经济各行业的覆盖面和市场渗透率远低于发达国家水平，行业发展还存在管理体制不适应、法律法规不健全、发展环境不完善等突出问题。为进一步加快融资租赁业发展，更好地发挥融资租赁服务实体经济发展、促进经济稳定增长和转型升级的作用，经国务院同意，现提出以下意见。

一、总体要求

（一）指导思想。深入贯彻党的十八大和十八届二中、三中、四中全会精神，认真落实党中央、国务院的决策部署，充分发挥市场在资源配置中的决定性作用，完善法律法规和政策扶持体系，建立健全事中事后监管机制，转变发展方式，建立专业高效、配套完善、竞争有序、稳健规范、具有国际竞争力的现代融资租赁体系，引导融资租赁企业服务实体经济发展、中小微企业创业创新、产业转型升级和产能转移等，为打造中国经济升级版贡献力量。

（二）基本原则。坚持市场主导与政府支持相结合，着力完善发展环境，充分激发市场主体活力；坚持发展与规范相结合，引导企业依法合规、有序发展；坚持融资与融物相结合，提高专业化水平，服务实体经济发展；坚持国内与国外相结合，在服务国内市场的同时，大力拓展海外市场。

（三）发展目标。到2020年，融资租赁业务领域覆盖面不断扩大，融资租赁市场渗透率显著提高，成为企业设备投资和技术更新的重要手段；一批专业优势突出、管理先进、国际竞争力强的龙头企业基本形成，统一、规范、有效的事中事后监管体系基本建立，法律法规和政策扶持体系初步形成，融资租赁业市场规模和竞争力水平位居世界前列。

二、主要任务

（四）改革制约融资租赁发展的体制机制。加快推进简政放权。进一步转变管理方式，简化工作流程，促进内外资融资租赁公司协同发展。支持自由贸易试验区在融资租赁方面积极探索、先行先试。对融资租赁公司设立子公司，不设最低注册资本限制。允许融资租赁公司兼营与主营业务有关的商业保理业务。

理顺行业管理体制。加强行业统筹管理，建立内外资统一的融资租赁业管理制度和事中事后监管体系，实现经营范围、交易规则、监管指标、信息报送、监督检查等方面的统一。引导和规范各类社会资本进入融资租赁业，支持民间资本发起设立融资租赁公司，支持独立第三方服务机构投资设立融资租赁公司，促进投资主体多元化。

完善相关领域管理制度。简化相关行业资质管理，减少对融资租赁发展的制约。进口租赁物涉及配额、许可证、自动进口许可证等管理的，在承租人已具备相关配额、许可证、自动进口许可证的前提下，不再另行对融资租赁公司提出购买资质要求。根据融资租赁特点，便利融资租赁公司申请医疗器械经营许可或办理备案。除法律法规另有规定外，承租人通过融资租赁方式获得设备与自行购买设备在资质认定时享受同等待遇。支持融资租赁公司依法办理融资租赁交易相关担保物抵（质）押登记。完善和创新管理措施，支持融资租赁业务开展。规范机动车交易和登记管理，简化交易登记流程，便利融资租赁双方当事人办理业务。完善船舶登记制度，进一步简化船舶出入境备案手续，便利融资租赁公司开展船舶租赁业务。对注册在中国（广东）自由贸易试验区、中国（天津）自由贸易试验区海关特殊监管区域内的融资租赁企业进出口飞机、船舶和海洋工程结构物等大型设备涉及跨关区的，在确保有效监管和执行现行相关税收政策的前提下，按物流实际需要，实行海关异地委托监管。按照相关规定，将有接入意愿且具备接入条件的融资租赁公司纳入金融信用信息基础数据库，实现融资租赁业务的信用信息报送及查询。

（五）加快重点领域融资租赁发展。积极推动产业转型升级。鼓励融资租赁公司积极服务"一带一路"、京津冀协同发展、长江经济带、"中国制造2025"和新型城镇化建设等国家重大战略。鼓励融资租赁公司在飞机、船舶、工程机械等传统领域做大做强，积极拓展新一代信息技术、高端装备制造、新能源、节能环保和生物等战略性新兴产业市场，拓宽文化产业投融资渠道。鼓励融资租赁公司参与城乡公用事业、污水垃圾处理、环境治理、广播通信、农田水利等基础设施建设。在公交车、出租车、公务用车等领域鼓励通过融资租赁发展新能源汽车及配套设施。鼓励融资租赁公司支持现代农业发展，积极开展面向种粮大户、家庭农场、农业合作社等新型农业经营主体的融资租赁业务，解决农业大型机械、生产设备、加工设备购置更新资金不足问题。积极稳妥发展居民家庭消费品租赁市场，发展家用轿车、家用信息设备、耐用消费品等融资租赁，扩大国内消费。

加快发展中小微企业融资租赁服务。鼓励融资租赁公司发挥融资便利、期限灵活、财务优化等优势，提供适合中小微企业特点的产品和服务。支持设立专门面向中小微企业的融资租赁公司。探索发展面向个人创业者的融资租赁服务，推动大众创业、万众创新。推进融资租赁公司与创业园区、科技企业孵化器、中小企业公共服务平台等合作，加大对科技型、创新型和创业型中小微企业的支持力度，拓宽中小微企业融资渠道。

大力发展跨境租赁。鼓励工程机械、铁路、电力、民用飞机、船舶、海洋工程装备及其他大型成套设备制造企业采用融资租赁方式开拓国际市场，发展跨境租赁。支持通过融资租赁方式引进国外先进设备，扩大高端设备进口，提升国内技术装备水平。引导融资租赁公司加强与海外施工企业合作，开展施工设备的海外租赁业务，积极参与重大跨国基础设施项目建设。鼓励境外工程承包企业通过融资租赁优化资金、设备等资源配置，创新工程设备利用方式。探索在援外工程建设中引入工程设备融资租赁模式。鼓励融资租赁公司"走出去"发展，积极拓展海外租赁市场。鼓励融资租赁公司开展跨境人民币业务。支持有实力的融资租赁公司开展跨境兼并，培育跨国融资租赁企业集团，充分发挥融资租赁对我国企业开拓国际市场的支持和带动作用。

（六）支持融资租赁创新发展。推动创新经营模式。支持融资租赁公司与互联网融合发展，加强与银行、保险、信托、基金等金融机构合作，创新商业模式。借鉴发达国家经验，引导融资租赁公司加快业务创新，不断优化产品组合、交易结构、租金安排、风险控制等设计，提升服务水平。在风险可控前提下，稳步探索将租赁物范围扩大到生物资产等新领域。支持融资租赁公司在自由贸易试验区、海关特殊监管区域设立专业子公司和特殊项目公司开展融资租赁业务。探索融资租赁与政府和社会资本合作（PPP）融资模式相结合。

加快发展配套产业。加快建立标准化、规范化、高效运转的租赁物与二手设备流通市场，支持建立融资租赁公司租赁资产登记流转平台，完善融资租赁资产退出机制，盘活存量租赁资产。支持设立融资租赁相关中介服务机构，加快发展为融资租赁公司服务的专业咨询、技术服务、评估鉴定、资产管理、资产处置等相关产业。

提高企业核心竞争力。引导融资租赁公司明确市场定位，集中力量发展具有比较优势的特定领域，实现专业化、特色化、差异化发展。支持各类融资租赁公司加强合作，实现优势互补。鼓励企业兼并重组。鼓励融资租赁公司依托适宜的租赁物开展业务，坚持融资与融物相结合，提高融资租赁全产业链经营和资产管理能力。指导融资租赁公司加强风险控制体系和内控管理制度建设，积极运用互联网、物联网、大数据、云计算等现代科学技术提升经营管理水平，建立健全客户风险评估机制，稳妥发展售后回租业务，严格控制经营风险。

（七）加强融资租赁事中事后监管。完善行业监管机制。落实省级人民政府属地监管责任。建立监管指标体系和监管评级制度，鼓励融资租赁公司进行信用评级。加强行业风险防范，利用现场与非现场结合的监管手段，强化对重点环节及融资租赁公司吸收存款、发放贷款等违法违规行为的监督，对违法违规融资租赁公司及时要求整改或进行处罚，加强风险监测、分析和预警，切实防范区域性、系统性金融风险。建立企业报送信息异常名录和黑名单制度，加强融资租赁公司信息报送管理，要求融资租赁公司通过全国融资租赁企业管理信息系统及时、准确报送信息，利用信息化手段加强事中事后监管。建立部门间工作沟通协调机制，加强信息共享与监管协作。

发挥行业组织自律作用。加快全国性行业自律组织建设，履行协调、维权、自律、服务职能，鼓励融资租赁公司加入行业自律组织。加强行业自我约束机制建设，鼓励企业积极承担社会责任，大力提升行业的国际影响力。

三、政策措施

（八）建设法治化营商环境。积极推进融资租赁立法工作，提高立法层级。研究出台融资租赁行业专门立法，建立健全融资租赁公司监管体系，完善租赁物物权保护制度。研究建立规范的融资租赁物登记制度，发挥租赁物登记的风险防范作用。规范融资租赁行业市场秩序，营造公平竞争的良好环境。推动行业诚信体系建设，引导企业诚实守信、依法经营。

（九）完善财税政策。为鼓励企业采用融资租赁方式进行技术改造和设备购置提供公平的政策环境。加大政府采购支持力度，鼓励各级政府在提供公共服务、推进基础设施建设和运营中购买融资租赁服务。通过融资租赁方式获得农机的实际使用者可享受农机购置补贴。鼓励地方政府探索通过风险补偿、奖励、贴息等政策工具，引导融资租赁公司加大对中小微企业的融资支持力度。落实融资租赁相关税收政策，促进行业健康发展。对开展融资租赁业务（含融资性售后回租）签订的融资租赁合同，按照其所载明的租金总额比照"借款合同"税目计税贴花。鼓励保险机构开发融资租赁保险品种，扩大融资租赁出口信用保险规模和覆盖面。

（十）拓宽融资渠道。鼓励银行、保险、信托、基金等各类金融机构在风险可控前提下加大对融资租赁公司的支持力度。积极鼓励融资租赁公司通过债券市场募集资金，支持符合条件的融资租赁公司通过发行股票和资产证券化等方式筹措资金。支持内资融资租赁公司利用外债，调整内资融资租赁公司外债管理政策。简化程序，放开回流限制，支持内资融资租赁公司发行外债试行登记制管理。支持融资租赁公司开展人民币跨境融资业务。支持融资租赁公司利用外汇进口先进技术设备，鼓励商业银行利用外汇储备委托贷款支持跨境融资租赁项目。研究保险资金投资融资租赁资产。支持设立融资租赁产业基金，引导民间资本加大投入。

（十一）完善公共服务。逐步建立统一、规范、全面的融资租赁业统计制度和评价指标体系，完善融资租赁统计方法，提高统计数据的准确性和及时性。依托企业信用信息公示系统等建立信息共享机制，加强统计信息交流。建立融资租赁业标准化体系，制订融资租赁交易等方面的标准，加强标准实施和宣传贯彻，提高融资租赁业标准化、规范化水平。研究制定我国融资租赁行业景气指数，定期发布行业发展报告，引导行业健康发展。

（十二）加强人才队伍建设。加强融资租赁从业人员职业能力建设，支持有条件的高校自主设置融资租赁相关专业。支持企业组织从业人员开展相关培训，采取措施提高从业人员综合素质，培养一批具有国际视野和专业能力的融资租赁人才。支持行业协会开展培训、教材编写、水平评测、经验推广、业务交流等工作。加大对融资租赁理念和知识的宣传与普及力度，不断提高融资租赁业的社会影响力和认知度，为行业发展营造良好的社会氛围。

各地区、各有关部门要充分认识加快融资租赁业发展的重要意义，加强组织领导，健全工作机制，强化部门协同和上下联动，协调推动融资租赁业发展。各地区要根据本意见，结合地方实际研究制定具体实施方案，细化政策措施，确保各项任务落到实处。有关部门要抓紧研究制定配套政策和落实分工任务的具体措施，为融资租赁业发展营造良好环境。商务部与银监会等相关部门要加强协调，密切配合，共同做好风险防范工作。商务部要做好融资租赁行业管理工作，会同相关部门对本意见的落实情况进行跟踪分析和督促指导，重大事项及时向国务院报告。

国务院办公厅

二〇一五年八月三十一日

附录十二 《财政部 国家税务总局关于全面推开营业税改征增值税试点的通知》（节选）

（财税 2016 年第 36 号文）

各省、自治区、直辖市、计划单列市财政厅（局）、国家税务局、地方税务局，新疆生产建设兵团财务局：

经国务院批准，自 2016 年 5 月 1 日起，在全国范围内全面推开营业税改征增值税（以下称营改增）试点，建筑业、房地产业、金融业、生活服务业等全部营业税纳税人，纳入试点范围，由缴纳营业税改为缴纳增值税。现将《营业税改征增值税试点实施办法》《营业税改征增值税试点有关事项的规定》《营业税改征增值税试点过渡政策的规定》和《跨境应税行为适用增值税零税率和免税政策的规定》印发你们，请遵照执行。

本通知附件规定的内容，除另有规定执行时间外，自 2016 年 5 月 1 日起执行。《财政部、国家税务总局关于将铁路运输和邮政业纳入营业税改征增值税试点的通知》（财税〔2013〕106 号）、《财政部、国家税务总局关于铁路运输和邮政业营业税改征增值税试点有关政策的补充通知》（财税〔2013〕121 号）、《财政部、国家税务总局关于将电信业纳入营业税改征增值税试点的通知》（财税〔2014〕43 号）、《财政部、国家税务总局关于国际水路运输增值税零税率政策的补充通知》（财税〔2014〕50号）和《财政部、国家税务总局关于影视等出口服务适用增值税零税率政策的通知》（财税〔2015〕118号），除另有规定的条款外，相应废止。

各地要高度重视营改增试点工作，切实加强试点工作的组织领导，周密安排，明确责任，采取各种有效措施，做好试点前的各项准备以及试点过程中的监测分析和宣传解释等工作，确保改革的平稳、有序、顺利进行。遇到问题请及时向财政部和国家税务总局反映。

附件

1. 营业税改征增值税试点实施办法（节选）

2. 营业税改征增值税试点有关事项的规定（节选）

3. 营业税改征增值税试点过渡政策的规定（略）

4. 跨境应税行为适用增值税零税率和免税政策的规定（略）

财政部　国家税务总局

2016年3月23日

附件1　营业税改征增值税试点实施办法（节选）

销售服务、无形资产、不动产注释

一、销售服务

……

（六）现代服务

……

5. 租赁服务。

租赁服务，包括融资租赁服务和经营租赁服务。

（1）融资租赁服务，是指具有融资性质和所有权转移特点的租赁活动。即出租人根据承租人所要求的规格、型号、性能等条件购入有形动产或者不动产租赁给承租人，合同期内租赁物所有权属于出租人，承租人只拥有使用权，合同期满付清租金后，承租人有权按照残值购入租赁物，以拥有其所有权。不论出租人是否将租赁物销售给承租人，均属于融资租赁。

按照标的物的不同，融资租赁服务可分为有形动产融资租赁服务和不动产融资租赁服务。

融资性售后回租不按照本税目缴纳增值税。

（2）经营租赁服务，是指在约定时间内将有形动产或者不动产转让他人使用且租赁物所有权不变更的业务活动。

按照标的物的不同，经营租赁服务可分为有形动产经营租赁服务和不动产经营租赁服务。

将建筑物、构筑物等不动产或者飞机、车辆等有形动产的广告位出租给其他单位或者个人用于发布广告，按照经营租赁服务缴纳增值税。

车辆停放服务、道路通行服务（包括过路费、过桥费、过闸费等）等按照不动产经营租赁服务缴纳增值税。

水路运输的光租业务、航空运输的干租业务，属于经营租赁。

光租业务，是指运输企业将船舶在约定的时间内出租给他人使用，不配备操作人员，不承担运输过程中发生的各项费用，只收取固定租赁费的业务活动。

干租业务，是指航空运输企业将飞机在约定的时间内出租给他人使用，不配备机组人员，不承担运输过程中发生的各项费用，只收取固定租赁费的业务活动。

附件 2　营业税改征增值税试点有关事项的规定

一、营改增试点期间，试点纳税人［指按照《营业税改征增值税试点实施办法》(以下称《试点实施办法》)缴纳增值税的纳税人］有关政策

……

（三）销售额

……

5.融资租赁和融资性售后回租业务。

（1）经人民银行、银监会或者商务部批准从事融资租赁业务的试点纳税人，提供融资租赁服务，以取得的全部价款和价外费用，扣除支付的借款利息（包括外汇借款和人民币借款利息）、发行债券利息和车辆购置税后的余额为销售额。

（2）经人民银行、银监会或者商务部批准从事融资租赁业务的试点纳税人，提供融资性售后回租服务，以取得的全部价款和价外费用（不含本金），扣除对外支付的借款利息（包括外汇借款和人民币借款利息）、发行债券利息后的余额作为销售额。

（3）试点纳税人根据 2016 年 4 月 30 日前签订的有形动产融资性售后回租合同，在合同到期前提供的有形动产融资性售后回租服务，可继续按照有形动产融资租赁服务缴纳增值税。

继续按照有形动产融资租赁服务缴纳增值税的试点纳税人，经人民银行、银监会或者商务部批准从事融资租赁业务的，根据 2016 年 4 月 30 日前签订的有形动产融资性售后回租合同，在合同到期前提供的有形动产融资性售后回租服务，可以选择以下方法之一计算销售额：

①以向承租方收取的全部价款和价外费用，扣除向承租方收取

的价款本金，以及对外支付的借款利息（包括外汇借款和人民币借款利息）、发行债券利息后的余额为销售额。

纳税人提供有形动产融资性售后回租服务，计算当期销售额时可以扣除的价款本金，为书面合同约定的当期应当收取的本金。无书面合同或者书面合同没有约定的，为当期实际收取的本金。

试点纳税人提供有形动产融资性售后回租服务，向承租方收取的有形动产价款本金，不得开具增值税专用发票，可以开具普通发票。

②以向承租方收取的全部价款和价外费用，扣除支付的借款利息（包括外汇借款和人民币借款利息）、发行债券利息后的余额为销售额。

（4）经商务部授权的省级商务主管部门和国家经济技术开发区批准的从事融资租赁业务的试点纳税人，2016年5月1日后实收资本达到1.7亿元的，从达到标准的当月起按照上述第（1）、（2）、（3）点规定执行；2016年5月1日后实收资本未达到1.7亿元但注册资本达到1.7亿元的，在2016年7月31日前仍可按照上述第（1）、（2）、（3）点规定执行，2016年8月1日后开展的融资租赁业务和融资性售后回租业务不得按照上述第（1）、（2）、（3）点规定执行。

附录十三 《国家税务总局 海关总署关于进口租赁飞机有关增值税问题的公告》

（国家税务总局公告 2018 年第 24 号）

现将进口租赁飞机有关增值税问题公告如下：

自 2018 年 6 月 1 日起，对申报进口监管方式为 1500（租赁不满一年）、1523（租赁贸易）、9800（租赁征税）的租赁飞机（税则品目：8802），海关停止代征进口环节增值税。进口租赁飞机增值税的征收管理，由税务机关按照现行增值税政策组织实施。

特此公告。

国家税务总局

海关总署

二〇一八年五月十一日

附录十四　《商务部　税务总局关于天津等4个自由贸易试验区内资租赁企业从事融资租赁业务有关问题的通知》

商流通函〔2016〕90号

天津市、上海市、福建省、广东省，厦门市、深圳市商务主管部门、国家税务局：

为贯彻落实天津、福建、广东自由贸易试验区（以下简称自贸试验区）总体方案和进一步深化上海自贸试验区改革开放方案，支持自贸试验区融资租赁行业积极探索、先行先试，促进融资租赁业加快发展，现就天津等4个自贸试验区内资租赁企业从事融资租赁业务有关问题通知如下：

一、根据《商务部国家税务总局关于从事融资租赁业务有关问题的通知》（商建发〔2004〕560号，以下称560号文），商务部和税务总局负责内资租赁企业融资租赁业务试点确认。自2016年4月1日起，商务部、税务总局将注册在自贸试验区内的内资租赁企业融资租赁业务试点确认工作委托给各自贸试验区所在的省、直辖市、计划单列市级（以下简称省级）商务主管部门和国家税务局。试点企业条件和申报材料要求参照560号文执行。对注册在自贸试验区外的内资租赁企业从事融资租赁业务，仍按现行规定和程序办理。

二、各自贸试区所在的省级商务主管部门会同同级国家税务局负责对融资租赁试点企业提交的相关材料进行审核。对于符合条件的企业，由省级商务主管部门和国家税务局联合发布公告，明确纳入内资融资租赁试点范围企业名单，与商务部、税务总局发布名单的内资融资租赁试点企业享受同等待遇。

三、省级商务主管部门要指导和督促试点企业通过全国融资租赁企业管理信息系统（以下简称管理信息系统）报送各项信息，并对企业上报信息及时审核；每月末要将新纳入试点范围的企业的基本情况报送商务部，同时抄送税务总局；每季度要将试点工作开展情况报送商务部，同时抄送税务总局；要及时研究工作中存在的问题，发现重大问题应及时上报商务部和税务总局。

四、省级商务主管部门要完善行业监管制度，加强风险防范，利用现场和非现场结合的监管手段，强化对重点环节及吸收存款、发放贷款等违法违规行为的监管，充分发挥管理信息系统的作用，加强风险监测、分析和预警，切实防范区域性、系统性风险。

五、纳入试点范围的企业应当遵守法律、法规、规章及《融资租赁企业监督管理办法》相关规定，接受行业主管部门的监管，及时、准确通过管理信息系统报送信息，按时交纳各种税款。对在会计年度内未实质性开展融资租赁业务，以及发生违法违规行为的试点企业，省级商务主管部门应商同级国家税务局取消其试点资格。

六、为便于加强监管，对于按照本通知要求纳入试点范围的企业，如迁出自贸试验区，应当按自贸试验区外企业申报试点现行规定重新申报确定试点资格。

七、省级商务主管部门可根据本通知要求，商同级国家税务局结合实际研究制定具体的试点确认办法或流程，并采取适当形式予以公开。

商务部　税务总局

2016 年 3 月 17 日

参考文献

［1］史燕平.融资租赁原理与实务［M］.北京：对外经济贸易大学出版社，2005.

［2］章连标.民用飞机租赁［M］.北京：中国民航出版社，2005.

［3］王妍娟，赵嘉晓.关于发展我国飞机租赁的法律思考［J］.中国民航飞行学院学报，2006，（9）：30-32.

［4］李鲁阳，张雪松.融资租赁的监管［M］.北京：当代中国出版社，2007.

［5］高圣平，乐沸涛.融资租赁登记与取回权［M］.北京：当代中国出版社，2007.

［6］郝昭成，高世星.融资租赁的税收［M］.北京：当代中国出版社，2007.

［7］李扬，王国刚，王松奇.中国金融发展报告（2007）［M］.北京：社会科学文献出版社，2007.

［8］章连标，马连锋.飞机融资租赁风险模糊综合评价模型［J］.中国民用航空，2007，（1）：59-61.

［9］沈洁，向丽.我国飞机租赁市场需求的初步预测［J］.空运

商务，2007，（2）：15–17.

[10] 姜延书，孟冬梅，冯亦然. 租赁贸易在我国飞机进口中的应用研究 [J]. 商场现代化，2007，（3）（上旬刊）：28–31.

[11] 陈洁，沈洁. 关于发展我国飞机租赁业的分析与思考 [J]. 山西财经大学学报（高等教育版），2007，（4）：28.

[12] 刘岚. 论我国航空公司飞机租赁方式的选择 [J]. 西安财经学院学报，2007，（5）：83–87.

[13] 李鑫，朱岳明. 对经营租赁引进飞机的深入探析 [J]. 中国民用航空，2007，（9）：94–97.

[14] 周叔敏. 飞机租赁中的价值评估 [J]. 中国资产评估，2008，（1）：27–31.

[15] 董宝岗. 飞机租赁方式的分析与选择 [J]. 航空工业经济研究，2008，（3）：12–15.

[16] 肖俊华. 航空公司飞机租赁项目风险管理探析 [J]. 现代商业，2008，（33）：51.

[17] 张帆. 经营性租赁飞机与融资性租赁飞机的比较分析 [J]. 重庆文理学院学报（自然科学版），2008，（3）：71–73.

[18] 马红亮. 我国飞机租赁业的现状与障碍 [J]. 空运商务，2008，（3）：7–8.

[19] 周灵基. 飞机经营性租赁的属性及黄金规则 [J]. 中国民用航空，2009，（2）：42–45.

[20] 章连标，张黎. 金融危机下国内飞机租赁业的发展对策 [J]. 空运商务，2009，（19）：46–48.

[21] 宋志强. 民用航空飞机租赁平衡点浅析 [J]. 现代经济信息，2009，（10）：242–243.

［22］赵蕊.商业银行发展飞机融资租赁业务的机遇和挑战［J］.银行家，2009，（6）：64–67.

［23］于丹.从东星航空案透析飞机融资租赁的法律问题［J］.北京航空航天大学学报（社会科学版）》，2010，（2）：36–40.

［24］孟庆乾.中国飞机租赁业前景看好［J］.空运商务，2010，（11）：8–9.

［25］刘庆锋.日本金融租赁结构化产品的变迁及对中国的启示［J］.现代管理科学，2010，（10）：73–75.

［26］莫世健.WTO、"开普敦公约"和中国飞机租赁市场法律的完善［J］.北京理工大学学报（社会科学版），2011，13（16）：79–85.

［27］章连标.飞机租赁的残值研究［J］.空运商务，2011，（22）：47–48.

［28］朱元甲，孙晓筱，蔡修胜.税务租赁探析——以中法飞机融资租赁为例［J］.财务与会计，2011，（10）：27–29.

［29］《中国民用航空发展第十二个五年规划》（http：//www.caac.gov.cn/XXGK/XXGK/FZGH/201511/t20151103_10719.html）.

［30］张晋.改革开放与中国航空业·民航改革篇：从第37位到第2位的飞越［J］.大飞机，2018，（10）：27–32.

［31］《新时代民航强国建设行动纲要》（http://www.caac.gov.cn/XXGK/XXGK/ZFGW/201812/t20181212_193447.html）.

［32］毕马威洞察.毕马威有关〈企业会计准则第21号——租赁（修订）（征求意见稿）〉的解读［EB/OL］.2018–01–26.

［33］毕马威洞察.新的租赁会计准则已经生效：您准备好了么？［EB/OL］.2019–01–02.

［34］普华永道.企业会计准则简讯：租赁准则终落地，开启租赁新时代〈企业会计准则第 21 号——租赁〉修订发布［EB/OL］.2019–02–01.

［35］普华永道聚焦.IFRS16 对航空业的影响［EB/OL］.2016–05.

［36］普华永道洞察.了解当前的财务报告问题——IFRS16——租赁会计的新时代［EB/OL］.2016–03.

［37］德勤文章.中国新租赁准则终落地，德勤助力迎接承租资产"上表"新时代［EB/OL］.2018.

［38］致同.新旧租赁准则详细对比［EB/OL］.2018.